W0417916

LES RÊVEURS DU DÉSERT

Collection dirigée par Hubert Nyssen et Sabine Wespieser

Première publication :
Plon, 1989

© ACTES SUD, 1996,
pour la présente édition
ISBN 2-7427-0846-4

Illustration de couverture :
Danseuses warlpiri dans le site sacré des Opossums
et Prunes Noires yardurluyardurlu
Photo : Barbara Glowczewski

BARBARA GLOWCZEWSKI

LES RÊVEURS DU DÉSERT

PEUPLE WARLPIRI D'AUSTRALIE

essai

BABEL

A Nakakut Nakamarra Gibson

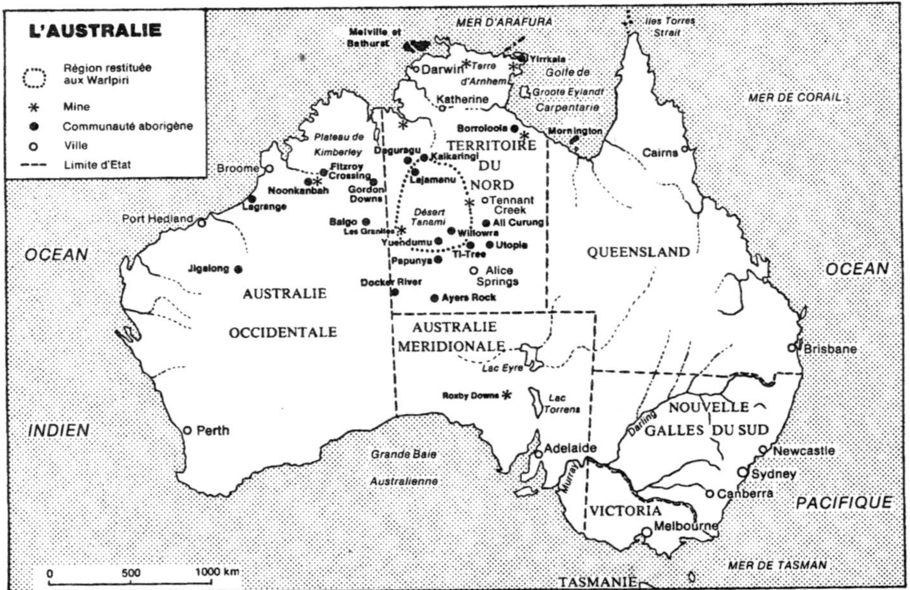

Carte : Patrick Mérienne

Les prénoms des personnages warlpiri mentionnés dans ce livre ont été changés pour des raisons déontologiques.

Toute ma gratitude aux Warlpiri de Lajamanu qui m'ont guidée, en particulier aux familles Barnes, Birrel, Blacksmith, Burns, Cooke, Fencer, Gibson, Gordon, Hargraves, Hector, Herbert, Hogan, Lawson, Long, Luther, Morrison, Patrick, Peters, Robertson, Rockman, Rosewood, Ross, Sampson, Simon, Tasman et Walker.

Je remercie également pour leur soutien le Central Land Council, le Centre national des lettres, les fondations Fyssen et Singer Polignac, la Maison des sciences de l'homme, et le groupe de recherche ITSO (CNRS).

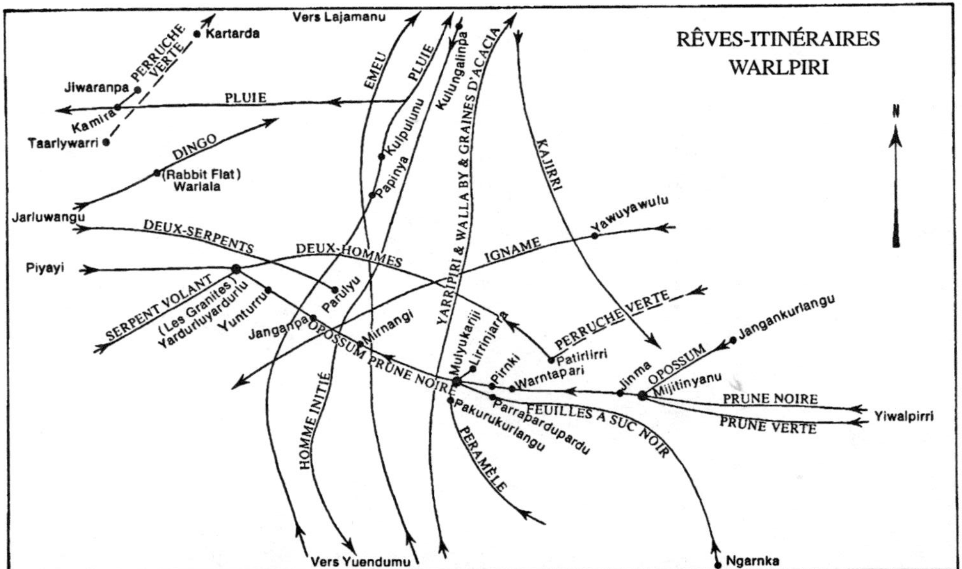

Rêves-itinéraires warlpiri. Ces tracés très schématiques ne représentent qu'une petite partie de la cartographie mythologique. Carte : Patrick Mérienne

PRÉLUDE

Au cœur de l'Australie, sur les terres rouges et craquelantes, parsemées d'herbes jaunes et piquantes, de buissons décharnés et de cours d'eau à sec, des centaines de pistes invisibles s'entremêlent. L'une d'elles parcourt plus de mille kilomètres, balisée du nord au sud par quelques collines, rochers et arbres isolés, les sites sacrés de cet itinéraire que les Aborigènes* du Centre appellent Rêve Homme Initié ou Rêve Etoiles. Toutes ces formes du paysage surgirent au passage d'un peuple ancestral qui, dans l'espace-temps du Rêve, traversa le désert avant de se transformer en étoiles.

Lorsque la terre était encore plate, un immense auvent flottait dans le ciel. Il se posa au sol et devint une longue colline de roches rouges qu'on appelle depuis Kulungalinpa. Au même moment, un corps sidéral qui n'était pas une étoile filante mais quelque chose de plus grand, plus lumineux

* Aborigènes (étymologiquement "originaires de") s'écrit à présent avec une majuscule comme un nom propre pour désigner les populations autochtones d'Australie.

et plus long, pareil à une comète, tomba du firmament. Sa chute en plein jour provoqua une nuit qui recouvrit toute la terre. De cette nuit émergea le peuple Homme Initié.

Le soleil se leva à nouveau et les enfants des étoiles se mirent à danser, agitant leurs bras et frappant leurs cuisses. Alors des branches poussèrent à leurs pieds, formant des perches de plusieurs mètres qui bruissaient au-dessus de leurs têtes. Ils virent dans le ciel Orion et ses filles les Pléiades. Eux aussi avaient parcouru la terre, imprimant un itinéraire balisé de marques topographiques : le Rêve Invincible, nom d'Orion qui sur terre épousait ses filles à l'infini, leur ordonnant de tuer les fils qu'elles enfantaient de lui.

Les hommes-arbres du Rêve Etoiles n'avaient ni filles ni épouses. Ils marchaient en chantant, et les mots qui racontaient leur épopée passée et à venir ensemençaient la terre. Ils semaient ainsi des Images qui se transformaient en eucalyptus ou en esprits-enfants.

Ils campèrent au pied de la colline tombée du ciel et rêvèrent au voyage qu'ils allaient entreprendre vers les lointaines contrées du Sud. En songe ils rencontrèrent les femmes du Rêve Bâton à Fouir, le peuple célibataire de danseuses. Elles sillonnaient aussi la terre, semant des Images à esprits-enfants et faisant pousser des acacias partout où elles plantaient leurs bâtons.

Un jour, ayant laissé les hommes du Rêve Etoiles pour aller chasser, elles trouvèrent en rentrant une corde et un bandeau faits de cheveux filés. Un héros du Rêve Varan les avait fabriqués en coupant les cheveux des hommes. Les femmes Bâton à Fouir, séduites par ces nouveaux objets, acceptèrent pour les posséder de dévoiler leur savoir. Elles firent l'amour avec eux, leur abandonnèrent les prérogatives de la chasse à la lance et des initiations.

Il n'y avait pas de règles de mariage à l'époque, aussi se disputèrent-elles sur la manière dont elles se répartiraient les hommes. Certaines voulaient les mettre en commun, d'autres réussirent à imposer l'idée que chacune aurait le sien. Par couples donc, hommes et femmes firent un bout de chemin jusqu'à Janyingki, où elles accouchèrent de garçons et de filles. Alors dansant et tournant elles formèrent la grotte qui s'y trouve.

Les enfants grandirent. Coiffées des bandeaux reçus de Varan, les mères dansèrent la cérémonie Bouclier pour que leurs fils deviennent des hommes et reçoivent des épouses. Puis elles tendirent les bras et en sautillant s'éloignèrent vers les contrées de l'Est. Ayant traversé de grandes plaines désertes, elles disparurent sous terre en chantant : “Le pouvoir de la Voix des Nuits, l'Ocre Jaune, le Bâton à Fouir a cessé de respirer, il s'est éteint à bout de souffle…”

Sous terre ou au ciel, les êtres de l'espace-temps du Rêve continuent à rêver. Ils rêvent l'existence des hommes et des femmes à la peau noire qui depuis des millénaires parcourent le désert. En nommant les sites sacrés qu'ils avaient modelés, les ancêtres fabuleux léguèrent aux hommes une Loi faite de danses, de chants et de peintures. Depuis ce temps, les Aborigènes dansent, chantent et se peignent le corps avec les Images sacrées.

Les esprits-enfants semés par le Rêve Homme Initié, le Rêve Bâton à Fouir, le Rêve Varan, le Rêve Invincible et tous les autres Rêves, résident encore près des trous d'eau, des rochers ou des arbres. Ils attrapent les femmes qui s'approchent d'eux et, génération après génération, les pénètrent pour donner naissance aux filles et aux garçons gardiens de cette terre. Ainsi chaque Aborigène du désert incarne-t-il un nom et un chant de Rêve qui lui donnent la mémoire de la terre.

PREMIÈRE PARTIE

UNE FAMILLE WARLPIRI

La barbe hirsute et les cheveux blancs teintés d'ocre rouge, Ruddy Japaljarri se pencha au-dessus d'un grand canevas étalé sur le sable. Assise par terre dans ce camp de la tribu warlpiri, je regardais fascinée les gestes lents du vieil Aborigène en veston et pantalon retroussé. Il trempa une allumette dans un pot en fer et traça de petits points jaunes en suivant les contours des arabesques colorées qui éclataient sur la toile.

En face de lui, une très jeune Warlpiri, les jambes repliées sous sa minijupe, traçait d'autres points avec un coton-tige. Arriva à quatre pattes son bébé tout noir à la tignasse blonde, il rampa sur la partie sèche de la peinture. Sans interrompre son minutieux travail, la jeune peintre saisit de sa main libre une boîte de conserve qu'elle agita pour le faire changer de direction. Le bébé gratta la toile, hésita et grimpa sur les genoux de sa mère pour téter.

"Nungarrayi, regarde les jumeaux !"

Une voix féminine venait de m'interpeller par mon nom *skin*, nom de peau aborigène qui me fut attribué il y a des années lors de mon premier séjour en Australie. Je me tournai, une femme corpulente moulée dans un tablier à fermeture éclair désignait de sa longue main fine deux grands gaillards en tenue de footballeurs :

“Tu te souviens ? me lança-t-elle, tu as dansé pour qu'ils deviennent des hommes !”

Je reconnus à peine les fils jumeaux de son mari Ruddy qu'elle avait élevés après qu'ils eurent perdu leur mère. Ils m'arrivaient tout juste aux épaules lorsque les anciens firent la cérémonie Bouclier pour les initier. La coutume voulant que les sœurs des novices dansent pendant la cérémonie, on me fit danser pour eux car c'étaient deux Jungarrayi, mes “frères” de peau. Timides et réservés comme le sont souvent les Aborigènes, les jumeaux me serrèrent la main sans dévoiler leurs yeux cachés par de lourdes arcades sourcilières et rejoignirent un groupe d'hommes et de femmes assis en cercle par terre.

Cartes et dollars volaient de main en main. Certains empochaient des billets froissés, d'autres ajoutaient de nouvelles mises sorties de leurs bottes ou de leur soutien-gorge. Un perdant, le regard sans fond, observait le jeu du haut d'un bidon de farine qui lui servait de siège. Un deuxième se leva et, un bras dans le dos accroché à l'autre, s'éloigna presque en flottant vers l'horizon poudreux où quelques carcasses de voitures abandonnées brillaient sous le soleil couchant.

La lumière rouge dessinait en contre-jour les silhouettes noires de nouveaux arrivants qui s'approchaient du même pas nonchalant. Une meute de chiens se prélassant au soleil se mit soudain à aboyer. Ils sautèrent les uns sur les autres et la mêlée se retrouva au milieu d'un groupe de femmes qui discutaient. Une vieille les repoussa de son bâton et reposa la tête sur les cuisses d'une autre pour se faire épouiller. Des enfants couverts de poussière accoururent en riant. On les interpella et on les cajola. Les plus grands repartirent, disparaissant derrière les buissons.

Une casquette enfoncée jusqu'aux yeux, un gamin fouillait dans un amas de couvertures roulées contre un morceau de tôle planté dans le sol pour protéger du vent. Trouvant une conserve, il l'ouvrit avec un couteau, se servit avec les doigts et la passa à son père Lenny Japaljarri, petit homme au visage de sage qui se reposait sur un matelas. A ses côtés, sa première épouse allumait un feu pendant que la deuxième versait un jerricane d'eau dans un seau qu'elle posa sur le feu pour le thé.

J'éprouvais un immense plaisir à retrouver l'étrange sérénité de ces campeurs warlpiri, appelés Kulungalinpa *mob*, le groupe de Kulungalinpa, nom de deux collines sacrées formées par le Rêve Etoiles que Ruddy et Lenny ont hérité des anciens de leur clan. C'est justement cette terre et les ancêtres de Rêve que Rudy aidé de la fille de Lenny peignait sur la toile : les arabesques centrales en forme de double hélice représentaient la Voie lactée et aussi l'itinéraire sacré qui relie Kulungalinpa à Mirirrinyangu, un autre site de Rêve où sont passés les ancêtres mythiques du peuple *Ngarrka*, Homme Initié. Traditionnellement, de telles peintures faisaient office à la fois de cartes de géographie et de cartes d'identité symboliques.

Autrefois, les Warlpiri ne peignaient les motifs sacrés que sur leurs corps, le sol ou des objets rituels. Je découvrais que depuis mon dernier séjour, ils avaient suivi l'exemple d'autres communautés aborigènes. Presque tout le monde s'était mis à peindre ses Rêves sur toile. La demande du marché national et international était telle que ces peintures à l'acrylique se vendaient aussitôt entre 300 et 2 000 dollars, le double ou le triple dans les galeries d'art moderne.

Avant que les Warlpiri ne gagnent de l'argent avec les peintures, ils ne vivaient pas dans la misère. Depuis qu'en 1967 un référendum avait reconnu aux Aborigènes le statut de citoyens australiens, ils percevaient des allocations familiales, des indemnités de chômage ou des pensions de retraite. Le groupe de Kulungalinpa bénéficiait par ailleurs d'aides gouvernementales au développement finançant la décentralisation, connue en Australie sous le nom de mouvement des *outstations*, c'est-à-dire des campements montés par les Aborigènes sur leurs terres traditionnelles, aménagés d'éoliennes et parfois de maisons.

Sédentarisés en réserve dans les années cinquante, les Warlpiri durent attendre plus de vingt ans avant de pouvoir se réinstaller ainsi sur leurs terres respectives. Lorsque l'ensemble de la tribu, quelque

3 000 personnes, gagna en 1978 un procès leur permettant de récupérer leur territoire, Ruddy et Lenny montèrent leur *outstation* à Mirirrinyangu, un marais paradisiaque habité par des milliers d'oiseaux. C'est à cette époque que je les avais connus.

Plus d'une fois, je les accompagnai sur leur tracteur à remorque dans leur *outstation*. Chaque semaine, ils refaisaient les 120 kilomètres qui les séparaient de l'ancienne réserve pour chercher des rations au magasin et déposer les enfants qui suivaient l'école. Lenny me racontait à présent que, depuis trois ans, le gouvernement avait fait forer près du marais un puits à éolienne, installer quelques abris en tôle, puis trois maisons préfabriquées, deux fosses sanitaires, une radio et même un système d'éclairage solaire.

Il y a quelques mois avait débarqué là-bas un cinéaste japonais qui voulait filmer la survie en brousse. Il engagea Lenny et sa première épouse, Vera Nakamarra, pour les filmer. Pendant un mois, Lenny et Vera revécurent la vie qu'ils avaient connue dans leur enfance. Grands-parents, âgés respectivement de soixante et quarante-cinq ans, ils gardaient tous deux la sveltesse et la souplesse des marcheurs du désert. Pour la circonstance, ils quittèrent leurs vêtements occidentaux et se retrouvèrent nus, en tablier pubien tissé avec des cordes de cheveux.

“C'était harassant ! Nous devions nous lever tous les matins avec le soleil et partir à la chasse, moi avec mon bâton à fouir et mon plat en bois, et Lenny avec sa lance, son propulseur et son bouclier ! On marchait toute la journée pour trouver des varans, des tubercules et des kangourous. On n'avait plus le temps de manger normalement !" me racontait à son tour Vera, le regard espiègle.

"J'ai dit au Japonais de t'envoyer une copie du film", ajouta-t-elle.

Je comprenais l'agacement de Vera, ma meilleure amie warlpiri. Pourquoi ce besoin des étrangers de nier la vie contemporaine des Aborigènes au profit d'une image de chasseurs intouchés par la civilisation blanche ? Après tout, ils continuent à chasser kangourous et lézards, mais en remplaçant lances et bâtons à fouir par des fusils et des barres à mine. S'ils intègrent des éléments de notre technologie à leur culture traditionnelle, celle-ci reste infiniment subtile.

Sans Vera, ma "mère" de peau, je n'aurais jamais compris la vie des habitants de Lajamanu, l'ancienne réserve du désert central devenue une municipalité warlpiri. Nous nous étions liées lors de mon premier séjour en 1979. Mais c'est en 1984 que Vera devint à la fois mon "informatrice" privilégiée et une véritable confidente. Pendant des heures au fil des mois, nous écoutions ensemble les récits en warlpiri que j'enregistrais, des mythes ou des histoires de vie. Et elle me les traduisait mot à mot en anglais avec force commentaires.

Ces quatre dernières années, j'avais vécu à Paris, une partie de mon cœur accroché au désert australien, et l'esprit toujours plongé dans l'univers aborigène que j'analysais pour écrire mon doctorat d'Etat en ethnologie. La thèse soutenue, j'étais revenue, cette fois, avec mon compagnon, Bertrand.

"Au moins, Vera et Lenny ont été payés pour le film ! Moi je n'ai pas voulu être filmée, nous précisa Rachel Nakamarra, deuxième épouse de Lenny."

Avec ses longs cheveux noirs et ses yeux malicieux, Rachel ressemblait à son inséparable sœur aînée, Vera. Il y a quelques années, les deux sœurs refusèrent que Lenny prenne pour troisième épouse une amante de jeunesse devenue veuve. Ayant aussi eu des aventures, elles couvaient toutefois comme un bien précieux ce mari auquel elles avaient été rituellement promises avant même leur naissance.

"Les étrangers sont vraiment bizarres ! dit Rachel. L'année dernière, alors que nous campions à Mirirrinyangu, est arrivé un Blanc brûlé par le soleil qui tirait une poussette pleine de bidons d'eau, il venait de faire 200 kilomètres à pied depuis la mine de Warrego ! Il nous a demandé si Lajamanu était encore loin. On lui a répondu «moins loin que Warrego». Il a dormi une nuit avec nous et est reparti !"

Les deux sœurs éclatèrent de rire.

"On en a vu de toutes les couleurs à l'*outstation*, continua Rachel. Un jour, je lavais mes affaires près du marais. Soudain, je relève la tête avec l'impression que le paysage chavire. Je crois être malade. Mais j'aperçois les autres qui courent et s'allongent au sol. C'était la terre qui tremblait !

— J'ai tout de suite pensé que le Serpent de Rêve Warnayarra, le gardien des profondeurs du marais, se mettait en colère, commenta Lenny – le regard caché par le rebord d'un vieux feutre noir. A la mine de Warrego la terre s'est ouverte, engouffrant des mineurs. Toutes les installations ont été détruites. Le tremblement de terre dura plusieurs jours.

— On a eu très peur, mais c'est normal que Warnayarra s'énerve, les Blancs creusent beaucoup trop, ils dérangent les esprits", déclara Rachel en se tournant vers mon compagnon.

Bertrand sourit, imaginant tous ces Blancs qui, sans le savoir, chatouillaient le ventre du Serpent. Il y a longtemps, lui aussi creusait la terre, non à la recherche de minerais, mais à la découverte de vieux temples en Polynésie. Il en déterra par dizaines, jusqu'au jour où ses aides tahitiens refusèrent de travailler parce qu'ils avaient peur des esprits enterrés. Alors Bertrand avait cessé de faire de l'archéologie, il était allé en Afrique pour apprendre ce que les gens avaient à dire des vestiges de leur passé. Il raconta à mes amis warlpiri une histoire africaine de maison tombée du ciel et de faiseurs de pluie.

"C'est un peu comme chez nous, remarqua Vera, le Rêve Etoiles est tombé du ciel sur un auvent qui s'est transformé en une grande colline. C'est le Rêve des ancêtres de mon mari. Ils continuent de rêver dans le ciel et dans les lieux sacrés comme la colline Kulungalinpa. Nous avons aussi des faiseurs de pluie, eux sont les descendants des êtres du Rêve Pluie qui dorment dans les nuages et dans certains trous d'eau."

J'adorais ces étranges histoires de Rêve qui constituent pour les Warlpiri et leurs voisins à la fois une religion et une Loi, un mode de connaissance les attachant émotionnellement et charnellement au cosmos, et des règles régissant leur société. Certes, aujourd'hui, ils vivent avec tous les acquis de notre technologie, mais ils continuent à célébrer par leurs rites ces fameux Rêves qui les habitent et nourrissent leur sommeil.

Tout phénomène naturel ou culturel est d'une manière ou d'une autre rapporté à un Rêve. Les Warlpiri disent que leur tribu n'existerait pas si les héros des Rêves n'avaient pas rêvé la langue warlpiri, et l'eau ne serait pas s'il n'y avait pas de Rêve Pluie. Les itinéraires de ce Rêve suivent tout particulièrement les drainages souterrains. Savoir sacré ancestral.

Vera raconta qu'à la dernière saison des pluies les maisons de l'*outstation* furent inondées. Bien que surélevées d'un mètre, elles s'avérèrent mal conçues contre les averses. Le déferlement des eaux empêcha les campeurs de rentrer à Lajamanu. Pendant un mois ils durent être approvisionnés par hélicoptère. Plus tard, un jeune eut un accident avec la Toyota allouée à l'*outstation* par le département des Affaires aborigènes. A défaut de véhicule, le groupe se dispersa, les uns se réinstallèrent à la municipalité aborigène de Lajamanu, les autres s'en allèrent quelque temps en ville.

L'année suivante, ils obtinrent une nouvelle Toyota. Tout le monde se retrouva à l'*outstation*. Très vite, le groupe fut submergé par des visiteurs warlpiri qui profitaient des réserves de nourriture achetées par leurs hôtes. Il fallait sans cesse rentrer à Lajamanu pour se réapprovisionner, et chacun se renvoyait la responsabilité de nettoyer le campement. Finalement l'éolienne s'est cassée. Plus possible d'arroser le jardin potager que les femmes avaient aménagé. Ils durent attendre des mois pour qu'un réparateur vienne changer la pièce endommagée.

Tiraillés entre les soucis domestiques et techniques, les gens du groupe de Kulungalinpa étaient toujours en vadrouille, vivant tantôt sur leurs terres, tantôt dans diverses communautés aborigènes ou en ville. A chaque fois que leurs moyens de locomotion tombaient en panne, ils se repliaient à Lajamanu. Comme en ce moment : la Toyota avait été abandonnée sur une piste, et la voiture d'occasion que Lenny s'était achetée grâce aux cartes avait besoin d'un nouveau moteur. Mais ils parlaient déjà de repartir : le gouvernement leur avait promis une nouvelle Toyota d'ici un mois.

A Lajamanu, communauté regroupant quelque 500 membres de la tribu Warlpiri*, ils étaient parmi les rares familles qui continuaient à camper. Je constatais avec une certaine tristesse qu'avec les Warlpiri installés dans les maisons préfabriquées et

* Les gens qui se disent warlpiri sont environ 3 000. Ce chiffre regroupe des "sous-tribus" : les Warnayaka du Nord (majoritaires à Lajamanu), les Ngaliya du Sud, les Yalpari du Sud-Est et les Warlmala du Nord-Ouest. Par ailleurs, les membres de tribus voisines qui se sont mariés chez les Warlpiri y sont en partie assimilés.

ceux partis en ville, le camp autrefois si animé s'était vidé. Entre les pylônes à haute tension qui quadrillaient le grand terrain vague, il ne restait plus que quelques campements : des rangées de tôles ondulées en guise d'auvent, des matelas, des couvertures et, coincés entre deux tôles, des sacs et des valises. Seuls quelques vêtements, des outils et des pots de fer, ainsi que du matériel de peinture, s'ajoutaient aux bagages rudimentaires, objets de bois et de pierre, avec lesquels se déplaçaient autrefois les Aborigènes.

Je m'étais très vite habituée à cette précarité, y voyant une forme de résistance à l'occidentalisation. J'avais cru avec les Warlpiri au mouvement des *outstations*, à la possibilité de retrouver une vie semi-nomade qui bénéficierait du minimum des acquis de la technique. Mais le vieux projet du groupe de Kulungalinpa d'installer une école à l'*outstation* pour y élever les enfants sans dépendre de l'ancienne réserve n'était plus d'actualité. Ils semblaient s'ennuyer là-bas sur cette terre pourtant si chère à leur cœur. En cette année du Bicentenaire qui célébrait l'arrivée en 1788 des premiers colons blancs en Australie, le monde était en train de changer plus douloureusement que je ne l'avais pensé.

Des Warlpiri me demandèrent si je revenais pour toujours. J'expliquai que je ne pouvais rester plus d'un mois.

"Alors tu es revenue en touriste ?" me lança une jeune femme.

Je n'ai pas su répondre. Comment exprimer le besoin de revoir cette tribu qui hantait mes souvenirs ? Comment avouer ma nostalgie de la complicité autrefois partagée avec Vera et ses consœurs ? Je voulais montrer aux Warlpiri ce que j'avais écrit sur eux et me rendre compte des changements éventuels. Mais le souci ethnologique sembla soudain dérisoire lorsque je réalisai que ni eux ni moi n'étions tout à fait les mêmes qu'auparavant. Vera comprit. J'étais revenue la voir en amie.

LAJAMANU

Bien que deux fois plus nombreuses, les constructions de Lajamanu, sans étages et souvent encloses dans des barbelés, offraient le même contraste surprenant qu'il y a dix ans : mélange de camp de survie et de club de vacances. Les enclos de certaines maisons, pour la plupart habitées par les Blancs, abritaient un gazon, des fleurs et des buissons aspergés à longueur de journée par des tuyaux d'arrosage. Les autres, occupées par plusieurs familles à la fois, se dressaient au milieu de foyers rallumés chaque soir, de bidons, de conserves vides, et de cartons parsemés sur un sable rouge qui rappelait que nous étions bien à la lisière d'un désert.

En pierre ou en tôle, les habitats les plus récents s'alignaient à côté des vestiges délabrés de bâtiments abandonnés. Chaque mètre carré semblait graver au sol les diverses étapes du temps écoulé depuis la création de ce *settlement* de brousse dans les années cinquante. Autant de cicatrices marquant l'histoire récente d'un peuple maltraité.

Une vingtaine de Warlpiri furent déportés là de force pour aménager ce qui allait devenir la réserve d'Hooker Creek. Trois ans plus tard, on y transporta contre leur gré une cinquantaine de familles. Soumis à une discipline très dure, mobilisés pour travailler à l'entretien de la réserve, ils devaient manger ensemble dans un réfectoire et assister au culte de la mission baptiste.

"Lorsqu'un homme arrivait mal rasé, il était privé de repas. On devait marcher au pas comme à l'armée ! Et pour chasser, pas le droit de sortir des limites de la réserve", me dit un vieil homme aux longs cheveux blancs ceints d'un bandeau rouge.

Il raconta comment, une nuit de 1951, ils avaient décidé de s'enfuir. En groupes plus ou moins grands, ils retraversèrent le désert sur 600 kilomètres pour rejoindre Yuendumu, la première réserve warlpiri créée dans les années quarante. Là-bas, ils étaient au moins sur leurs terres traditionnelles. A Hooker Creek, c'étaient les terres d'une autre tribu, les Kurintji, repoussée elle vers le nord par les Blancs. Les Warlpiri ne voulaient pas vivre sur une terre étrangère dont les esprits pouvaient leur être maléfiques. Mais les administrateurs les remirent dans des camions et les ramenèrent à Hooker Creek. Sept ans plus tard, ils tentèrent de repartir, à nouveau sans succès.

Forcés par les Blancs de demeurer sur la terre des Kurintji, les Warlpiri établirent des échanges rituels avec eux pour obtenir de cette tribu gardienne le droit de légitimement l'habiter. Avec le temps, ils s'habituèrent à Hooker Creek, nom d'une rivière à sec la plupart de l'année mais inondant toute la communauté vers décembre, saison la plus chaude.

Près du lit desséché bordé d'un maquis touffu, se trouvaient encore les débris d'une maison en terre des années cinquante, un matériau qui fut vite abandonné, inapte aux aléas saisonniers. De cette époque il restait aussi les barrières de bois cassées du paddock à bétail, les murs et le toit en tôle de l'ancien dispensaire, les ruines de la cuisine de la mission et du four à pain. Enfin, l'inscription délavée YMCA sur un hangar couvert de graffitis témoignait de l'ancienne salle de sport abandonnée au profit des terrains de basket et de foot.

Certains bâtiments anciens furent reconvertis. Le vieux pavillon colonial qui abritait l'intendant de la réserve était devenu le bureau du conseil warlpiri. Ce conseil fut créé avant même que le gouvernement restitue ses terres aux Warlpiri et qu'Hooker Creek quitte son statut de réserve pour devenir la municipalité aborigène Lajamanu, du nom d'un site sacré associé au Rêve Moustique.

Du temps où les Aborigènes du désert vivaient en chasseurs, ils dormaient à même le sol et à ciel ouvert sans jamais construire de maisons. Ils n'aménageaient des huttes de branchages que pour se protéger du soleil ou de la pluie, se réfugiant parfois dans des abris-sous-roche. A défaut de telles sources d'ombre, ils suivaient l'exemple des reptiles et des petits marsupiaux du désert, creusant la terre et y enterrant leurs corps pour éviter la déshydratation. Bien que sans villages, des milliers de lieux étaient alors nommés et culturellement marqués : lorsqu'un Aborigène mourait, l'endroit de son dernier campement devenait tabou et personne ne devait s'y rendre pendant le temps du deuil, au moins deux ans.

Avec la sédentarisation, les Warlpiri ont maintenu cette coutume : ils déplacent systématiquement leur camp d'une dizaine de mètres à la mort de l'un d'eux et, si le défunt habitait une maison, ils la quittent provisoirement, abandonnant parfois aussi les habitations voisines. Ainsi voyait-on à Lajamanu des maisons toutes neuves qui restaient vides, étant évitées par tous à la suite d'un décès.

Sur le terrain vague des camps, longeant la clôture en barbelés de la piste d'atterrissage en terre battue rouge où sèche le linge, se dressait un nouveau bâtiment à toit pointu. De loin, l'étrange bâtisse couleur pistache ne semblait pas avoir de fenêtres. Je m'approchai : en fait, les murs étaient constitués de jalousies métalliques qui s'ouvraient à volonté.

Des femmes installées près de la porte me convièrent à entrer. De part et d'autre de l'immense hall d'entrée où trônaient des cuisinières électriques, une dizaine de chambres, certaines fermées avec un cadenas. Des fillettes qui m'avaient suivie déboulèrent dans les chambres ouvertes et fouillèrent dans les paquets de couvertures et de sacs constituant les seuls objets de ces cellules.

Construit à l'intention des veuves ou divorcées de tous âges, le bâtiment n'était en fait habité que par les plus jeunes. Les vieilles avaient préféré rester dehors, dormant en rangée les unes contre les autres, chauffées par un feu et la tête contre un auvent de tôle. Elles se réfugiaient éventuellement dans le hall d'entrée en cas de grosse pluie. Ce hall accueillait aussi celles qui, habitant ailleurs, venaient y peindre à l'abri du vent.

Je retrouvai là Nancy Napaljarri, une grande femme d'âge mûr au sourire de jeune fille. Il y a quatre ans, elle campait avec son mari et ses quatre sœurs, deux mariées au même homme et deux autres veuves ; près de leur abri de tôle, ils avaient aménagé, pour y élever un bébé émeu, un enclos qui atteignit bientôt 2 kilomètres. J'appris que leur mari étant mort les sœurs Napaljarri avaient déménagé dans une nouvelle maison située juste en face du bâtiment des femmes. Habituées à la vie en plein air, elles dormaient toutefois sur la véranda.

Nancy étira ses longues jambes de part et d'autre d'une toile pas terminée. Sur le fond noir apparaissaient des frises de traits droits bordés de petits arcs. Je crus reconnaître dans ce motif le Rêve Perruche Verte dont Nancy avait la poitrine peinte lors de certains rituels. Bien que différente, elle ressemblait à d'autres peintures Perruche Verte sur toile que j'avais vues. Chaque peintre est libre de choisir ses couleurs et d'improviser une composition. Seul un motif récurrent permet d'identifier le Rêve et éventuellement le site particulier de l'itinéraire ainsi nommé.

"Oui, ce sont les oiseaux de Rêve assis sur des branches et là, les petits ronds, ce sont leurs œufs, me confirma Nancy d'une voix douce. Avec mes sœurs nous ne peignons que ce Rêve, notre Rêve et notre terre de Karntawarranyungu."

A côté de Nancy, deux autres femmes peignaient leur propre Rêve, Graines d'Acacia, une variété de graminées que les fourmis cueillent sur les herbes et empilent en petits tas. Traditionnellement, les femmes n'avaient qu'à ramasser ces tas pour moudre les graines et en faire des galettes. Elles préféraient maintenant acheter de la farine ou du pain de mie. La première peinture sur fond rouge éclatait de points roses, jaunes et orange vif comme une mosaïque psychédélique. La seconde, plus sobre, entremêlait un camaïeu pointilliste de beiges et marrons en spirales inextricables. Les points représentaient ici à la fois les graines à leurs divers états de mûrissement et l'itinéraire suivi par les êtres Graines d'Acacia, ancêtres des clans du même nom.

"Faire tous ces points ça me fait mal aux yeux ! m'expliqua Nancy – sans lâcher le pinceau qu'elle déplaçait presque comme un automate. Et puis c'est beaucoup de travail, depuis une semaine que j'ai commencé cette peinture je n'ai toujours pas fini car je dois tous les jours aller nettoyer à l'école. Il est temps que je prenne ma retraite pour me consacrer à la peinture !"

Les peintres m'annoncèrent que l'autre nouveau bâtiment qui se dressait identique au premier à une cinquantaine de mètres était réservé aux hommes. Il était occupé par des jeunes pas encore mariés et des petits garçons qui préféraient dormir et se faire soigner par leurs grands frères et cousins, plutôt que de vivre avec leurs parents. Ils venaient d'installer devant l'entrée une batterie rutilante et, armés de guitares électriques, commençaient à répéter un mélange de rock et de country & western. Des enfants se trémoussaient, s'exerçant à imiter Michael Jackson.

Je ne pus m'empêcher de penser que cette "maison des hommes" ne faisait que moderniser la coutume consistant à séparer les petits garçons de leur mère, dès leur initiation, pour qu'ils soient pris en charge par de jeunes initiés. Jadis, ces hommes vivaient dans un camp à part jusqu'à leur mariage vers trente ans. S'ils se marient plus tôt aujourd'hui, les initiations ont toujours lieu et la prise en charge d'un groupe d'âge par un autre semble se poursuivre.

Dans les années soixante, dernière période de mise en réserve des groupes nomades, on annonçait que les cultures aborigènes étaient condamnées à disparaître. Certes, les massacres puis le système des réserves ont démantelé plus de la moitié des quelque 500 tribus australiennes, détruisant, par là même, la majorité des 200 langues et des nombreux dialectes qui les différenciaient*. Mais pour les Aborigènes qui, comme les Warlpiri, ont maintenu une certaine cohésion tribale, l'effet de l'acculturation s'est avéré tout à fait imprévisible.

Au lieu de s'assimiler à la culture blanche, les communautés tribales ont développé des formes jusque-là inimaginables d'affirmation d'identité, de survivances traditionnelles et de renouvellement de leur vie rituelle. A cet égard, Lajamanu continuait d'être un chaudron servant à une alchimie culturelle, dont Warlpiri et étrangers se faisaient les apprentis sorciers. Les formes qui en surgissaient n'avaient pas plus à voir avec la vie traditionnelle qu'avec celle de l'Occident des années quatre-vingt. Le mélange des deux apports suggérait plutôt un scénario de science-fiction.

Lajamanu eut pendant des années une réputation de violence. Lors de mes séjours précédents, lorsque les Warlpiri n'étaient pas occupés à des cérémonies, des duels mobilisant toute la communauté

* On estime entre 300 000 et 500 000 le nombre d'Aborigènes à l'arrivée des Européens ; après une forte chute démographique, Aborigènes, métis aborigènes et insulaires de Torres Strait représentent aujourd'hui environ 2 % des 16 millions d'Australiens. N.B. Tindale, *Aboriginal Tribes of Australia*, Canberra, Australian National University Press, 1974 ; N. Peterson, ed., *Tribes and Boundaries in Australia*, Canberra, Australian Institute of Aboriginal Studies, 1976 ; *Australie – 40 000 ans de culture aborigène – Dossiers Histoire et Archéologie* 135, 1989.

n'étaient pas rares. Les Warlpiri attribuaient ces bagarres au fait qu'ils étaient trop nombreux, près de 700, à vivre au même endroit. Lorsqu'ils nomadisaient autrefois, ils campaient rarement à plus d'une trentaine. C'est seulement un mois par an qu'ils se retrouvaient à plusieurs centaines pour les cérémonies d'initiation. Si des tensions les opposaient et dégénéraient en conflit ouvert, ils effectuaient alors des cérémonies de règlement qui effaçaient les différends jusqu'à la prochaine rencontre.

J'avais l'impression qu'avec la multiplication des maisons, les querelles se restreignaient à présent au domaine privé.

"De toute façon, le conseil a interdit le port de lances et de boomerangs par les hommes. C'est calme maintenant, on est tranquilles, me dit Clancy – un ancien *stockman* warlpiri qui gardait l'allure sereine des cavaliers des grands espaces. Avant, il suffisait qu'un homme voie en brousse les empreintes de sa femme croisées par les empreintes d'un autre homme pour que ça fasse une histoire ! On se battait mais aussi on s'amusait. Aujourd'hui, y a pas grand-chose à faire, seulement à toucher le *sitting-down money* (chômage)."

Encore récemment, l'ancien cow-boy conduisait avec dignité un tracteur servant au ramassage des ordures. Il se consacrait maintenant aux petits-enfants de Paula Nungarrayi, veuve qu'il avait courtisée pendant des années avant de l'épouser. Lorsque je fis sa connaissance, il vivait avec une autre femme et une fillette qu'ils avaient adoptée. Paula m'expliqua que la mère de celle-ci, installée à Katherine, avait décidé il y a trois ans de la reprendre. Pour Clancy ce fut le drame. Sa femme, également désespérée, partit à Alice Springs où elle épousa un Italien travaillant dans une galerie d'art aborigène.

Il y avait toujours aussi peu de travail dans les communautés aborigènes : la plupart des services devaient être exécutés par les Blancs, les autochtones n'ayant pas la formation nécessaire. A Lajamanu, une dizaine de Warlpiri étaient employés au conseil, trois au dispensaire, trois à l'école, trois au magasin, deux à l'atelier de mécanique et une équipe de femmes se relayaient à la mission pour faire à manger aux retraités qui chaque midi venaient y chercher leur plat préparé. Les autres, s'ils ne peignaient pas, déambulaient, faisaient la sieste, regardaient des vidéos ou jouaient aux cartes.

Je constatai que seuls quelques hommes se retrouvaient chaque jour comme autrefois pour discuter sous un abri à ombre monté près du terrain de foot. Les femmes n'avaient plus leur abri mais se réfugiaient à l'ombre d'une cabine où fonctionnaient sans cesse deux nouvelles machines à laver. En face, le "parc", une grande esplanade au gazon arraché, restait le seul lieu de rencontre entre 10 heures et midi, 15 heures et 17 heures, les heures d'ouverture du magasin.

Tous les jours, de petits groupes s'installaient par terre au milieu des cartons ou des sacs remplis d'achats. Ils discutaient en mangeant des frites, des *pies* à la viande ou des cuisses de poulet panées achetées au fast-food. Les enfants ayant le droit de quitter l'école pour retrouver les adultes au moment de la récréation arrivaient en bandes joyeuses et couraient d'un groupe à l'autre pour quémander des dollars ou à défaut un fruit, un paquet de biscuits, une boisson ou une glace.

Installé dans un immense hangar, le magasin ressemblait de plus en plus à un supermarché urbain : deux allées de rayonnages remplis de conserves, des armoires vitrées à surgelés, deux caisses et des caddies. Tout ce que le magasin offrait était consommé mais, semble-t-il, plus modérément qu'autrefois. Il y a quelques années, un arrivage de bicyclettes fut écoulé en quelques jours ; deux mois plus tard, les gamins, ayant sillonné toutes les pistes rocailleuses et sablonneuses des environs, abandonnèrent leurs bicyclettes cassées sans aucun regret ni remontrance de la part des adultes. Jeunes ou vieux, personne ne semblait s'attacher aux objets. Même sédentarisés, les Warlpiri vivaient alors comme s'ils étaient toujours en partance.

A présent, les maisons, la télévision et les magnétoscopes les retenaient un peu plus. Mais rien n'était fait pour durer. Lorsque les femmes s'achetaient des tongs ou des tennis, celles-ci étaient vite dépareillées, emportées par les chiens. Les hommes, pour protéger leurs bottes, dormaient souvent avec. Les enfants, un jour habillés de vêtements flambant neufs, arboraient le lendemain des pantalons déchirés, des tee-shirts en guise de robe et des jupes d'adultes maintenues avec des nœuds. La plupart portaient néanmoins ces hardes rougies par la poussière avec une élégance inouïe.

De plus en plus d'argent rentrait à Lajamanu pour en sortir aussitôt. Comme avant, les gains aux cartes étaient souvent l'occasion d'une virée, soit en voiture vers les deux bars les plus proches – 300 kilomètres au sud ou au nord de Lajamanu –, soit en avion jusqu'en ville, Katherine 600 kilomètres au nord ou Alice Springs 800 kilomètres au sud.

Lajamanu, à l'instar de la plupart des communautés aborigènes, était encore une "aire sèche", c'est-à-dire qu'il était interdit d'y vendre de l'alcool et de le consommer. Blancs comme Aborigènes pouvaient obtenir des permis d'exception pour passer des commandes, mais à condition qu'ils boivent chez eux et ne se montrent pas ivres. Très peu de Warlpiri ayant réussi à conserver leur permis, ils devaient donc s'approvisionner autrement. Ils ramenaient souvent des cargaisons de canettes de bière qu'ils cachaient juste à la limite de la zone interdite *ten miles*, à une quinzaine de kilomètres. Ils venaient ici nombreux pour se soûler. De temps en temps, un ivrogne déboulait dans la communauté. La chasse à l'homme pouvait commencer. Les cinq policiers de Lajamanu, trois officiers blancs et deux aides warlpiri, se lançaient à sa poursuite.

Vêtus d'uniformes à l'américaine, ils sillonnaient en permanence la communauté dans leurs Toyota munies d'une cabine grillagée pour embarquer en prison les épris de boisson. Le poste de police, situé un peu à l'écart, était le plus sophistiqué des bâtiments de Lajamanu. Outre la prison, on y trouvait une salle de tribunal. Une fois par mois, un juge et un avocat débarquaient en avion et y exerçaient solennellement la loi, retirant les permis d'alcool, distribuant des amendes en série aux récidivistes et condamnant les plus incurables à un petit séjour à la prison de la ville.

Je remarquai que les policiers avaient moins à intervenir qu'autrefois. Quelque 200 Warlpiri étaient partis ces deux dernières années s'installer soit à Katherine, soit dans deux *outstations* situées à proximité de la station d'essence du Sud, Rabbit Flat, isolée en plein désert mais vendant de l'alcool. Conséquence de cet exode : comme les autres Warlpiri, les policiers désœuvrés s'étaient mis à peindre.

La vie à Lajamanu, oscillant sans cesse entre certaines persistances de la loi tribale et quelques greffes de modernité technique ou bureaucratique, pourrait paraître surréaliste. Isolée géographiquement, en proie à une transformation rapide, la communauté évoque une petite planète dont les habitants inventeraient au jour le jour les règles pour incorporer tout ce que l'extérieur y injecte. Loin de provoquer un affairisme précipité, cette sorte de jeu de rôle incessant donne l'impression que les Warlpiri ne sont jamais pressés et vivent dans une attente et une flânerie sans but. On peut en être agacé, mais il suffit de se plonger plus intimement dans leurs enjeux tribaux pour que cette vie prenne l'allure d'un art.

DES YAPA ET DES KARDIYA

Juillet 1988. Ils étaient une centaine dans l'enceinte clôturée de Wulaign, le bureau des *outstations*, les campements de brousse satellites de Lajamanu. Allure de gitans à la peau noire. Respectant la coutume : côté ouest les femmes, toutes assises par terre, côté est les hommes, certains par terre, d'autres debout appuyés à la clôture. Les femmes m'avaient fait signe de venir m'asseoir parmi elles et s'amusaient de ce que mon compagnon restât avec les hommes. Entre les deux groupes, sur le perron de la maison transformée en bureau, une jeune Blanche en jeans appuyée contre un pupitre s'escrimait pour se faire entendre. Depuis deux ans, Margaret consacrait tout son temps, sans week-end ni vacances, à la gestion des *outstations* :

"Le conseil de Lajamanu a fait savoir que les voitures de Wulaign ne pourront plus être réparées ici. Le mécanicien a trop de travail. Désormais, vous devrez faire les réparations en ville, à Katherine, Darwin ou Alice Springs."

Pesant silence, bientôt suivi de commentaires en aparté. Un vieil homme en anorak, le seul à être assis sur une chaise, déclara en redressant le grand chapeau qui lui cachait le visage :

"De toute façon, nous, les gens de Taarlywarri, nous donnons toujours nos véhicules à réparer au garage de Warlala (Rabbit Flat), c'est pareil pour les gens de Jiwaranpa !"

Les *outstations* de Taarlywarri et Jiwaranpa, situées près de la station d'essence de Rabbit Flat, comprenaient chacune cinq maisons préfabriquées où allaient et venaient quelques familles. L'homme qui avait parlé, pisteur de police à la retraite, s'était progressivement coulé dans la vie tribale de Lajamanu et avait fini par gagner le prestige des anciens de son âge, bien qu'il ne fût pas vraiment initié aux affaires cérémonielles.

Un bandeau sur ses cheveux gris, très chic dans son col roulé et sa veste moulante en daim, un homme se leva en colère :

"Si les habitants de Lajamanu qui ont des *outstations* ne peuvent plus utiliser les services du mécanicien communautaire, c'est qu'on veut nous exclure de la communauté. Que veut dire le conseil avec cette mesure ?"

Le maire warlpiri de Lajamanu s'approcha pour répondre. La quarantaine, polo vert foncé et pantalon impeccable, sans se départir de son sourire de politicien, il expliqua moitié en anglais, moitié en warlpiri :

"Les gens des *outstations* ont leurs problèmes, que les Warlpiri sans *outstations* n'ont pas. Mais ils ont aussi leurs propres avantages et leur organisation.

Le DAA leur donne des voitures, à eux de se débrouiller pour les entretenir."

Un jeune Blanc en chapeau de paille et carnet à la main, le représentant du département des Affaires aborigènes (DAA) arrivé par avion pour le meeting, saisit l'occasion au vol :

"Je comprends que le mécanicien du conseil soit débordé. Il suffit de voir toutes les voitures et tous les camions qui attendent dans le garage. Nous, DAA, envisageons fort bien de financer un deuxième atelier de mécanique qui sera géré par le magasin. Cela permettra de former un jeune Warlpiri pour qu'il devienne mécanicien."

Mes voisines hochèrent la tête. Le gouvernement promet, mais pour agir il prend son temps. Plus d'un jeune a déjà été formé à la mécanique, mais aucun n'a pu assumer les pressions de cette activité toujours soumise aux sollicitations incessantes des proches ou moins proches. L'un d'eux, devenu un excellent mécanicien, assistait son patron blanc, mais ne pouvait s'empêcher de lâcher le travail pour des virées au bar.

Arbitre du débat, Margaret décida de passer à un autre point inscrit à l'ordre du jour : il fallait un comptable pour Wulaign. Le gouvernement avait proposé de financer la formation d'un Warlpiri. L'assemblée fut appelée à voter pour choisir entre deux candidats.

Les femmes s'agitaient. Elles voulaient parler de l'entretien des *outstations*. Aucune n'osait se lever pour intervenir. Finalement, poussée par ses compagnes, la femme de l'homme à l'anorak se leva. Un foulard noué sur les cheveux, tee-shirt décolleté et jupe droite, elle expliqua d'une voix douce mais déterminée :

"Nous avons un problème avec les fosses sanitaires. Celle de Taarlywarri est remplie depuis des mois. Et nous attendons toujours son remplacement. De toute façon, ce système ne nous convient pas. La fosse a la taille d'un bidon ! Nous voudrions des toilettes à chasse d'eau."

Vera me regarda amusée. A Mirirrinyangu, ils ont résolu le problème : ayant estimé que les fosses n'étaient pas fonctionnelles, ils ne s'en sont jamais servis...

"Il n'est pas possible d'aménager des toilettes à écoulement d'eau, sinon, cela se mélangera avec l'eau potable, répliqua Margaret.

— Maintenant, nous devons parler du camion de Wulaign, enchaîna-t-elle aussitôt. Vous savez qu'il est immobilisé depuis six mois chez un ferrailleur d'Alice Springs en attendant d'être mis en vente aux enchères pour une somme assez faible. Le DAA est disposé à nous donner un nouveau camion seulement à certaines conditions. Le véhicule ne pourra servir qu'aux besoins des *outstations*, pas question de le prêter ou de le louer pour d'autres usages. Et il faut désigner un conducteur qui s'engage à ne jamais boire."

Un sentiment de malaise envahit l'assistance. Le ton était trop paternaliste, celui qu'emploient souvent les administrateurs qui traitent les Aborigènes comme des enfants. Les Warlpiri sont extrêmement pudiques. Impossible de discuter avec les Kardiya (Blancs), ils ne comprennent rien aux Yapa (Aborigènes).

Le fonctionnaire du département des Affaires aborigènes aborda alors les problèmes de chômage.

“Nous, on veut bien travailler, mais quel travail ?” demanda un homme entre deux âges, en chemise bleu fluorescent.

Le fonctionnaire répondit qu'il y avait bien des choses à faire à Lajamanu et dans les *outstations* : entretenir les maisons et les équipements, aménager des jardins et des clôtures, monter une nouvelle station de bétail, une boulangerie.

“Nous autres responsables des *outstations* travaillons déjà pour les entretenir, remarqua une très belle femme habillée tout de noir – elle vivait à l'*outstation* Lullju, située à 15 kilomètres de Lajamanu. Recevoir un salaire au lieu du chômage, ça ne change rien pour nous. Mais si les jeunes sont obligés de travailler aux *outstations*, ils vont partir. Et s'ils doivent travailler ici, c'est Lajamanu qu'ils quitteront pour échouer en ville.”

Le maire demanda au fonctionnaire des mesures concrètes et rapides pour la communauté. Celui-ci ayant proposé l'idée d'attribuer un salaire aux peintres, la séance fut levée, laissant l'assemblée perplexe et inquiète.

En fait, l'idée de salarier les peintres avait choqué tout le monde. Beaucoup peignent et se débrouillent eux-mêmes pour vendre leurs toiles. Certains artistes sont en rapport avec des galeries d'Alice Springs, Darwin, Adélaïde et même de Melbourne ou de Perth. Les autres écoulent leur production aux Blancs qui résident à Lajamanu, et si une toile n'est pas vendue au bout d'une semaine, ils partent avec dans une station d'essence où elle a toutes les chances d'être achetée par un touriste de passage.

Avant, les peintures de Lajamanu étaient systématiquement collectées par un magasin de Katherine. Le gérant stockait les toiles et payait à la vente. Mais très vite, des malentendus ont éclaté : les Warlpiri ne comprenaient pas ni que certains soient payés et pas d'autres, ni pourquoi ils n'étaient pas tous payés de la même façon.

Un Blanc tenta alors de mettre en place une coopérative artistique sur le modèle de celle existant à Yuendumu, la communauté des Warlpiri du Sud : pour toutes les toiles produites une somme minimale est avancée aux peintres qui reçoivent le complément lorsqu'elles sont vendues, tout en cédant un pourcentage investi au service des divers besoins communautaires. Cette organisation ne satisfaisait pas tout le monde. A Lajamanu, le projet ne survécut pas plus de quelques mois. La responsable, une femme luritja mariée à un policier warlpiri, eut beaucoup de mal à gérer l'affaire et finit par partir en ville.

Une telle autonomie a toujours caractérisé les Warlpiri. La vie tribale n'implique pas le collectivisme. Les réseaux d'obligation d'échange et de solidarité se renégocient sans cesse dans le respect de la singularité de chacun. Les Warlpiri avaient été obligés d'élire un conseil et ils s'y étaient habitués. Mais ils en contestaient l'autorité surtout depuis la mort subite de leur premier maire âgé de la quarantaine. Extrêmement brillant, ce Warlpiri avait créé le premier conseil pour faire respecter les Yapa par les Kardiya. Il réussit pendant plus de dix ans à mener tous les pourparlers avec les instances gouvernementales, protégeant ainsi la communauté de nombreux aléas administratifs. Son corps fut inhumé dans un site sacré warlpiri, et le Premier ministre et des représentants du gouvernement s'étaient déplacés pour les funérailles. Le maire actuel, lui, avait du mal à faire face tant aux tensions de la communauté qu'aux nouvelles pressions de l'Etat.

Il faut dire que le statut même de maire est foncièrement étranger au mode ancestral de l'organisation politique aborigène. La notion d'un chef pour tous n'était pas concevable auparavant, seule opérait l'autorité des anciens : chacun étant gardien rituel de certaines terres négociait ses réseaux d'influence en fonction des alliances matrimoniales et de son savoir cérémoniel. Cette répartition des droits territoriaux a été reconnue par le gouvernement fédéral et les échanges rituels se sont maintenus. Mais, depuis une génération, les Warlpiri n'avaient plus besoin de parcourir le désert pour se nourrir. Et leur nouvelle vie sédentaire perturbait de plus en plus l'acquisition et la régulation traditionnelle du pouvoir.

LES ROYALTIES

Une maison en tôle aux fenêtres bouchées et, dans la cour, pleine de débris, une Toyota 4 x 4 en parfait état. Leur propriétaire, Hector Jupurrurla, homme d'âge mûr et bien en chair, était assis sur le sable, torse nu et rasé de près. A ses côtés une très belle jeune femme, sa troisième épouse, l'aidait à peindre un immense canevas. Il me montra un carton d'une galerie de Melbourne arborant une de ses peintures :

"La directrice de la galerie va bientôt venir me voir. Elle voudrait que j'aille à Melbourne pour la prochaine exposition. Mais je n'irai pas. Je n'aime pas les grandes villes. Il fait trop froid et il y a trop de monde ! Je suis allé une fois à Sydney et je me suis perdu ! Il suffit de regarder les villes à la télévision !"

Hector attrapa au vol un petit garçon joufflu qu'il assit sur ses genoux.

"Mes enfants sont du Rêve Opossum comme mon vrai père et moi, me dit-il fièrement. Mais ils ont aussi hérité de mon père adoptif les *Kuruwarri*, «Images» du Rêve Yarripiri, le Serpent géant que le peuple Wallaby a transporté sur sa tête depuis chez les Pitjapitja (tribu Pitjantjatjara). L'histoire est secrète mais un Kardiya a écrit un livre là-dessus*. Au sud de notre territoire, à plus de 1 000 kilomètres, il y a des tas de sites pour ce Rêve, même des peintures dans les grottes. Près de mon *outstation* Puyurru, on peut aussi voir les traces du Serpent Yarripiri : une colonne vertébrale pareille à celle d'un homme mais dix fois plus grande.

— Les Kardiya diraient que c'est un dragon, ou un autre nom plus compliqué qui se trouve dans les livres scolaires, précisa sa femme, les yeux pleins d'admiration pour son mari.

— Un dinosaure ? hasardai-je.

— C'est exactement ça, répondit Hector, vous dites que ces animaux ont vécu avant l'apparition des hommes. Eh bien, nous on dit que le Serpent de Rêve a voyagé avant que les Yapa fassent leur apparition. Simplement, il n'est pas mort. Il dort sous terre. Et sa force habite toujours les traces qu'il a laissées. Un jour, mon fils aîné a touché un morceau de sa colonne vertébrale pétrifié. C'est très dangereux, mais il ne lui est rien arrivé parce qu'il est nourri dans son corps par les Images du Serpent Yarripiri…"

Hector, maniant l'anglais à la perfection, souriait avec un air de défi assez rare chez les Aborigènes tribaux. Je l'avais connu lorsqu'il s'était improvisé

* C. P. Mountford, *Winbaraku and the Myth of Jarapiri*, Adélaïde, Rigby, 1968.

porte-parole des Warlpiri face à une compagnie minière souhaitant prospecter autour des Granites, une ancienne mine d'or fermée après la guerre. Cette région étant incluse dans le territoire restitué aux Warlpiri en 1978, Hector réussit à négocier en 1984 des accords rapportant beaucoup d'argent, d'abord une compensation pour l'exploration, puis des royalties sur l'exploitation des minerais éventuels. La compagnie avait trouvé depuis d'importants gisements d'or. Hector était devenu le président de l'association warlpiri gérant les royalties, appelée *Janganpa*, "Opossum", du nom de l'itinéraire de Rêve principal qui traverse les rochers rouges constituant le site sacré des Granites.

C'est au nom de droits fonciers traditionnels, hérités de son grand-père paternel et de son père, tous deux décédés, qu'Hector bénéficiait des royalties. Une centaine d'autres Warlpiri avaient également été reconnus comme des ayants droit. Les uns parce que gardiens de la région ou de terres reliées aux Granites par les mêmes itinéraires de Rêve. Les autres parce que nés à l'ancienne mine ou que leurs parents y avaient travaillé. Tous ces bénéficiaires en titre étaient devenus la proie des sollicitations de leurs proches, et toute somme touchée tournait au feu de paille. Seul Hector ne distribuait pas son argent qui s'accumulait sur un compte bancaire, faisant de lui le "millionnaire de Lajamanu".

Etrange millionnaire qui vivait comme tout le monde, en ayant toutefois l'art de rendre rentable tout ce qu'il entreprenait.

“Ce n’est pas normal que les autres cassent leurs voitures tout le temps et les abandonnent, m’expliqua Hector en se redressant avec un air mi-jovial, mi-rusé. Moi j’ai ouvert un compte chez un garagiste de Katherine. J’y fais régulièrement réviser ma voiture qui a déjà trois ans. Et les réparations sont payées avec l’argent des royalties.”

Je lui demandai si les autres pouvaient bénéficier comme lui de ce compte chez le garagiste.

“Nous sommes déjà trois à avoir la signature, ils n’ont qu’à ouvrir leur propre crédit, lança Hector avec un léger mépris.

— Mais la plupart n’ont pas d’argent sur leur compte, puisqu’ils touchent cash leurs chèques de royalties. J’ai même entendu un grand nombre se plaindre qu’ils ne reçoivent pas autant que toi…

— Moi, je m’organise, ils peuvent s’organiser aussi. Je n’ai pas eu besoin de m’adresser au DAA pour obtenir une *outstation*. C’est la compagnie minière qui me l’a construite. Et ce n’est pas du chiqué, six superbes maisons avec de l’électricité et non de l’éclairage solaire !

— Mais, Hector, tu n’y habites pas et personne d’autre ne s’y est installé !

— Ça c’est provisoire, nous devons attendre la fin du deuil pour le vieux Jakamarra qui m’a élevé lorsque j’ai perdu mon père encore gamin. Mon père travaillait à l’ancienne mine d’or et il a été broyé par la roue d’une pompe. Aussi c’est le vieux Jakamarra qui m’a tout appris sur la région des Granites avant que j'aille vivre à la réserve de Yuendumu, puis ici à Lajamanu."

Hector semblait comme un poisson dans l'eau dans ce monde à cheval entre deux univers. Pourtant il ne fut pas toujours cet homme plein de contentement. Quatre ans auparavant, il avait pris une quatrième épouse contre son gré. La famille de cette jeune adolescente se plaignit à la police qu'elle avait été violée. Et l'infernale machine judiciaire se déclencha. Hector fut arrêté puis relâché en attendant son procès. Plusieurs avocats se mobilisèrent, et la presse suivait l'affaire car c'était la première fois qu'un tel problème aborigène était traité par la justice officielle.

Pour les Warlpiri ce fut un choc. Selon eux, l'affaire aurait dû être jugée tribalement par leur Loi et non au tribunal des Blancs. Alors, par dizaines, ils témoignèrent pour défendre Hector, expliquant que chez eux les filles sont promises en mariage aux hommes avant même leur naissance ; ils tentèrent de prouver qu'Hector, ayant été initié par le père de l'adolescente, avait des droits sur elle.

Hector ne fut pas disculpé. Mais en raison du consensus tribal qui demandait sa liberté, au lieu d'aller en prison, il fut condamné à l'exil et donc assigné à résidence à Yuendumu, à 600 kilomètres au sud de Lajamanu. Cet exil était relatif puisque Yuendumu est également une communauté warlpiri, mais là-bas Hector n'avait aucun pouvoir. Au bout d'un an, il se réinstallait à Lajamanu, auréolé du prestige de l'enfant prodigue. A la place de l'adolescente réticente, il hérita de la veuve consentante de l'ancien maire. Entre-temps, les négociations avec la compagnie minière avaient abouti aux accords qui firent d'Hector le maître de la situation.

"Encore un meeting !" m'annonça plaintivement le vieux Ruddy. Cette fois, presque toute la communauté était réunie sur le gazon du jardin du conseil. Pour l'occasion, Ruddy s'était lavé barbe et cheveux qu'il peignait avec délectation. Je l'avais à peine reconnu. Tous les hommes étaient sur leur trente et un. Lenny s'était rasé et avait mis des chaussures. Hector en chemise blanche repassée était coiffé d'un superbe chapeau bordé d'une fourrure léopard. Ce meeting était le sien, comme il le prouverait dans les heures qui allaient suivre.

Devant la barrière du conseil stationnaient six Toyota rutilantes : véhicules des représentants du CLC (Central Land Council) venus d'Alice Springs pour la circonstance. Créé en 1976 sur l'initiative d'un avocat blanc et d'un ancien de la tribu aranda, le CLC a mené les enquêtes du procès qui permit de restituer aux Warlpiri 94 694 km² de leur territoire traditionnel. Depuis, cette organisation aborigène, qui emploie des juristes et des ethnologues, a préparé bien d'autres revendications territoriales *(land-claims)* et elle sert d'intermédiaire à toutes les communautés tribales du Centre pour négocier diverses affaires, en particulier les contrats miniers.

A Darwin, le NLC (Northern Land Council) effectue le même travail, pour les Aborigènes de terre d'Arnhem où se trouve un important gisement d'uranium. L'Australie, il ne faut pas l'oublier, est en effet très riche en divers minerais qui sont essentiellement exploités par des multinationales. Au début, les Aborigènes s'opposèrent systématiquement à toute exploitation car elle détruisait la terre. Puis, voyant les bénéfices qu'ils pouvaient en tirer, ils acceptèrent quelques arrangements qui ne furent pas généralisés à l'ensemble du continent. Seul le Territoire-du-Nord où vivent les Warlpiri est soumis à la loi fédérale qui a permis la restitution des terres à certains groupes ainsi que le droit aux richesses du sous-sol. Mais dans les autres Etats, la rétribution des Aborigènes varie selon les compagnies minières.

Ce jour-là donc, contre le bâtiment du conseil à Lajamanu, des Blancs inconnus, en shorts, longues chaussettes et chaussures vernies, s'affairaient à disposer de grands panneaux photographiques montrant diverses installations minières. Un membre du CLC micro à la main les présenta :

"Voici les *boss* de la compagnie minière qui nous ont fait l'honneur de venir expliquer à Lajamanu l'évolution de l'exploitation minière aux Granites. Ils sont prêts à répondre à toutes les questions. Par ailleurs, ils nous ont adressé une nouvelle demande d'exploration. Je vous ai distribué une carte de votre territoire sur laquelle figurent trois zones respectivement marquées en rose, jaune et vert, les régions concernées par de nouveaux forages. Ce sera à vous de décider si vous acceptez d'envisager l'exploration."

Les gens semblaient déjà au courant. Dans la foule je remarquai des visages nouveaux. Deux jours auparavant, trois camions avaient déversé des Aborigènes considérés comme gardiens traditionnels des terres concernées : les délégations de Yuendumu, de Willowra, de Balgo, de Kalkaringi se trouvaient donc rassemblées sur la pelouse*.

La veille, en l'absence des représentants de la mine, un autre meeting s'était tenu sur l'utilisation des royalties. Hector avait déclaré qu'il fallait non plus distribuer l'argent aux divers ayants droit mais l'investir à long terme pour que tout le monde puisse en profiter lorsque la mine serait épuisée. Des femmes avaient reproché l'achat d'une maison à Darwin pour les élèves de Lajamanu : elles étaient mécontentes de voir les jeunes ainsi exilés sans qu'aucune garantie d'une scolarité réussie ne leur soit donnée.

Découragée par ces discussions de la veille, l'assemblée était un peu tendue. Si la compagnie voulait entreprendre de nouveaux forages, cela promettait de nouvelles rentes minières. Mais l'afflux d'argent provoquait des divisions et des conflits.

* A Willowra vivent les Warlpiri de l'Est, à Balgo, réserve d'Australie-Occidentale, des Walmajarri, des Kukatja et des Ngardi, et à Kalkaringi, située au nord, des Kurintji.

Le vieux Ruddy prit le micro et sans se lever déclara en warlpiri :

"J'ai des droits sur les terres exploitées par la compagnie, mais je n'ai jamais rien demandé car j'ai mon *outstation*. Si de nouvelles explorations doivent avoir lieu, nous devons réfléchir ensemble dans quelles conditions nous les acceptons."

Un autre, bonnet de laine enfoncé jusqu'aux yeux, intervint à son tour en warlpiri pour dire qu'il ne fallait pas que les gens soient divisés et que tout devait être discuté en commun. Le meneur du meeting se tourna vers les femmes. Nancy leva le bras pour avoir le micro. Ayant longuement expliqué en warlpiri son attachement ancestral à la terre et les droits qu'elle possède sur les lieux de son Rêve Perruche Verte qui ne doivent pas être détruits, elle termina en anglais :

"Les femmes ne sont rien, il y a trop de choses secrètes dangereuses pour nous, c'est aux hommes de décider tous ensemble.

— Il y a quatre ans, lors de la signature du contrat, dit un Warlpiri, il était prévu que la mine nous donnerait du travail, puis nous n'en avons plus jamais entendu parler. Les nouvelles explorations vont-elles donner du travail aux jeunes ?"

Un jeune cadre dynamique lui répondit en souriant que le travail à la mine étant très spécialisé, la compagnie avait déjà engagé deux manœuvres aborigènes qui venaient d'un autre Etat... La mémoire des Kardiya est courte... Qui se souvient que du temps de la vieille mine les anciens et la génération de leurs pères avaient secouru des prospecteurs perdus et avaient eux-mêmes découvert certains gisements dont seuls les Blancs profitèrent ?

Les participants se répartirent ensuite en deux groupes : un premier qui rassemblait les représentants d'une région frontalière de l'Australie-Occidentale. Il était constitué d'une dizaine de femmes, dont Nancy et ses sœurs, et d'une dizaine d'hommes, dont deux originaires de la tribu Pintupi et la délégation des Ngardi de Balgo ; le second groupe, beaucoup plus important, réunissait les représentants d'une région à l'est des Granites, associée aux Rêves Serpent Géant Yarripiri, Pluie et Deux-Serpents, où se trouvait l'*outstation* inoccupée d'Hector.

Vera m'expliqua que le Rêve Deux-Serpents est l'un des Rêves de son mari Lenny. Il avait grandi là avec son clan du Rêve Etoiles dont l'itinéraire mythique relie un site de la région aux collines sacrées de Kulungalinpa plusieurs centaines de kilomètres au nord. En fait, tous deux envisageaient de quitter ces collines et leur *outstation* Mirirrinyangu pour s'installer plus au cœur du territoire warlpiri, justement à l'*outstation* Puyurru d'Hector. Ainsi Lenny retrouverait sa véritable terre d'origine et Vera et sa sœur se rapprocheraient de la leur, les rochers sacrés des Granites.

En tant que fille aînée du principal gardien de ce site, Vera fut parmi les premières femmes à toucher des compensations minières : 8 000 dollars qui disparurent dans les poches de ses fils et neveux et une Toyota qui ne survécut pas à un accident de voiture. Depuis, elle n'avait rien reçu et s'en plaignait. Hector l'avait assurée que si Lenny s'installait à Puyurru, il pourrait bénéficier du crédit de réparation des véhicules financé par les royalties. Assise au milieu des femmes de cette région, Vera menait la discussion :

"Les Kardiya vont faire des trous sans s'arrêter jusque dans nos campements ! Ils parlent déjà de démonter l'*outstation* Puyurru pour la mettre ailleurs parce qu'il y aurait de l'or juste en dessous !"

L'assistance éclata de rire. Il était temps de détendre l'atmosphère. Toutes ces histoires d'argent créaient trop de problèmes : plus il y avait d'argent, plus il y avait d'alcool et de risques d'accidents de voiture qui tuent les maris ou les fils. Mais l'argent était nécessaire : l'entretien des maisons coûtait de plus en plus cher, il fallait payer un loyer et il était question que l'électricité et l'eau deviennent aussi payantes. Et les enfants qui voulaient des vidéos…

Une grande femme en tee-shirt rose vif et la bouche sensuelle se leva, Kareen, première épouse d'Hector :

"Tous ces problèmes domestiques, c'est à nous de les régler, mais il faut prendre l'argent d'où il peut venir. L'actuelle mine des Granites n'en a pas pour plus de cinq ans. Que ferons-nous après lorsqu'il n'y aura plus de royalties ? Autant que les gens des mines trouvent d'autres gisements pour assurer la continuité. Après tout, la terre nous a nourris avant l'arrivée des Kardiya, et elle continue de le faire. Bien sûr, pas question de détruire nos sites sacrés, mais ça les hommes s'en occupent."

Je constatai qu'en quelques années Kareen s'était métamorphosée. Gagnant le statut des femmes de quarante ans, elle était devenue la messagère de son mari auprès de ses consœurs, pacifiant avec art celles qui avaient des objections. Cherchant du regard Hector qui venait de lever la séance des hommes, elle lui fit signe de s'approcher. Il vint expliquer que les hommes avaient décidé d'accepter non pas l'exploration, mais que le CLC soit autorisé à négocier pendant un an les meilleures conditions. Ce n'est qu'à ce terme qu'une décision définitive serait prise.

Le représentant du CLC remercia l'assistance d'avoir délégué le CLC pour entreprendre des négociations avec la compagnie minière. Il annonça que des rations de nourriture allaient être distribuées aux participants. Le vrombissement d'un réacteur couvrit sa voix : les patrons de la mine venaient de décoller, sans attendre le résultat des délibérations qui avaient duré toute la journée. Fatiguée, la foule se dispersa. La plus jeune des six sœurs de Vera, ayant repéré le bus avec les rations, brandit fièrement un sac en plastique rempli de nourriture :

"Et voilà, on discute de millions pour terminer avec un morceau de viande !"

NOSTALGIE

En arrivant la première fois chez les Warlpiri à vingt-trois ans, j'avais cru échapper aux pressions sociales. Une décennie plus tard, la complexité des enjeux qui provoquaient les nouveaux conflits de Lajamanu me dépassait. J'avais du mal à supporter que la machinerie technocratique ait enfoncé ses dangereux rouages au cœur d'un peuple dont les ancêtres avaient maintenu une civilisation différente pendant quarante mille ans.

Lorsque Lajamanu était encore une réserve, presque aucun Blanc n'y venait, à part de rares fonctionnaires vérifiant le travail de l'intendant ou des missionnaires. En devenant une municipalité autonome, Lajamanu vit sa population de résidents blancs, les Kardiya, s'élever à une trentaine de membres : instituteurs, infirmiers, mécaniciens, électriciens, gérants de magasin ou comptables du conseil, ils étaient engagés par des contrats de deux ans et restaient rarement plus longtemps, mais d'autres les remplaçaient aussitôt.

Les salaires dans les communautés aborigènes étant plus élevés qu'ailleurs, au début bien des

Blancs s'engageaient par opportunisme. Ils restaient entre eux, un peu effrayés par l'univers qui les entourait et rarement désireux de le comprendre. C'est à cette vague que j'eus affaire la première fois. L'image qu'ils me renvoyaient de ma culture m'était insupportable et je pensais alors que, face à cet antagonisme, les Warlpiri renforceraient leur autonomie.

Il y a quelques années, une nouvelle vague de Kardiya était arrivée, curieuse et dévouée aux Aborigènes. Respectueux de toutes les survivances de la culture, certains devinrent aussi des chevaliers du développement. Autrefois cela m'agaçait. J'imaginais les Warlpiri pris au piège de cette sollicitude. Du coup, tous les signes de résistance aborigène, du gaspillage de l'argent jusqu'à l'école buissonnière des enfants, me semblaient témoigner d'une saine réaction de survie.

En 1988, je retrouvais des Warlpiri à la fois tristes et amusés, un peu perdus et apprentis stratèges dans ce qu'ils croyaient saisir, certains avec finesse, du fonctionnement du monde où ils étaient entrés en moins d'un siècle. Ils se plaignaient des trop nombreux meetings et des trop nombreux *topmen*, les fonctionnaires ou autres représentants du pouvoir qui les sollicitaient sans cesse. A côté du DAA et du CLC, près d'une vingtaine d'organismes étatiques, fédéraux ou privés, dont les employés changeaient tout le temps et parfois aussi les sigles : la commission de développement ADC, le fonds monétaire ABTA, le service audiovisuel aborigène CAAMA, et puis le département de la Santé, celui de la Sécurité sociale, l'association de défense des femmes, la fondation culturelle, etc. Sans parler des journalistes de télévision et des directeurs de musées ou de galeries d'art.

Ces visites incessantes, l'arrivée des vidéos en 1983 et de la télévision en 1986 ont fait découvrir aux Warlpiri et à leurs voisins un univers beaucoup plus complexe et plus confus qu'ils ne l'imaginaient. Mais malgré leurs propres voyages en ville, ils manquaient toujours de données pour pouvoir organiser les informations disparates qui leur parvenaient.

Alors que nous prenions le thé sur le pas de la porte du studio du dispensaire où je logeais avec Bertrand, Vera m'expliqua qu'elle s'était beaucoup inquiétée pendant les années de mon absence :

"On a vu des images de guerre à la télé. Il ne faut pas rester *overseas*, c'est trop dangereux. Il faut que tu viennes vivre ici à Lajamanu, tu seras plus en sécurité."

Je découvrais que Vera pensait que le Liban ou l'Afghanistan sont le même pays que la France, l'Angleterre ou l'Amérique, "outre-mer", la terre d'origine de ceux qui, même après deux siècles de colonisation de l'Australie, se désignent encore comme des "Européens". J'essayai de lui expliquer la configuration géopolitique du monde. C'était aussi difficile à saisir pour elle que pour moi lorsque je fus confrontée à la géographie mythique et sociale des Aborigènes.

Sans doute n'avait-elle pas tort, la France a bien plus à voir avec le Liban et l'Afghanistan qu'avec une communauté de brousse australienne ! Un langage est néanmoins commun aux relations internationales contemporaines et à la politique traditionnelle des Aborigènes : celui des droits de résidence. Aussi je précisai à Vera qu'étant française, je n'avais pas le droit de m'installer en Australie et d'y travailler.

"Oui, je sais, me rétorqua-t-elle, il y a une Autrichienne qui est venue ici après toi pour apprendre la langue. Elle voulait travailler à l'école, mais a été renvoyée dans son pays parce qu'elle n'avait pas de permis de travail. Nous avons fait une lettre au gouvernement pour demander son retour, avec ça elle obtiendra peut-être les papiers nécessaires."

Il suffisait qu'une situation nouvelle concerne directement les Warlpiri pour qu'immédiatement ils s'adaptent aux nouvelles modalités. Le monde extérieur restait pour eux un vaste magma, mais ils interprétaient systématiquement les éléments qui les touchaient en fonction de leurs propres intérêts. Si l'Occident était ethnocentrique dans sa vision des autres, les Warlpiri l'étaient aussi à leur façon.

Il y a dix ans, ils n'employaient pas le mot "touriste". Récemment, le tourisme australien s'était mis à "vendre" les Aborigènes. Et le mot entra dans le langage warlpiri, bien qu'à Lajamanu même, il n'y eût toujours pas de touristes car, à l'instar de la plupart des communautés aborigènes, il fallait un permis pour s'y rendre. Dans les Etats australiens qui n'ont pas restitué leurs terres aux Aborigènes, l'autorisation dépend des administrateurs gouvernementaux. Mais dans le Territoire-du-Nord, les demandes doivent être adressées au CLC (pour le Centre) ou au NLC (pour la terre d'Arnhem) et la décision relève du conseil même de la communauté concernée.

Lorsque je décidai, comme disent les ethnologues, de "faire un terrain" chez les Aborigènes, je ne savais pas où aller. Ayant écrit au CLC, c'est à Lajamanu que je fus invitée. Peut-être parce que les Warlpiri venaient de récupérer leurs terres et qu'aucune femme ethnologue ne semblait avoir travaillé dans cet endroit. C'est ce que Rachel expliqua à mon compagnon :

"Nungarrayi fut la première à venir apprendre le *business* des femmes. Les hommes avaient eu deux Kardiya avant. Depuis, d'autres Blanches ont assisté à nos cérémonies *yawulyu*. Mais Nungarrayi vivait avec nous comme une Yapa, elle dormait au camp des femmes de Lajamanu."

J'étais émue que Rachel prenne ainsi le soin de restituer à Bertrand ce qu'il n'avait pas connu de mon passé. J'ai parfois cru que mon attachement aux Warlpiri était fantasmatique. Je me suis demandé mille fois si je leur avais donné quelque chose en échange de tout ce qu'ils m'avaient appris. La réalité s'avérait des plus simples : étant avec eux lors de quelques événements de leur histoire récente, cette présence accompagnait les souvenirs de certains.

"Elle a voyagé avec nous, entassée avec les Yapa dans un camion. Et quand il y avait des conflits, elle pleurait. Une fois, elle s'est enfuie en brousse et il a fallu la rattraper. Nous nous occupions d'elle. Elle était jeune et on l'a élevée, ajouta Vera avec fierté."

En fait, certains Warlpiri m'ont perçue alors plus clairement que je ne m'en rendais compte moi-même : en quête d'une identité. Née à Varsovie, j'étais arrivée à Paris à cinq ans sans parler un mot de français. Ironie, à cause de la "guerre froide", les enfants me traitèrent de sale Polack communiste. Passant des vacances en Pologne à seize ans, on me traita de capitaliste ! A cette époque, mes parents envisagèrent d'émigrer une deuxième fois en Australie, mais ce projet qui m'excitait fut abandonné. Etudiante, alors que je m'apprêtais à faire un stage à l'école de cinéma de Lodz, mon père fut arrêté à Varsovie, et je décidai de partir chez les Aborigènes d'Australie.

Pourquoi ce peuple du bout du monde ? A cause de notre émigration manquée ou de celle de ma mère qui, à la fin de la guerre qu'elle avait passée dans un camp de réfugiés en Algérie, hésita entre partir en Australie ou rentrer en Pologne ? Je ne sais pas : les Aborigènes me semblaient étrangement familiers. Leur rapport à l'espace et au temps m'évoquait des dérives imaginaires qui m'habitaient.

Les Warlpiri auxquels je parlai de mon père en prison furent très compatissants, ils ne savaient pas que des Kardiya pouvaient être emprisonnés comme eux et m'adoptèrent avec d'autant plus de sympathie. En 1979, Lajamanu me semblait un univers clos où, à l'instar des blocs de l'Ouest et de l'Est, Yapa et Kardiya auraient représenté deux factions opposées. Et moi-même restant à l'écart des Blancs, je cherchais chez les Warlpiri une manière d'être.

La communauté se réunissait alors régulièrement dans le parc pour voter à propos de chaque mesure proposée par le conseil. Les Blancs ne participaient pas au vote, mais y assistaient et parfois l'influençaient. Un jour, l'enjeu fut de décider si Lajamanu allait continuer à s'approvisionner en ayant recours à une compagnie de transport privée basée à Katherine, ou bien si le conseil achèterait un camion qu'un employé du conseil de la municipalité conduirait jusqu'à Darwin où la nourriture était moins chère.

Les Blancs et de nombreuses femmes warlpiri n'appréciaient guère le conducteur du camion choisi par le conseil, un vieil Allemand fournissant les hommes en alcool malgré la prohibition. Toutefois, l'idée de prendre en charge l'approvisionnement allait rendre la communauté plus autonome, argument soutenu par le conseil. Certains instituteurs opposés au projet firent courir la rumeur, via les enfants, que le camion serait acheté en prélevant les allocations familiales des femmes. Celles-ci ne savaient plus qui croire et, au moment du vote, la majorité s'opposa à l'achat du camion.

Dans le feu des discussions, l'ancien maire déclara que si les Yapa ne faisaient pas confiance à leur conseil, il y aurait de nouvelles élections. J'avais été conviée par les femmes à m'asseoir parmi elles et elles me demandèrent mon avis. Sans hésiter, je soutins le conseil. La missionnaire, qui se tenait debout à quelques pas, me prit à partie, faisant remarquer que les Kardiya n'avaient pas le droit d'intervenir dans le vote. Me levant en colère, je lui répliquai violemment qu'elle était intervenue à sa façon les jours précédents. Indignée, elle s'en alla, mais notre altercation laissa l'assemblée stupéfaite. Je demandai à ma voisine si je devais partir ; elle m'ordonna de rester. Le meeting fut ajourné.

Sur le chemin de retour au camp, soudain tout me sembla vain. Le cœur lourd, je ne pus retenir mes larmes et m'enfuis en direction de la brousse. Des femmes me rattrapèrent en disant que je n'avais pas le droit de pleurer. Il était dangereux de partir toute seule dans cet état qui appelait les mauvais esprits. Plus tard, au camp, on me dit que j'avais "bien" parlé, que le conseil achèterait le camion, mais qu'il n'était "pas bien" que je discute avec la missionnaire. En fait, le vote tourna au compromis : le conseil acheta le camion pour s'approvisionner à Darwin et garda le contrat avec le transporteur de Katherine qui ne vint plus qu'une fois par semaine au lieu de deux.

L'histoire aurait dû me faire comprendre que la plupart des Warlpiri ne voulaient pas d'antagonisme avec les Blancs et que, même si les convertis n'étaient pas majoritaires, les missionnaires avaient leur place parmi eux. Mais, comme un enfant jaloux, je voulais les Warlpiri à moi toute seule.

DEUXIÈME PARTIE

QUELLE EST TA PEAU ?

Mai 1979 : Alice Springs. Depuis une semaine, installée à une table dans le bureau du Central Land Council, je consultais fiévreusement des archives : plus de 2 000 pages de transcription des deux années du procès territorial warlpiri qui venait de s'achever. Au fil des pages, j'entendais les voix sans visages d'hommes et de femmes qui répétaient inlassablement les noms de Rêve de leurs clans et de leurs sites. Je découvrais d'interminables discussions de juristes et d'ethnologues visant à définir le statut à donner au rapport traditionnel à la terre des Aborigènes.

Une carte me livra un millier de sites aux noms étranges qui parsemaient un immense désert. Sur une deuxième carte étaient dessinées des zones approximatives en partie superposées les unes aux autres : elles indiquaient les terres respectives d'une trentaine de clans warlpiri. Une troisième carte présentait un exemple de quelques itinéraires sillonnant le territoire tribal de part en part : ces itinéraires, tous nommés par des noms de Rêve – Pluie, Emeu, Kangourou, Dingo, etc. –, correspondaient aux ancêtres respectifs des clans qui se répartissaient traditionnellement leur gardiennage.

C'est sur la base de tels liens mythiques attachant les gens à des lieux et des itinéraires que les Warlpiri ont récupéré une vaste portion de leur territoire. J'appris que le juge et ses aides s'étaient spécialement déplacés sur certains sites pour entendre les Warlpiri expliquer en quoi tel rocher ou tel trou d'eau est marqué de l'empreinte d'un ancêtre du Rêve. Outre les enquêtes et les témoignages directs, on avait compté au rang des preuves de propriété traditionnelle l'exposition d'objets sacrés et l'exécution de rituels qui lient les groupes à des terres données.

Enfin, pour chaque itinéraire de Rêve ou portion d'itinéraire définissant les terres d'un clan, je trouvai inventoriée une liste de propriétaires : leurs prénoms, éventuellement suivis d'un nom de famille anglais, étaient tous accompagnés d'un autre nom que Blancs comme Aborigènes appellent *skin*, peau. Dans chaque clan c'était presque toujours les deux mêmes noms de peau qui revenaient : les enfants ayant un nom différent que leur père, mais le même nom que leur grand-père paternel. Quant à leurs mères, inventoriées dans un autre clan, celui de leur propre père, elles avaient un nom de peau encore différent. Mais de clans en clans, il n'y avait en tout que quatre paires de noms de peau car ces derniers sont au nombre de huit. Tous les Warlpiri, et leurs voisins du Centre, se répartissent ainsi entre seulement huit noms possibles.

Ces huit noms de peau, appelés sous-sections par les anthropologues, forment ensemble un système de parenté classificatoire : par exemple, tous ceux qui portent le même nom se considèrent comme "frères" de peau. Et à chaque nom est associé un seul autre comme "époux" potentiel. Les Blancs travaillant avec les Aborigènes reçoivent systématiquement un de ces noms qui les inscrit dans le classement parental. Au Central Land Council, j'entendais les employés s'amuser à interpréter les relations qui les liaient :

"Tu t'appelles Nakamarra ? Moi je suis Jungarrayi, alors tu es ma «mère» !"

Ces jeux de Blancs m'énervaient un peu. Qu'avaient-ils tous à se prendre pour des Aborigènes ? Il allait me falloir fort peu de temps pour réaliser que comprendre les relations entre ces noms et apprendre à se repérer dans leur classement est la condition *sine qua non* à toute interaction avec les Warlpiri.

Quelques jours plus tard, j'étais lancée pour la première fois sur les pistes du désert, conduite dans une Toyota 4 x 4 par un officier de liaison métis du CLC. Il avait pour mission de me déposer à Lajamanu. Evoquant les films sur les Aborigènes visionnés en France, j'appris que je l'avais déjà vu à l'écran : il figurait dans le documentaire sur la station de bétail Coniston, où trente et un Warlpiri se firent massacrer par les Blancs en 1928*.

* J. Cribbin, *The Killing Times – The Coniston Massacre 1928*, Sydney, Fontana/Collins, 1984.

Nous nous arrêtâmes pour faire le plein dans une station-service et au bar mon conducteur me présenta un de ses copains aborigènes qui me demanda :

"Quelle est ta peau ?"

Sur le coup, je fus mal à l'aise : évidemment, j'étais blanche et, même si je sympathisais avec les conflits qui opposaient les Aborigènes aux Blancs, je ne serais jamais noire. Mais je me ravisai aussitôt ; sa question n'était pas une provocation, il s'informait seulement de mon éventuelle classification parentale.

Alors que nous repartions sur la piste de sable rouge coiffée d'un ciel en tranche napolitaine qui se perdait dans un horizon d'herbes fluorescentes, mon guide me dit d'un air amusé :

"Tu as déjà un nom de peau. Le président du CLC t'a appelée Nungarrayi…

— Pourquoi «Nungarrayi» ? lui demandai-je intriguée ?

— Sans doute parce que le premier Aborigène que tu as rencontré, Gary, que nous avons envoyé te chercher à Darwin, appartient à la même peau, c'est un Jungarrayi, et tu deviens ainsi sa «sœur» de peau. Quant à moi, je suis un Jangala, tu es donc mon «épouse» potentielle !" m'expliqua-t-il en éclatant de rire.

Gary, descendant d'une tribu de la Nouvelle-Galles-du-Sud, avait participé à la création du CLC. Plus tard, il allait quitter cet organisme pour retourner à Sydney. Y rencontrant le cinéaste Werner Herzog, il tournerait, dans *Au pays où rêvent les fourmis vertes*, le rôle du métis qui pilote un avion de guerre offert aux Aborigènes par une compagnie minière. J'étais contente de devenir la «sœur» de Gary, mais je ne pouvais m'empêcher de me demander si mon "époux" potentiel n'avait pas inventé cette relation pour jouer à me séduire. Il m'annonça le plus sérieusement du monde qu'il me présenterait comme Nungarrayi aux Warlpiri de Lajamanu.

Il ne me restait plus qu'à réviser les relations de classification parentale entre les huit noms. D'abord ils se dédoublent en genres : le même nom commence par N pour les femmes et par J pour les hommes. On peut illustrer cette relation par un cube :

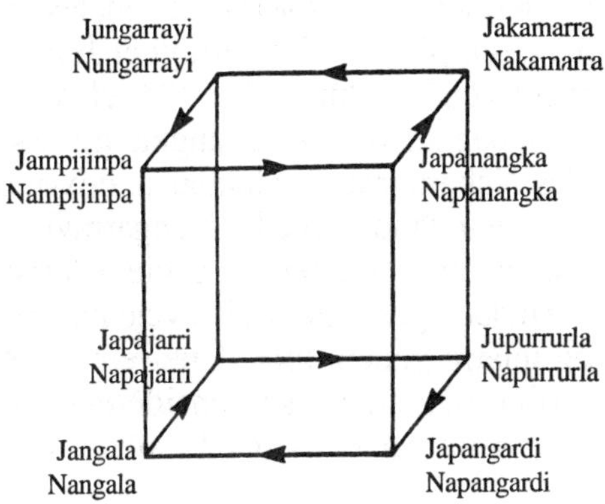

Huit sous-sections ou noms de "peau" warlpiri

Sur ce cube les arêtes verticales représentent la relation entre un individu et ses “pères” ou “tantes paternelles” : par exemple, les Jungarrayi et Nungarrayi sont respectivement “pères” et “tantes paternelles” des Japaljarri et Napaljarri, mais inversement ces derniers sont “pères” et “tantes paternelles” des premiers. Il arrive ainsi qu'un enfant soit appelé indifféremment “fils/fille” ou “père/tante paternelle” par un adulte qui a le même nom de peau que son vrai père. Et les gens se considèrent comme “frères” de peau de leurs grands-pères paternels, et des sœurs de ces derniers, car ils ont le même nom.

Par ailleurs, les arêtes fléchées du cube représentent la relation entre un individu et ses “mères” ou “oncles maternels” des Nampijinpa et Jampijinpa ; ces derniers sont “mères” et “oncles maternels” : par exemple, les Nungarrayi et Jungarrayi sont respectivement “mères” et “oncles maternels” des Napanangka et Japanangka qui le sont à l'égard des Nakamarra et Jakamarra, eux-mêmes étant dans cette relation avec les Nungarrayi et Jungarrayi. Ainsi, contrairement au cycle paternel qui se boucle en deux générations, le cycle maternel se boucle en quatre générations. Une femme et son arrière-arrière-petite-fille se considèrent comme “sœurs” de peau car elles ont le même nom de peau.

Enfin, pour déterminer les couples d'“époux” potentiels, il suffit de chercher quel est le nom verticalement associé à l'enfant d'une femme et l'on obtient la peau de l'homme qu'elle doit épouser. Il y a ainsi quatre couples dédoublés selon le genre :

Jungarrayi	épouse	Nangala	et	Jangala	épouse	Nungarrayi
Japaljarri	épouse	Nakamarra	et	Jakamarra	épouse	Napaljarri
Japanangka	épouse	Napurrurla	et	Jupurrurla	épouse	Napanangka
Japangardi	épouse	Nampijinpa	et	Jampijinpa	épouse	Napangardi

Les Aborigènes ne respectent pas toujours ces prescriptions et se marient parfois dans une peau incorrecte. Dans ce cas, les relations de parenté réelles ne coïncident plus avec les relations classificatoires.

Par exemple, si un Jungarrayi a épousé une femme Napurrurla, un problème se pose car leurs enfants auront des noms de peau différents selon qu'ils "suivent", disent les Aborigènes, leur père ou leur mère. C'est à la famille de décider quel nom leur attribuer. S'ils sont appelés en "suivant" le père, c'est-à-dire Japaljarri pour un garçon et Napaljarri pour une fille, ils se retrouveront en relation classificatoire d'"oncle maternel" et "mère" de leur propre mère. A l'inverse, s'ils sont appelés en "suivant" la mère, c'est-à-dire Japangardi et Napangardi, ils seront en relation de "belle-mère" (ou "frère de la belle-mère") de leur père.

En fait, comme j'allais bientôt le découvrir, ces classifications parentales, plutôt que de systématiquement contraindre les mariages, ont surtout une importance dans la vie rituelle. Ainsi, lorsqu'un Rêve est célébré, chacun reçoit un rôle en fonction du nom de peau qu'il porte.

Tout Rêve est en principe gardé par des clans dont les membres ont l'un ou l'autre des deux noms de peau associés comme "père/tante paternelle" et "fils/fille" (les quatre arêtes verticales du cube) :

Rêves Etoiles, Perruche Verte, etc.
Jungarrayi/Nungarrayi
Japaljarri/Napaljarri

Rêves Bâton à Fouir, Varan, etc. :
Japanangka/Napanangka
Japangardi/Napangardi

Rêves Pluie, Emeu, etc. :
Jampijinpa/Nampijinpa
Jangala/Nangala

Rêves Graines d'Acacia, Opossum, etc. :
Jakamarra/Nakamarra
Jupurrurla/Napurrurla

Tous ceux qui ont les deux mêmes noms que les gardiens du Rêve célébré agissent au cours du rituel comme ces derniers et sont secondés par tous les gens qui ont les deux autres noms de peau de la même colonne. L'ensemble des gens de cette colonne sont alors appelés *kirda*, *"boss, owner"*, propriétaires et maîtres du Rêve et du rituel en question.

A l'inverse, tous les gens dont les noms de peau figurent dans l'autre colonne sont appelés *kurdungurlu*, *"worker, policeman, lawyer, manager"*, c'cst-à-dire assistants et régisseurs de ce même Rêve et rituel*. Ils ont pour rôle de préparer le terrain et les objets cérémoniels. Par ailleurs, ils dirigent la chorégraphie des danses exécutées par les

* M. Laughren, "Warlpiri Kinship Structure" et D. Nash, "An Etymological Note on Warlpiri kurdungurlu", *in* J. Heath, F. Merlan & A. Rumsey, eds., *The Languages of Kinship in Aboriginal Australia*, Oceania Linguistic Monograph 24, 1982.

kirda. Par définition, chaque Warlpiri est amené à jouer l'un et l'autre rôle selon le Rêve célébré.

Lorsqu'ils vivaient en brousse, les Warlpiri effectuaient des rites sur les sites mêmes des Rêves, sans être nécessairement très nombreux. Mais tout maître *kirda* d'une terre devait faire appel à des régisseurs *kurdungurlu*, non seulement pour pouvoir célébrer son Rêve mais aussi pour effectuer certaines tâches comme aller chercher de l'eau ou du bois dans un site sacré. Chaque homme avait ses *kurdungurlu* particuliers, en l'occurrence les fils de ses sœurs, eux-mêmes *kirda* de Rêves et terres associées à d'autres clans, car il est interdit de se marier dans son propre clan.

Pendant des décennies, les anthropologues ont sous-estimé la place des femmes dans les sociétés traditionnelles. Or, au cours des enquêtes pour la restitution de la terre aux Warlpiri, il s'est avéré que les femmes non seulement ont des droits et des responsabilités rituelles sur la terre, mais encore qu'elles s'organisent en *kirda* et *kurdungurlu* comme les hommes : maîtres *kirda* de la terre de leur père, elles sont régisseurs *kurdungurlu* de la terre de leur mère.

Au contact des Warlpiri, j'allais très vite découvrir l'importance de ces rituels féminins. En outre, j'aurais la surprise de constater que le rôle de régisseur *kurdungurlu*, tant pour les femmes que pour les hommes, ne se restreint pas seulement au Rêve et à la terre de la mère : il s'applique également au Rêve et à la terre du ou des conjoints. Ainsi un homme doit régir les cérémonies des frères de ses épouses et, traditionnellement, c'est ainsi qu'il gagnait le droit de camper et d'utiliser les ressources des terres de ses beaux-frères. De même, une femme doit régir les cérémonies des sœurs de son mari, ce qui lui permettait autrefois de veiller rituellement sur la terre de celui-ci quand ils y campaient et d'enseigner à ses enfants non seulement le savoir sacré de son propre clan mais aussi celui de leur père.

Il est amusant qu'étudiante française débarquant dans une société dont je ne connaissais presque rien, j'aie mis le doigt sur l'importance à la fois rituelle et sociale d'une relation d'alliance. En effet, les systèmes de parenté des sociétés traditionnelles et en particulier des Aborigènes australiens ont suscité bien des débats dans l'histoire de l'anthropologie. Pour résumer simplement, le conflit majeur opposa les tenants de la filiation, plutôt anglo-saxons, à l'école française du structuralisme inaugurée par Claude Lévi-Strauss, qui insista sur l'alliance.

Ironie du sort, ayant effectué mes études à l'université Paris-VII de Jussieu, j'avais baigné dans l'antistructuralisme post-68 qui caractérisait le département d'anthropologie dirigé par Robert Jaulin. Résultat : Lévi-Strauss était contesté et nous n'avions pas de cours de parenté ! C'est sur le terrain que j'allais réaliser tout ce qui manquait à ma formation. J'écrivis même une lettre de reproches à mon directeur de maîtrise, Michel de Certeau, qui s'en amusa beaucoup : marquée par Lacan, son œuvre était en fait imprégnée de structuralisme. Il me fallut encore quelques années avant de me décider à lire Lévi-Strauss et d'admettre que son travail méritait un sacré coup de chapeau !

LES *BUSINESSWOMEN*

Chaleur étouffante, le vent soulevait la poussière rouge. Des corbeaux croassants planaient au-dessus de quelques chiens osseux qui erraient entre des tôles ondulées éparpillées au sol.

"Te voilà arrivée à destination ! Ça c'est le poste de police", m'annonça mon conducteur aborigène du CLC.

Dans la lumière aveuglante, je distinguai des barbelés et un grand bâtiment en béton. Plus loin, un château d'eau en fer m'évoqua le mirador d'un camp militaire. Nous roulions doucement entre des hangars barbouillés de graffitis. Sur l'un s'étalait en grand l'inscription LAJAMANU, un autre dégageait le ronronnement infernal d'un générateur d'électricité. Ayant longé une vingtaine de bungalows disposés en rang, nous arrivâmes sur une grande esplanade désolée avec une pompe à essence où se tenait un groupe d'hommes à la peau noire, les vêtements fripés et couverts de poussière.

Mon guide leur expliqua ma présence. L'un d'eux s'éloigna et revint avec un énorme Aborigène : le maire de Lajamanu. Je l'avais vu quelques minutes à Darwin sur un trottoir où il discutait entouré d'une délégation de Warlpiri à la sortie d'un meeting. D'un regard perçant, il m'avait toisée des pieds à la tête, serré la main et lancé :

"Alors, c'est vous qui venez nous étudier ?"

Les autres avaient éclaté de rire et j'avais souri bêtement. A présent, l'imposant maire me conduisait à la mission. La missionnaire, femme austère de la quarantaine, me dit d'un ton sec que je pouvais loger dans le bungalow des visiteurs pour 30 dollars par semaine.

Je ne m'attendais pas à devoir payer un loyer, imaginant dormir "chez l'habitant", camper si nécessaire. Mon budget pour cinq mois, 7 000 francs économisés en travaillant dans un studio de dessin animé, n'y résisterait pas et je répliquai que c'était trop cher. Le maire me regarda intrigué. Il n'avait pas l'habitude des Blancs sans argent, ni de mon accent. J'avais aussi l'impression que lui et la missionnaire ne s'entendaient pas au mieux.

"On va s'arranger. Vous pourrez habiter un studio du conseil pour 5 dollars comme les Warlpiri", m'annonça-t-il d'une voix déterminée.

Il s'agissait d'un studio contigu à cinq autres dont les portes-fenêtres donnaient sur une cour commune. Celle-ci était pleine de détritus et les familles y cuisinaient sur un feu. Le mien disposait d'une cuisinière électrique et même du chauffage : il y avait une douche, une grande table, un petit lit et un placard, c'était le luxe !

Deux heures plus tard, le maire revenait avec sa femme, toute jeune et très belle, les jambes élancées sous sa minijupe vert vif. Elle tenait par la main leur petite fille parée des longues mèches blondes qui caractérisent les enfants noirs du désert. Nous montâmes dans une Holden et le maire nous déposa dans une sorte de bidonville dont les abris en tôle dispersés çà et là ne dépassaient pas 1,50 mètres de haut. Des rangées de matelas et des couvertures roulées s'étalaient à perte de vue.

"C'est le *top camp*, le camp de l'Est où vivent la plupart des Yapa de Lajamanu", m'expliqua le maire avant de disparaître.

Je ne pus m'empêcher de sentir un certain malaise face à ce qui m'apparaissait comme une caricature de la société de consommation : à ma droite, des joueuses de cartes posaient et reprenaient des dollars par terre ; autour de nous traînaient des emballages en plastique, des boîtes de conserve vides et autres déchets où fourrageaient des chiens plutôt galeux et faméliques.

La jeune épouse du maire me montra d'un mouvement de tête un groupe de femmes assises au loin. Me confiant à une femme au visage émacié affichant la cinquantaine, elle chuchota :

"*Business*, ce sont des *businesswomen*… comme Libby Nungarrayi, ta «sœur»…"

Encore des joueuses de cartes ? Ma "sœur" Libby me poussa jusqu'à elles et me fit signe de m'asseoir sur une couverture. Elles avaient la poitrine nue et chantaient une mélopée très répétitive. Certaines frottaient des roches blanches, rouges ou jaunes sur une palette en pierre. Versant quelques gouttes d'huile de cuisine en bouteille sur la poudre ainsi obtenue, elles y trempaient l'index avec lequel elles peignaient des tablettes en bois.

A quelques pas, trois piquets peints étaient plantés dans le sol, espacés d'environ 2 mètres et reliés entre eux par des cordes rouges. Une petite vieille aux yeux illuminés me tira par la main et m'obligea à frotter de la paume l'extrémité de chaque piquet où les cordes étaient accrochées, surmontées de plumes blanches. Ma main se teinta d'ocre rouge et la petite vieille ravie répéta plusieurs fois :

"Jukurrpa, jukurrpa..."

Ce mot-là, qui se prononce "tchoukourrpa", je le connaissais déjà, employé par les Warlpiri comme par les tribus de l'Ouest qui le traduisent en anglais par *Dreaming* ou *Dreamtime*, Rêve. Tout ce que j'avais lu sur le *Dreaming* avant de venir en Australie m'avait fascinée mais laissée sur ma faim*. Pourquoi

* A. P. Elkin, *Les Aborigènes australiens*, Gallimard, 1974 (1re éd. angl., *Australian Aborigines*, Sydney, Angus & Robertson, 1954) ; K. Maddock, *The Australian Aborigines*, Melbourne, Penguin Books, 1970 (2e éd.) ; G. Roheim, *Héros phalliques et symboles maternels dans la mythologie australienne*, Gallimard, 1970 (1re éd. angl., *The Eternal Ones of the Dream*, International University Press, 1945) ; B. Spencer & F. J. Gillen, *The Native Tribes of Central Australia*, Londres, Macmillan & Co. Ltd., 1899 (éd. révisée, *The Arunta*, 1927) ; W. H. Stanner, *Aboriginal Religion*, Sydney, Oceania Monograph 11, 1963 ; R. Tonkinson, *The Mardudjara Aborigines: Leaving the Dream in Australia's Desert*, New York, Holt Rinehardt & Winston, 1978.

les Aborigènes appellent-ils “Rêves” leurs ancêtres mythiques et les itinéraires de voyage qui attachent les groupes à une terre ? C’était une réponse à cette question que j’étais venue chercher ici. Je n’étais pas déçue : le *business* s’avérait quelque chose qui avait à voir avec le Rêve.

Déjà, j’avais oublié les ordures et regardais ébahie les chanteuses assises les unes contre les autres qui posaient maintenant leurs doigts trempés d’ocre sur la poitrine, les seins ou les épaules de leurs voisines. Les femmes peintes se laissaient tirer dans tous les sens par les peintres qui traçaient d’étranges motifs. Certaines utilisaient de petits bâtonnets pour doubler les traits épais de lignes plus fines et de couleur différente.

Arriva une grande femme portant une longue chaîne autour du cou où étaient suspendues des clefs. Elle se présenta, Amy Nungarrayi, une autre de mes “sœurs”. Elle me montra successivement deux peintures corporelles terminées et précisa en deux langues :

“Ça *Yankirri Jukurrpa*, Rêve Emeu, et ça *Ngatijirri Jukurrpa*, Rêve Perruche Verte.”

Ces deux noms de Rêve avaient été répertoriés dans la liste des clans de la revendication territoriale warlpiri : je me demandai si les femmes appartenaient à ces clans ou étaient peintes avec le Rêve d’un autre clan. Une autre *businesswoman* en robe rose me parla longuement en warlpiri. Malgré les quelques cours que j’avais pris à l’Institut de langues d’Alice Springs, je compris seulement qu'elle était ma "cousine" de peau Napurrurla et qu'elle se disait régisseur *kurdungurlu, "policeman"*, comme d'autres femmes qu'elle me pointa du doigt en précisant leurs noms de peau respectifs. En revanche, les femmes peintes avec le Rêve Perruche Verte, des Nungarrayi et Napaljarri de peau, étaient *kirda*, *"boss"*.

Au bout de deux heures, une vingtaine de *businesswomen* étaient peintes. Elles se coiffèrent de bandeaux où étaient cousues des plumes blanches en forme de visière et reçurent d'autres femmes les tablettes peintes. Puis, se séparant en deux files indiennes, elles commencèrent à danser. Sautillant sur leurs deux jambes légèrement écartées, elles agitaient les tablettes à deux mains ou les mettaient sous le bras. Les deux files tournaient autour des trois piquets et se croisaient en des méandres compliqués, imprimant sur le sable un circuit de lignes superposées. Des femmes non peintes les entouraient, et certaines sautillaient par intermittence pour crier des ordres en warlpiri, comme si elles étaient en train de mettre en scène les déplacements des danseuses. On m'expliqua :

"Ce sont les *kurdungurlu*, les *«policemen»*..."

Tout à coup, l'assistance s'arrêta de chanter. Les danseuses avaient déposé les tablettes à terre. C'était terminé. On me demanda si j'avais aimé. J'acquiesçai avec enthousiasme.

"Tu as un magnétophone ?"

Je répondis que oui – et même une caméra. On m'invita à revenir avec mes appareils le lendemain pour un nouveau *business*, mais à une condition :

"Tu ne montreras le film qu'aux femmes de ton pays, le *business* des femmes, les *yawulyu*, c'est pas pour les hommes..."

Une très belle danseuse avait enfilé un tee-shirt sur sa peinture du Rêve Perruche Verte et, hissant sur la hanche une fillette de trois-quatre ans, me proposa de me raccompagner :

"Nungarrayi, je suis Nancy Napaljarri, ta «tante» ! Les Napaljarri et Nungarrayi dansent toujours ensemble pour leurs Rêves, toutes ne viennent pas du même pays et du même Rêve que moi mais toutes sont *kirda*, *«boss»* de mon Rêve Perruche Verte."

Ainsi venait-elle de répondre à la question que je me posais : une femme n'est pas nécessairement peinte avec le Rêve de son clan, mais elle a tendance à être peinte avec des Rêves pour lesquels par son nom de peau elle est classée comme maître *kirda*.

Je passai la nuit à réfléchir à tout ça. J'appris par cœur les noms de la vingtaine de Rêves inventoriés dans le livre de la revendication territoriale warlpiri*, les paires de noms de peau associés à chacun, ainsi que quelques noms de sites les caractérisant.

Le lendemain, arrivée au camp des *business-women* et présentée à une vieille Nungarrayi coiffée

* N. Peterson, P. McConvell, S. Wild & R. Hagen, *A Claim to Areas of Traditional Land by the Warlpiri and Kartangarurru-Kurintji*, Alice Springs, Central Land Council, 1978.

d'un bonnet de laine vert et rouge, je déballai mot à mot tel nom de Rêve suivi d'une paire de noms de peau et d'un toponyme. L'œil inquisiteur de mon interlocutrice vira immédiatement au vague et elle hocha la tête sans rien dire. Une jeune femme me regarda d'un air effrayé et me dit sur un ton de reproche, en anglais :

"Elle se sent désolée parce que tu en sais trop !"

J'avais fait une gaffe monumentale. Je pensais qu'en montrant que je savais qu'un Rêve était associé à une terre, j'entrerais plus vite dans la confiance de ces femmes. Avais-je transgressé le tabou qui interdit de parler de ce qui est réservé aux hommes ? Pourtant les femmes que j'avais vues danser n'étaient-elles pas en train de célébrer leur terre ? Je n'osais poser la question. D'ailleurs ma jeune interprète était partie et les *businesswomen*, pour la plupart âgées, ne parlaient pas anglais, à l'exception de quelques mots en pidgin. Il convenait d'abord que je sache m'exprimer en warlpiri. A défaut, je décidai à l'avenir de me taire en ouvrant grands mes oreilles et mes yeux.

C'est ainsi que passèrent les jours et les semaines : je n'appris jamais rien en posant des questions. Mais, toujours à l'improviste, une femme me disait d'un air entendu quelque chose, moitié en warlpiri et moitié en anglais, ponctué d'un inévitable *"you know"*, signalant qu'avec ce que j'avais vu, je devrais déjà savoir ce que sa précision m'apportait.

J'allais découvrir que tel était le mode d'apprentissage des femmes entre elles : les jeunes ne devaient pas poser de questions aux anciennes mais, à force de participer à des rituels, de répéter ce qu'elles voyaient et d'écouter en silence les discussions des initiées, chacune se composait petit à petit son savoir. Plus tard, en acquérant de l'âge, les femmes entraient dans un autre processus consistant à "monnayer" ce qu'elles avaient acquis contre les secrets détenus par d'autres.

Les *businesswomen* se référaient bien à la terre dans leurs séances de peintures et danses *yawulyu*, mais chacune ne parlait publiquement que du site particulier qui caractérise son clan, celui où sont condensées les *Kuruwarri*, Images, marques ancestrales qui donnent la vie aux hommes et aux phénomènes nommés par son Rêve.

Elles pouvaient passer des années à chanter, peindre et danser les Rêves, sans connaître le récit exact des héros mythiques correspondants ou la succession des sites de leur itinéraire de voyage. Mais, en général, passé la quarantaine, elles connaissaient une somme impressionnante de vers chantés qu'elles pouvaient associer à des épisodes narratifs et des lieux. Simplement, chacune était en quelque sorte spécialisée dans les Rêves dont elle était directement la dépositaire rituelle, maître ou régisseur : c'est-à-dire par son affiliation paternelle et maternelle et son mariage, et non par son nom de peau qui lui donne un rôle dans la célébration de n'importe quel Rêve.

Nulle part ailleurs que chez les Warlpiri je n'ai eu avec autant d'évidence la sensation d'"être femme". Sensation à la fois organique et mentale, située au plus profond du corps et loin au-delà, béatitude extrême et douleur paniquante. Ce fut l'expérience graduelle d'un désagrégement d'identité qui me fit perdre le sentiment d'être individuellement une femme et même un individu tout court.

Au fil des premiers jours, d'abord, rien de ce à quoi je m'identifiais précédemment ne trouvait d'écho : les critères esthétiques, intellectuels ou émotionnels auxquels j'étais habituée semblaient ne pas avoir de sens face à ceux des Warlpiri que j'avais du mal à cerner. L'image qu'ils me renvoyaient de moi-même était monstrueuse : laide d'être blanche, bête d'être incapable de communiquer dans la langue, j'étais rendue à l'état végétatif d'un objet manipulé ou ignoré car tous mes efforts semblaient passer inaperçus.

En somme, j'aurais voulu séduire et, à défaut de savoir comment, je croyais ne jamais réussir à être acceptée. Pourtant on m'adopta et même avec une certaine sympathie. Cela me déroutait car je n'avais aucune relation privilégiée avec des individus pour me repérer : c'était le corps de la communauté qui m'intégrait, et plus particulièrement le groupe des femmes responsables des rituels.

Pour tous, je devins bientôt une *businesswoman* puisque je passais mon temps avec celles que l'on désigne ainsi. Malgré le décalage, j'étais beaucoup plus jeune et ignare qu'elles : tel fut le statut qui me donna une place dans la tribu. De ce fait, les hommes me parlaient à peine et les filles de mon âge m'évitaient.

KAJIRRI

L'accès du *jilimi*, le camp où se réunissaient les *businesswomen*, était interdit aux hommes. Y dormaient les veuves, les célibataires et les femmes mariées lorsque leur mari passait la nuit au camp rituel des hommes, partait en virée ou qu'elles s'étaient disputées avec lui. A la lisière est du *jilimi* vivait un Japaljarri en compagnie de quatre sœurs Nakamarra qui élevaient ensemble leurs enfants. Seules deux des sœurs étaient les épouses du Japaljarri et fréquentaient les rituels. Conformément à leur jeune âge, elles se faisaient peindre, peignaient, chantaient et dansaient lorsque les anciennes les y invitaient et ne prenaient pas part aux discussions. La cadette s'appelait Rachel et l'aînée Vera.

Depuis deux jours, je sentais que Vera m'observait avec un air doux et songeur. Finalement, elle s'approcha et me dit dans un anglais presque parfait :

“Mon fils aîné Jungarrayi est en brousse avec d'autres jeunes gens. Je ne pourrai le revoir que dans quelques mois, lorsque le *business* Kajirri sera terminé. Il sera alors un *malyarra*. D'ici là, nous devons danser tous les jours pour aider les garçons à devenir des hommes."

J'appris ainsi que nous étions en plein cycle initiatique. J'avais lu une description de la cérémonie Kajirri fait par Mervyn Meggitt, un ethnologue américain qui travailla ici en 1952 et 1953, peu après la création de la réserve d'Hooker Creek*. Il affirmait que les femmes sont exclues du rituel.

Si les jeunes novices sont tenus en réclusion loin des femmes, j'allais découvrir pendant les quatre mois du cycle initiatique que, parallèlement aux rites masculins, les femmes célèbrent à leur façon ce qu'elles appellent le Rêve Kajirri. Régulièrement, une ou deux anciennes se concerteraient à la lisière du *jilimi* avec un ancien pour décider des étapes de la cérémonie. Celle-ci consistant en partie à retracer, site par site, la longue épopée des héros Kajirri, ainsi qu'à célébrer tous les itinéraires des Rêves que ces héros ont croisés sur leur chemin.

Les Warlpiri auraient reçu la cérémonie Kajirri de leurs voisins du Nord, les Kurintji, voici une centaine d'années. Pour l'intégrer, ils avaient prolongé un itinéraire qui parcourait le territoire de cette tribu, lui faisant traverser le territoire warlpiri et s'attribuant ainsi le nouveau trajet comme un Rêve local. Cette innovation fut interprétée comme

* M. Meggitt, *Desert People*, Londres, Angus & Robertson, 1962, et *Gadgeri among the Warlpiri Aborigines of Central Australia*, Sydney, Oceania Monograph 14, 1966.

une “remémoration” : les hommes disaient en effet s’être “souvenus” de ce qui était depuis toujours dans *Jukurrpa*, l’espace-temps du Rêve.

A l’époque de l’ethnologue américain, le Rêve Kajirri ne semblait identifier aucun clan : tous les hommes de peau Japangardi, Japanangka, Japaljarri, Jungarrayi, soit environ la moitié des hommes, étaient considérés comme les maîtres *kirda* de la cérémonie. L’autre moitié étant régisseur *kurdungurlu*.

Près de trente ans plus tard, si les hommes étaient toujours divisés de la sorte pour leurs rôles rituels, Simon Japanangka, le dernier survivant de la tribu Kartangarurru, m’était signalé comme le *boss* des *boss* : Kajirri était le nom même de son clan.

Sa fille Maddy, une Napangardi aveugle approchant la quarantaine, me donnait des cours de warlpiri :

“Mon Rêve est Kajirri. J’incarne un *kurruwalpa*, un «esprit-enfant» semé sur le chemin de mon Rêve. Pour naître, il a choisi ma mère et l’a pénétrée à Parnta, ma terre.”

Tout en ayant Kajirri à la fois pour Rêve clanique et pour Rêve de conception, la Napangardi aveugle n’était pas assez âgée pour être la *boss* des rituels Kajirri féminins. La *boss* était une autre Napangardi qui, jeune mère, vivait encore la vie traditionnelle de la brousse en se cachant des Blancs. Mais, vu son grand âge qui l’obligeait à se déplacer désormais avec un bâton, c’est une de ses nièces classificatoires, Patty Napanangka, appartenant au clan du Rêve Varan et approchant la cinquantaine, qui dirigeait les opérations.

Comme pour les hommes, les femmes considérées maîtres *kirda* de Kajirri étaient toutes les Napangardi, Napanangka, Napaljarri et Nungarrayi, quels que soient leur clan et leur affiliation conceptionnelle. Et de même étaient régisseurs *kurdungurlu* de la cérémonie toutes les porteuses des quatre autres noms de peau. De cette manière, l'ensemble de la communauté se trouvait mobilisée pour la célébration.

Bien que "warlpirisée", la cérémonie Kajirri s'apparente à des cultes de fertilité répandus dans les tribus du Nord, tel le Big Sunday des Kurintji et les Kunapipi de terre d'Arnhem. Le premier se réfère à une entité maternelle justement appelée Kajirri, alors que les seconds célèbrent les deux sœurs Wawilak qui semèrent de nombreux Rêves et esprits-enfants, et inaugurèrent les rites Kunapipi qu'elles transmirent aux hommes*. Selon Meggitt, par contraste, les Warlpiri auraient élaboré pour Kajirri un mythe-itinéraire ayant pour héros deux hommes.

Or, j'appris dès la première semaine que les femmes identifiaient le Rêve Kajirri non au voyage de deux hommes, mais de deux sœurs ayant pour

* R. M. Berndt, *Kunapipi*, Melbourne, Cheshire, 1951 ; W. L. Warner, *A Black Civilisation*, Chicago, Harper & Brothers, 1958 (1937).

nom de peau Nampijinpa. Celles-ci étaient donc en relations classificatoires de “mères” et d’“épouses” à l’égard des hommes Japanangka et Japangardi du clan Kajirri, ce qui confirmait le symbole maternel des cultes du Nord.

Je découvris que deux des piquets qu’on m’avait fait toucher sur le terrain de danse des femmes, le jour de mon arrivée, “matérialisaient” la présence des deux héroïnes ancestrales. Ils mettaient les participantes au rituel en contact avec l’espace-temps du Rêve. Un musicologue australien qui se trouvait à Lajamanu le premier mois de mon séjour me signala que les rites masculins se référaient parfois à deux hommes, mais le plus souvent aux deux sœurs Nampijinpa*.

Que s’était-il donc passé en trente ans ? Dans les années cinquante, les femmes étaient-elles vraiment exclues de Kajirri et n’y avait-il pas d’héroïnes féminines ? Ou bien Meggitt n’avait-il pas vu cet aspect de la célébration ? La question restait sans réponse, car pour les Warlpiri les deux Nampijinpa ont “toujours” existé dans le Rêve, et les femmes ont “toujours” dansé. La seule chose qu’on pouvait dire c’est que le discours sur la cérémonie avait évolué, la participation des femmes et les deux héroïnes mythiques prenant aujourd’hui une place prépondérante.

* S. Wild, “Men as Women: Female Dance Symbolism in Warlpiri Men’s Rituals”, *Dance Research Journal* 10 : 14-22, 1977.

Le plus surprenant est qu'au fur et à mesure que j'allais recueillir les toponymes définissant l'itinéraire des deux Nampijinpa et le nom des Rêves qu'elles ont rencontrés sur leur chemin, il s'avérerait qu'ils coïncidaient avec ceux rapportés par Meggitt pour le voyage des héros masculins. Autrement dit, hommes et femmes racontaient deux histoires différentes qui étaient secrètes mais qui avaient la même structure géographique, en partie publique.

Un jour où je m'apprêtais à faire une balade seule sur une piste de brousse, une femme me rattrapa :

"Tu ne peux pas aller vers le sud-ouest à cause de Kajirri, c'est par là que vont arriver les *punyunyu* de Yuendumu..."

Les *punyunyu* étaient les quelque vingt jeunes novices, dont le fils de Vera, qui avaient été emmenés par les anciens pour un voyage initiatique dans l'autre communauté warlpiri à 600 kilomètres. Depuis deux semaines, leur retour était annoncé comme imminent. Les garçons en cours d'initiation ne devant pas être vus ni voir de femmes, celles-ci devaient éviter de se trouver en direction de la piste par laquelle ils risquaient d'arriver.

J'étais étonnée que la règle s'appliquât à moi aussi. Je commençais même à me sentir un peu prisonnière car je n'avais pas non plus le droit de sortir par l'autre piste allant vers le nord-est, sous prétexte que s'y trouvait le camp rituel des hommes, inaccessible aux femmes. On me répétait inlassablement :

"Si tu avais une voiture, tu pourrais nous emmener en brousse jusqu'à une zone «libre»..."

Enfin, deux femmes m'invitèrent à les accompagner à la chasse. Nous franchîmes le lit de rivière desséché qui marque la frontière sud de Lajamanu et traversâmes un sous-bois. J'admirais l'agilité de ces deux femmes plutôt corpulentes dont les jambes très fines glissaient pieds nus entre les fourrés. Dans la plaine rouge à la végétation décharnée, elles observèrent avec attention le sol à la recherche d'une empreinte d'animal, tâtant çà et là la terre du bout de leurs barres à mine.

Soudain elles s'assirent, l'une jambes tendues, l'autre jambes repliées le long des cuisses, à la façon des femmes aborigènes qui se mettent rarement en tailleur. Venant de trouver un endroit pour creuser, elles perçaient le sol dur avec une barre. Puis elles se relayèrent pour vider le trou d'abord avec les mains, puis avec un *billy-can*, seau en fer qui sert à faire le thé. Elles observaient au fur et à mesure les morceaux de terre dégagés :

"Tu vois : ces petites traces indiquent le sens dans lequel pointe le nez du varan... et là cette terre molle est mélangée de ses excréments..."

Soudain, en un éclair, l'une attrapa par la queue un lézard de la longueur d'un bras et lui fracassa violemment la tête contre une pierre. Puis elle le vida de ses entrailles par un petit trou pendant que sa compagne allumait un feu sur lequel elles le firent griller. Je reçus un bout de la queue, la meilleure part. Doublée de gras, la chair blanche, juteuse et un peu élastique, était savoureuse.

"Varan *pilja* est mon Rêve", me précisa l'une des deux chasseresses.

Nous repartîmes. Mes guides me signalaient les nourritures sauvages poussant dans les buissons, en particulier les galles d'insecte *kanta*, parasites de certains eucalyptus. D'un coup de pierre, l'une ouvrit la galle qui renfermait un insecte et des filaments roses qu'elle me fit goûter. Un liquide sucré délicieux me chatouilla le palais. Elles semblaient ravies et m'expliquèrent :

"*Kanta* c'est *Kuruwarri*, Kajirri *Kuruwarri*."

Kuruwarri, un mot à multiples sens : littéralement "image", il désigne toute peinture effectuée par les hommes ou les femmes, mais aussi les récits mythiques et tout ce qui donne son nom à un Rêve. *Kuruwarri*, ce sont également les marques laissées par les héros dans la terre : gravures rupestres dont l'origine leur est attribuée, dépressions dans le sol qu'ils auraient formées en s'asseyant, lits de sable creusés sous leurs pas, sources surgies de leur urine, de leur sperme ou de leur lait, dépôts d'ocre émergés de leur sang coagulé. La plupart des traits du paysage sont ainsi des empreintes du passage des héros de Rêve ou des métamorphoses de leurs corps : un marais ou une grotte signent leur disparition sous terre, des roches attestent de leurs organes pétrifiés, des arbres manifestent leurs forces souterraines.

Les Images de Rêve ne sont pas de simples images. Une peinture exécutée sur un objet ou un individu est censée nourrir son support à la fois physiquement et spirituellement de la force vitale du Rêve représenté. De même, les traces laissées par les héros sont animées de leurs forces éternelles. Ainsi, peindre un Rêve c'est à la fois régénérer ses forces et lier l'objet ou la personne à la terre et à l'espace-temps des héros qui "rêvent" la vie des hommes et de leur environnement.

Virtuellement, presque tout ce qui était nommé en warlpiri avait son Rêve et ses Images. Mais seules certaines choses désignaient expressément des clans et des itinéraires. Les anthropologues appellent de tels noms des "totems*". Je découvrais qu'à chaque totem ou nom de Rêve caractérisant un clan étaient associés d'autres totems qui formaient ensemble une constellation, c'est-à-dire les éléments d'un récit mythique.

Par exemple, "Galle d'Insecte" était le nom donné à certains des motifs peints pour le Rêve Kajirri car les deux héroïnes Kajirri ont semé sur leur chemin des galles d'insecte d'où ont poussé des buissons avec de nouvelles galles. De ce fait, Galle d'Insecte est un Rêve-totem synonyme de Kajirri, tout comme d'autres nourritures mangées par les deux héroïnes, telles les feuilles

* C. Lévi-Strauss, *Le Totémisme aujourd'hui*, PUF, 1962, et *La Pensée sauvage*, Librairie Plon, 1962.

panyapanya où se forment des cristaux de sucre qui, en se dissolvant sous la langue, laissent un goût de fraîcheur sucrée. Bref, manger en brousse c'était déjà commencer à "rêver".

TOTEMS ET TABOUS

Un midi, une centaine de femmes étaient réunies au camp. Parmi elles des étrangères venues d'Areyonga, une communauté aborigène située à plus de 1 000 kilomètres au sud de Lajamanu. Elles avaient suivi le convoi qui cette nuit avait ramené les novices de Yuendumu. Trois files de danseuses, peintes respectivement des Rêves Galle d'Insecte, Abeille et Wallaby *wampana*, sautillaient autour des deux habituels piquets sacrés reliés par des cordes. Soudain, trois vieilles femmes de l'assistance furent étendues à terre sur le ventre et violemment frottées avec d'autres cordes enduites d'ocre rouge.

Des cris recouvrirent les chants et bientôt une Warlpiri se mit à pleurer de cette façon particulière qui caractérise les deuils : le son provient de la poitrine et se module au rythme d'une respiration retenue. A chaque fois que sa voix s'éteignait avant de reprendre, une nouvelle femme se joignait à la psalmodie. J'étais à la fois glacée et transportée par celle lamentation qui, amplifiée par toute l'assistance, arrivait comme par vagues depuis l'horizon.

On m'expliqua que les trois vieilles femmes allongées étaient les parentes d'un gardien de Kajirri décédé il y a six mois : elles venaient de subir un des rites funéraires qui ponctuent le deuil parfois pendant des années. Toujours en pleurs, toutes les femmes se dirigèrent vers un espace sans campement où elles s'assirent en deux groupes correspondant à la division maître/régisseur de leurs noms de peau. Alors elles se turent. Le silence était presque apocalyptique.

Des anciens armés de lances se placèrent en rang et, agitant leurs mains devant leurs bouches, laissèrent échapper un curieux hululement. Les femmes répondirent par des youyous et baissèrent toutes la tête. Ma voisine me courba la mienne. J'avais juste eu le temps d'apercevoir un groupe d'hommes brandissant des feuillages avec lesquels ils camouflaient quatre jeunes adolescents nus. Une fois qu'ils furent passés entre les deux groupes de femmes, celles qui étaient mères de novices Kajirri se levèrent et dansèrent les bras tendus dans la direction qu'ils avaient prise : le camp des hommes où les autres novices étaient déjà reclus.

Des membres du conseil construisirent un nouvel abri pour les *businesswomen* : un toit plat de branchages et de tôles fixé sur quatre maigres troncs d'arbres. On ne tenait pas debout dessous mais là n'était pas le but : le toit servait à cacher entre les branches les objets sacrés et la nourriture, afin de les tenir à l'écart des chiens et des enfants. Un gigot de kangourou et un autre d'émeu y trônaient, offerts aux femmes par leurs fils, frères ou cousins.

A tour de rôle, elles venaient mordre dans la viande cuite et la reposaient sur le toit de l'abri quand elles étaient repues. Il était très rare que les Warlpiri prennent des repas ensemble. A l'ombre de l'abri, décalée par rapport au toit, des femmes étaient allongées les unes sur les autres et s'épouillaient. Comme tous les jours, la fillette de Vera inspectait ma propre tête et voulait y mélanger ses cheveux pour que je puisse être épouillée à mon tour.

Soudain, un pleur déchira au loin le silence. Aussitôt mes voisines se redressèrent et entonnèrent le même son lancinant. Prestement, elles se couvrirent le front, les joues, les bras et la poitrine d'une poudre blanche délayée avec de l'eau, peinture de deuil. Elles se levèrent et allèrent à la rencontre d'un autre groupe de femmes pareillement barbouillées. Sans cesser de pleurer, elles s'assirent par terre en cercle, la tête baissée, et se serrèrent les unes les autres avec leurs bras tendus. Tout autour de nous se formaient d'autres petits groupes. Des hommes s'approchèrent et se joignirent un à un aux femmes. Les groupes se défaisaient et se refaisaient chaque fois différemment pour de nouvelles embrassades de consolation.

Une femme saisit un pot en fer dont elle se tapa la tête, une autre une barre de fer pour agir de même, le sang lui coulait sur le visage. Des femmes essayaient de l'arrêter. Mais déjà plusieurs autres étaient en sang, le haut du crâne ouvert. Je comprenais pourquoi la plupart des anciennes ont une cicatrice sans cheveux à cet endroit : à chaque deuil, selon leur rapport de parenté avec le mort, elles se mutilent ainsi. Certains hommes, de leur côté, s'étaient mis à s'autotaillader à coups de couteau en travers des cuisses. Il s'agissait d'un *sorry business*, rituel d'affliction. On me demanda de quitter le camp. Je m'exécutai, secouée par l'émotion contagieuse de la douleur de ces gens.

La nuit, je fus réveillée par quelques coups à la porte de mon studio. Une jeune femme me demanda d'aller au dispensaire chercher une infirmière pour la conduire au camp de Vera. Là, un Japanangka était couché au sol, sa peau avait viré au violet. L'infirmière me regarda consternée :

"On nous a prévenus au stage de formation : lorsque les Aborigènes décident de se laisser mourir, il n'y a médicalement rien à faire..."

L'homme était le père adoptif du jeune dont on avait annoncé aujourd'hui la mort dans un accident de voiture. Et selon la coutume, de chagrin il s'était mis dans une sorte d'état catatonique qui pouvait le faire mourir. Seul l'entourage, en lui parlant et en le massant, pouvait enrayer ce processus. Au bout de quelques heures d'une sollicitude émouvante, hommes et femmes se succédant à son chevet en lui parlant doucement, il revint à lui.

Le lendemain, toutes les femmes, à nouveau barbouillées de blanc, défilèrent dans la communauté en balayant le sol avec des branches. Elles passèrent dans toutes les maisons et les lieux publics, le magasin, l'école, le dispensaire, l'atelier de mécanique, l'église, puis elles sillonnèrent tous les camps. Cette procession visait à chasser de la communauté l'esprit du mort, à l'obliger à se détacher des siens pour qu'il rejoigne en suivant l'itinéraire de son Rêve le site où il devait se fondre avec les ancêtres de son clan.

Dans les semaines qui suivirent, régulièrement les pleurs reprirent et les femmes se barbouillèrent de blanc en offrant des quantités impressionnantes de sucre, de farine et de thé aux hommes ayant le nom de peau "oncle maternel" de celui du défunt : en l'occurrence des Jupurrurla car le garçon était Japangardi.

Un nouveau camp fut aussi installé pour un groupe de femmes Nampijinpa, nom de peau en relation "époux" avec celui du disparu. Bien qu'il ne fût pas marié, elles remplissaient le rôle de veuves. Cheveux coupés, pendant quelques semaines, elles restèrent là sans parler, communiquant avec le langage des mains, aussi élaboré que notre langage des "sourds-muets*". Elles ne devaient pas cuisiner et recevaient de la nourriture préparée par d'autres

* A. Kendon, "Iconicity in Warlpiri Sign Language", *in* P. Bouissac, M. Herzfeld R. Posner, eds., *Iconicity: Essays on the Nature of Culture*, Tübingen, Stauffenburg Verlag, 1985 ; J. Umiker-Sebeok & T. A. Sebeok, eds., *Aboriginal Sign Language in the Americas and Australia*, New York, Plenium Press, 1978 (2 vol.).

femmes, à l'exception du gros gibier qui leur était tabou. De vraies veuves auraient été soumises à ce régime pendant deux ans.

"Ne prononce plus le nom de ton pays, me mirent en garde plusieurs Warlpiri, il est devenu *kumanjayi*."

J'appris que le terme *kumanjayi* est une sorte de "schmilblick" synonyme de "sans nom" qui se substitue à tous les mots devenus tabous à cause d'un deuil, et cela pour au moins deux ans. Ces mots correspondent au prénom du mort et à tout ce qui l'évoque par sa sonorité. France était devenu tabou car le jeune défunt s'appelait Francis.

Il y avait ainsi beaucoup d'adultes et d'enfants dont le prénom devenait temporairement imprononçable. Les instituteurs devaient respecter la règle et désigner les élèves par le terme *kumanjayi* ou seulement leur nom de peau. Dans le cas des prénoms warlpiri, ceux-ci étant souvent liés à des expressions courantes de la langue, c'étaient ces mêmes expressions qui devenaient taboues. Par exemple, à cause d'un ancien défunt, le mot warlpiri pour lait, *lampunu*, devint imprononçable et se trouvait encore désigné par le terme *kumanjayi*.

Parfois, un synonyme remplaçait le mot tabou. Quelques années plus tard, je pourrais constater qu'après la mort d'un certain Lawurrpa, le mot pour dire "non", *lawa*, avait complètement disparu du langage pour être substitué par *walku*. Il faut imaginer l'impressionnante gymnastique mentale que suppose l'interdiction d'employer un terme aussi courant. Plutôt qu'une simple règle, il s'agit d'un rapport émotionnel que les Warlpiri ont au langage. Prononcer un mot tabou, c'est faire de la peine ou insulter ceux qui sont touchés par la perte. C'est aussi risquer de retenir le disparu dans le monde des vivants au lieu de l'aider à se fondre à la terre et à l'espace-temps du Rêve.

Bien que l'origine en soit souvent perdue, il est dit que les prénoms warlpiri correspondent à des vers de chant condensés, forme sous laquelle les héros des Rêves auraient semé les "esprits-enfants" qui s'incarnent dans les hommes. Traditionnellement, chacun personnifiait des mots chantés générés par un nom de Rêve, son totem de conception.

Les vers symboliquement ou homophoniquement liés aux défunts devenaient donc également tabous. Souvent, j'allais observer les femmes s'interrompre au cours d'un chant et, par quelques signes du langage gestuel, signaler ce qu'il fallait sauter pour reprendre le cycle de l'itinéraire du Rêve. Merveilleux travail du deuil qui inscrit les morts dans la mémoire par des trous dans le langage parlé et chanté.

Autre trou créé par la mort : celui du tabou spatial qui oblige à quitter et éviter le camp ou la maison du défunt. Pendant les mois suivant la mort du jeune homme, je vis adultes et enfants contourner la zone délaissée de son campement, situé à quelques pas seulement des zones d'activité. Avec le temps, toutes les familles finirent par se déplacer à tour de rôle à l'occasion de nouveaux décès.

Les tabous spatiaux et langagiers caractérisaient non seulement le deuil mais aussi la relation entre un homme et sa belle-mère : ils ne devaient jamais se parler ni s'approcher l'un de l'autre. Autrefois, ce comportement d'évitement était commun à toutes les tribus de l'Australie. Je constatais que, chez les Warlpiri, pratiquement tous les hommes et femmes qui avaient deux noms de peau en relation "belle-mère/gendre" devaient s'éviter, même si les hommes n'étaient pas les gendres effectifs de ces femmes.

Ils étaient considérés comme des gendres potentiels, à moins qu'ils fussent consanguinement trop proches des femmes en question : dans ce cas, les interdits ne s'appliquaient pas. Sinon, lorsqu'une Nakamarra voyait arriver un Jangala, elle se détournait immédiatement de son chemin, et il en allait de même entre une Nungarrayi et un Japangardi ou les autres paires dans cette relation*.

Même pour parler l'un de l'autre à un tiers, belles-mères et gendres devaient employer un langage spécial, *yikirrinji*. Si une femme ou une jeune fille se trouvait en compagnie de sa mère ou d'une mère classificatoire, un homme qui par son nom de

* B. Glowczewski & C.-H. Pradelles de Latour, "La diagonale de la belle-mère", *L'Homme* 104 : 27-53, 1987.

peau aurait normalement pu la courtiser ne pouvait l'approcher et s'en abstenait car venir près d'une belle-mère était *kuntangka*, "honteux".

Lorsque deux hommes s'affrontaient, si une belle-mère réelle ou classificatoire de l'un d'eux s'en mêlait, la honte était telle qu'il devait la fuir et se séparer ainsi de son adversaire. En fait, les femmes n'avaient recours à cette méthode de pacification qu'en dernière extrémité et laissaient courir les conflits parfois jusqu'à ce qu'une lance transperce le jarret d'un participant.

J'étais prévenue : il y avait des bagarres à Lajamanu. Ou plutôt, tout différend donnait lieu à une démonstration émotionnelle, un étrange spectacle dont les acteurs obéissent à des règles précises. Dès qu'une altercation s'envenimait, on entendait à tout vent *"kulu ! kulu !"*, ce qui signifie colère et conflit. Tout le monde se précipitait vers le lieu de l'affrontement, et le rassemblement atteignait très vite plus de cent personnes. Les femmes se jetaient sur les enfants pour les protéger des lances ou des boomerangs que chacun s'attendait à voir voler. Mais il pouvait se passer des heures d'agitation sans qu'aucun objet volant ne traverse les airs.

Les adversaires, certes armés et très menaçants, tournaient en rond et s'invectivaient en faisant mine d'élever leurs armes. Les proches, selon leur relation de parenté, devaient prendre parti ou jouer le rôle d'intercesseur. Ils criaient tellement eux aussi que la scène était effectivement dramatique. L'assistance qui encerclait les acteurs s'écartait régulièrement en courant pour revenir aussitôt. Cela durait jusqu'à l'épuisement et reprenait le lendemain, tant que les adversaires n'établissaient pas un accord.

Si les femmes intervenaient dans les duels masculins, en revanche ces derniers s'abstenaient de le faire dans les querelles féminines. Il arrivait souvent qu'en se disputant, deux femmes brandissent leurs bâtons de combat *kuturu* – du même type que les piquets sacrés. Elles s'en servaient comme d'épées. Certaines de leurs parentes ou alliées devaient automatiquement intervenir pour les calmer.

En général, les combattantes s'arrêtaient vite de crier et utilisaient le langage des "sourds-muets" pour s'invectiver en silence, jouant de leurs bâtons comme pour frapper. Parfois elles sautaient en l'air, levant haut les jambes et tenant horizontalement leur arme aux deux bouts. Puis elles se postaient avec un air menaçant en faisant trembler leurs cuisses. Cette "danse" érotique signifiant la colère est également exécutée au cours des rites funéraires pour marquer la peine des endeuillés.

Petit à petit, toutes ces manifestations de colère silencieuse, mais très explicite, débouchaient sur une réconciliation car l'assistance se mettait à rire. A cause de tels affrontements, les hommes avaient coutume d'appeler l'abri où se réunissaient les femmes du nom même donné au langage gestuel : *rdaka-rdaka*, "les mains".

J'étais frappée du fait que, dans leur enfance, garçons et filles semblent protégés de toute frustration : les adultes très indulgents satisfont presque tous leurs désirs. A l'adolescence, en revanche, ils sont censés apprendre à soumettre leurs envies et leurs émotions à ce que les Warlpiri appellent la Loi du Rêve. Ils doivent partager la nourriture car s'ils sont avares l'entourage les ridiculise. De même, ils doivent respecter les promesses de mariage arrangées pour eux par les anciens, car courtiser ou séduire des partenaires réservés à d'autres provoque un scandale public qui discrédite les coupables. Par ailleurs, ils ne doivent pas se rendre dans les lieux interdits ni divulguer les secrets auxquels les anciens les initient, sous peine de mort.

Malgré ces règles, les jeunes hommes n'attendaient pas d'être complètement initiés pour se mettre en ménage librement. Les anciens ne pouvaient s'y opposer à moins que le couple ne soit pas en relation d'"époux" par ses noms de peau. La pression était alors forte pour les séparer. Si, malgré le discrédit, les amants réussissaient à tenir ensemble et avaient des enfants, ils finissaient par être intégrés. Autrefois, des jeunes non promis l'un pour l'autre devaient s'enfuir en brousse loin de tous. S'ils survivaient à cet exil pendant une saison ou plus, ils pouvaient renouer avec leur tribu.

Une foule se trouva un jour réunie au camp autour d'un cagibi. J'appris que s'y étaient réfugiés un Jampijinpa de la quarantaine et une Napangardi mariée à un autre homme. Depuis deux jours, ils ne voulaient pas en sortir, attendant que la communauté accepte leur liaison. Ils obtinrent gain de cause. Pour n'être pas rare, l'adultère pratiqué en cachette était très vite dévoilé. Si les amants voulaient vivre ensemble, il fallait que l'époux consente au divorce et que la garde des enfants soit réglée à l'amiable. Autrefois, la femme réintégrait plutôt son foyer après une bastonnade ou un viol collectif effectué dans une cérémonie, alors que l'amant subissait une blessure à la jambe pour "faire couler le sang", pratique rituelle censée effacer la faute. Mais certaines situations pouvaient dégénérer.

Dans les années cinquante, un homme et une femme, tous deux mariés et parents de plusieurs enfants, s'enfuirent ensemble et furent poursuivis par le mari qui les tua. Or, s'il était légitime du point de vue warlpiri que le mari cherche à rattraper les coupables, il n'avait pas le droit de les tuer. Aussi le clan de l'épouse infidèle et celui de l'amant décidèrent de les venger en attaquant le clan du meurtrier. Plutôt que de s'allier pour la vengeance, ils s'accusèrent respectivement d'être fautifs, l'un d'avoir laissé la femme séduire son amant, l'autre d'avoir permis à l'amant d'entraîner la femme. Un cycle de vendetta s'enclencha entre les trois clans qui s'affrontèrent pendant tant d'années que cette vieille affaire était encore remise sur le tapis et les opposait chaque fois qu'il était question de célébrer le Rêve de l'un ou de l'autre.

De tout temps, les Warlpiri eurent la hantise de tels conflits. On m'a raconté le cas d'un vieil homme très réputé qui, lorsque sa femme l'abandonna, demanda à être tué pour empêcher les discordes qui pouvaient s'ensuivre. Il fut sacrifié selon son souhait. Situation extrême considérée pourtant comme sage par les anciens. A défaut d'une autorité incarnée, chacun introvertissait à sa manière l'incompatibilité de ses désirs avec ceux des autres. C'est dans cette confrontation permanente que se tissait le réseau des obligations qui fait la Loi.

Au tournant du siècle se constitua une bande de jeunes Warlpiri qui attaquaient les groupes rencontrés, tuant les hommes et les enfants, violant les femmes et les forçant éventuellement à les suivre. Les clans victimes répliquèrent par un affrontement armé et des pratiques de sorcellerie consistant à tuer à distance en "chantant à mort" et en "pointant un os". Ces représailles s'avérèrent efficaces et il ne resta plus trace des *wingki*, les "transgresseurs", qui, selon les Warlpiri, en ne respectant pas les droits territoriaux et les règles d'alliance, avaient "oublié leurs Rêves".

Est-ce que tous les Warlpiri se souvenaient encore de leurs Rêves ? Je ne voulais pas le savoir, préférant passer mon temps avec celles qui s'en souvenaient.

LE CAMION

Des herbes jaunes à perte de vue, quelques arbustes secs et le vide : Parnta, un site de Rêve traversé par l'itinéraire des deux héroïnes Kajirri. Le Warlpiri qui m'avait déposée ici en compagnie de dix *businesswomen* et trois petites filles devait revenir nous chercher dans deux jours. Avant de quitter Lajamanu, mes compagnes avaient dansé pour déterrer les deux piquets Kajirri érigés sur le terrain cérémoniel et les avaient confiés à la garde des femmes qui restaient. Mais elles avaient emporté deux autres piquets non peints.

Après délibérations pour savoir qui devait être du voyage, furent d'abord choisies quatre "sœurs" de peau Napangardi. La plus vieille était la petite veuve *boss* de Kajirri qui marchait avec un bâton presque aussi grand qu'elle. Elle avait toujours l'air de s'amuser sous son bonnet de laine enfoncé jusqu'aux yeux. Plus jeune et le sourire séducteur, la deuxième était Maddy l'aveugle, qui incarnait un esprit-enfant de ce site. Son vieux mari également non voyant fit une scène au moment du départ, lui reprochant de ne pas rester pour lui faire à manger. On raconte qu'elle perdit la vue sous l'effet d'une magie punitive, pour avoir séduit trop d'hommes.

Les deux dernières Napangardi, malgré leurs quarante ans, avaient le statut de demoiselles, *single girls*, car, ayant perdu leur mari très jeunes, elles refusaient de se remarier. Très joyeuses, elles dormaient en permanence au camp des femmes pour veiller sur les objets sacrés et étaient toujours sollicitées pour danser en duo et être peintes, leurs poitrines opulentes suscitant l'admiration des autres femmes.

Etaient aussi venues avec nous quatre Napanangka, maîtres *kirda* de Kajirri comme les précédentes : deux veuves, l'une encore couverte de la peinture blanche d'un deuil récent et qui ne s'exprimait que par le langage des mains, et deux femmes mariées. Patty, forte femme autoritaire qui ne souriait presque jamais, était la suppléante de la *boss* de Kajirri. Une gigantesque cicatrice lui traversait la hanche, trace d'un coup de lance qu'elle avait reçu de son mari dans sa jeunesse à la suite d'une liaison. Patty vivait d'habitude avec celui-ci, mais pour la durée du cycle Kajirri chacun d'eux s'était installé à son camp rituel respectif.

La quatrième Napanangka, Melba, était considérée comme la chanteuse *number one*, inimitable pour sa voix aiguë et imbattable pour sa mémoire des chants. Elle campait avec son mari, mais venait tous les jours pour les rituels où elle racontait toutes sortes d'histoires drôles qu'elle ponctuait d'un petit rire et d'un curieux mouvement de bouche qui amusait les autres.

Enfin, le voyage eût été inconcevable sans des régisseurs *kurdungurlu* de Kajirri, deux vraies sœurs de peau Napurrurla. Josy, l'aînée, veuve très maigre, le visage en lame de couteau et la bouche serrée par une moue qui la quittait rarement, était toujours en train de s'affairer. Cette activité frénétique contrastait avec le rythme presque ralenti des autres femmes, en particulier de sa sœur cadette qui semblait toujours planer. Celle-ci dormait à l'écart des autres campeurs de Lajamanu, seule avec son mari, un vieillard très estimé qu'elle dorlotait amoureusement.

Les deux sœurs Napurrurla et Maddy l'aveugle me firent visiter l'endroit. On me montra d'abord dans un lit de rivière à sec le point précis où la mère de Maddy aurait été pénétrée par un esprit-enfant. L'aveugle était très émue :

"C'est de là que je viens, du Rêve Galle d'Insecte..."

Puis nous fîmes halte devant deux arbres jumeaux qui semblaient se refléter l'un dans l'autre. Les femmes s'immobilisèrent comme en transe et chuchotèrent :

"Kajirri *Jukurrpa*..."

Les deux arbres étaient la trace d'un épisode secret du mythe des deux héroïnes Kajirri. On m'interdit de filmer. Plus loin, deux autres arbres gigantesques se faisaient pendant. Cette fois, je pus filmer : ils appartenaient à un épisode public du Rêve Emeu : un couple d'émeus amoureux s'était reposé là avant de reprendre sa route vers l'"eau salée", la mer.

Je retournai dans le lit de sable avec les deux petites filles pour creuser à l'endroit où les femmes leur avaient indiqué l'existence d'un puits souterrain. A 1 mètre de profondeur, le sable devint humide et, lentement, une eau limpide remonta à la surface. Remplissant nos seaux, nous les ramenâmes au campement pour faire du thé.

A la nuit tombée, toutes ces dames étaient métamorphosées. Les cheveux aplatis par l'huile, maquillées d'un trait blanc en travers du nez, le visage et la poitrine reluisant d'ocre rouge, leurs yeux devinrent comme métalliques. Dans un lourd silence, Josy Napurrurla se leva et, nous tournant le dos, se mit à parler d'une voix forte et saccadée. Ma voisine me souffla à l'oreille : *"Kuuku..."*

Il s'agissait des esprits tutélaires de la terre qui vivent la nuit et dorment le jour, bienveillants envers ceux qui ont le droit d'occuper le territoire qu'ils habitent et malveillants à l'égard des étrangers. Josy, comme il se devait pour un régisseur *kurdungurlu*, était en train d'expliquer aux *kuuku* qui nous étions et leur demandait de nous laisser en paix. Les femmes me montrèrent du doigt les divers endroits où ces esprits se déplaçaient pendant qu'on leur parlait. Elles entendaient un bébé-esprit pleurer et sa mère essayer sans succès de le retrouver. Je n'entendis rien.

La sœur de Josy s'était mise à genoux. Elle tenait sous le bras un plat rituel où reposaient deux piquets, à la façon d'un nouveau-né que l'on couche sur ce genre de récipient pour le transporter ou le poser à terre. Elle entreprit une étrange pantomime, allant et venant, accroupie ou à genoux, sur une longueur de 5 mètres. Disparaissant dans le noir et resurgissant à la lumière du feu, regardant à droite et à gauche comme si elle cherchait quelque chose ou si elle était suivie, elle posa plusieurs fois son plat à terre et agita les deux piquets.

J'appris qu'elle jouait le rôle de l'une des deux héroïnes Kajirri qui était censée l'habiter pendant la danse. Cela ne suggérait nullement un comportement de possession, plutôt celui d'un automate animé par des fils invisibles qui nous auraient enserrées dans une espèce de bulle. Le regard des spectatrices était complètement transparent, comme si elles voyaient autre chose que ce que je voyais. Elles voyageaient.

Le lendemain matin, nous allâmes chasser, et, dans l'après-midi, les femmes se lavèrent à grande eau et au savon avant de se peindre avec des motifs rouges, blancs et jaunes. On me somma de me déshabiller pour me peindre à mon tour avec un motif du Rêve Galle d'Insecte : un trait épais joignant les clavicules et de petits ronds sur les seins. Je trouvais très agréable d'être ainsi peinte, croyant y voir un signe de mon intégration dans l'univers des rêveurs du désert.

Mes compagnes dansèrent avec les deux piquets en se les passant de main en main. Puis

Patty Napanangka, qui jusque-là ne m'avait jamais adressé la parole en anglais, me dit très lentement en cherchant ses mots :

"Nungarrayi, maintenant tu es une *business-woman*, alors tu dois te débrouiller pour nous trouver une voiture et nous emmener dans d'autres lieux de Rêve. Quand tu iras à Canberra, tu demanderas aux *topmen* un camion pour le *business* des femmes de Lajamanu..."

Il ne me restait plus qu'à tenter d'obtenir ce qu'elles me demandaient.

Quelques jours plus tard, toute la communauté entassée dans des voitures et des camions à bétail descendait à Yuendumu pour la rencontre intertribale qui s'y tient chaque mois d'août. Là, pendant que les anciens palabraient, les jeunes des tribus avoisinantes venaient se mesurer dans divers sports : football, basket-ball, softball (baseball féminin), course et sauts en longueur ou hauteur. Le spectacle était inattendu. Les équipes de ballon en tenues sportives enlevaient leurs tennis en cours de jeu pour mieux courir. Les filles gardaient leurs jupes même pour sauter. Et les Blancs qui organisaient ces compétitions avaient l'air de se surmener, contrastant avec les concurrents qui arrivaient en retard, abandonnaient une course lorsqu'un copain les appelait ou ne répondaient pas à la convocation du gagnant sur le podium.

La nuit, autre surprise : sur une scène se succédèrent des groupes aborigènes de rock ou de country & western. Assis par terre parmi les jeunes, les anciens observaient sans paraître perturbés. Seuls les petits dansaient, et d'une façon étonnante. A tour de rôle, ils se levaient, se trémoussaient quelques secondes de manière très sexy, se baissaient à toute vitesse et recommençaient. Le jeu consistait à épater les copains sans jamais donner l'impression de vouloir se faire remarquer.

Le deuxième jour, les hommes organisèrent une compétition de jets de lances au propulseur sur un kangourou en plastique. Pendant ce temps, près du bâtiment où les *businesswomen* de Yuendumu gardaient leurs objets sacrés, les femmes de diverses tribus se rassemblèrent. Par petits groupes, les unes après les autres, elles se peignirent la poitrine et dansèrent.

Au lieu de rentrer à Lajamanu, je profitai de la proximité d'Alice Springs pour prendre l'avion pour Canberra, la capitale fédérale, dans l'espoir d'y obtenir un véhicule pour les femmes. Le musicologue qui venait de terminer son séjour à Lajamanu m'avait conseillé de faire un rapport sur mes premiers mois de terrain et de le remettre à l'AIAS (Australian Institute of Aboriginal Studies), l'Institut qui centralise les données sur les Aborigènes et finance les chercheurs. Je pourrais peut-être ainsi bénéficier de la Toyota de l'Institut dont le musicologue s'était servi et qu'il allait laisser à Alice.

Attendant la réponse au rapport que j'avais déposé, je passai mes journées à l'Institut de Canberra entre la bibliothèque et la filmothèque, consultant un maximum d'archives introuvables en France. Celles-ci étaient codées en "publiques" et "réservées" supposant divers degrés de restriction : interdites soit aux non-spécialistes, soit aux hommes, soit aux femmes, ou bien nécessitant la permission soit du directeur, soit de leur auteur. Cette réglementation avait été récemment instituée du fait que les Aborigènes étaient réticents à la divulgation de leur vie rituelle secrète. Ironie : certains métis urbains se plaignirent par la suite que les Blancs les privaient de leur histoire en cachant les archives relatives aux massacres et autres violences qu'ils avaient endurés.

Dix jours plus tard, j'étais de retour à Alice. On m'avait refusé la permission d'utiliser la Toyota, tout en me faisant remarquer que, venant de France, je devais me réjouir d'avoir réussi à trouver aussi vite un terrain et d'être de surcroît tombée en pleine période rituelle : bien des étudiants australiens n'avaient, semble-t-il, pas cette chance.

A la recherche d'une autre solution, j'appris qu'au nord-est d'Alice se trouvait une communauté de Yanmadjeri, Utopia, où résidait une jeune Australienne qui avait appris à conduire aux femmes. Je décidai de lui rendre visite et découvris un endroit très différent de Lajamanu. Quelques jeunes Blancs, engagés sur contrat par les départements de la Santé et de l'Education, avaient mis en place de véritables structures d'autogestion après concertation avec les Yanmadjeri. Il n'y avait pas de maisons et les gens étaient dispersés en petits campements. Les hommes élevaient du bétail et les femmes faisaient du batik sur soie ou des sacs en cordon qu'elles vendaient à Alice. Avec ce revenu, elles achetaient l'essence pour un camion qu'elles avaient obtenu du ABTA, le fonds monétaire aborigène financé par les compagnies minières.

Encouragée par ce que j'avais vu, je montai en stop par l'autoroute jusqu'à Katherine et de là je profitai du *road train*, le poids lourd à remorque qui approvisionne le magasin de Lajamanu. Unique point d'essence sur le chemin : Top Springs, le bar du Nord où les Warlpiri viennent boire. A peine étais-je descendue de la cabine que j'aperçus Melba, la Napanangka aux histoires drôles qui chantait si bien. Elle me sauta au cou et m'emmena à l'ombre pour me raconter ce qui s'était passé pendant mon absence. J'étais très touchée et me sentais en dette car je revenais les mains vides.

L'accueil à Lajamanu fut tel que j'eus vraiment l'impression de rentrer chez moi. Les femmes avec lesquelles j'avais campé à Parnta décidèrent d'organiser une réunion dans mon studio. Les accompagnait une Napaljarri, presque aussi imposante que son fils, le maire. Elles me demandèrent de brancher le magnétophone pour enregistrer la déclaration à partir de laquelle je devais faire une lettre au fonds monétaire aborigène pour qu'elles obtiennent un véhicule comme les femmes d'Utopia. Une très belle et jeune métisse, fille d'un aventurier qui vécut avec un groupe de Warlpiri en brousse, m'aida ensuite à traduire. Il s'agissait maintenant de trouver de l'argent car le fonds n'accordait son aide que si les Aborigènes concernés fournissaient 10 % du prix du véhicule demandé.

Les femmes m'envoyèrent chez les Kardiya de Lajamanu vendre des colliers de baies enfilées sur des ficelles faites à la manière traditionnelle avec leurs cheveux coupés et filés. La démarche était difficile. La plupart de ces Blancs estimaient que les Warlpiri avaient déjà bien assez d'argent. En outre, ils n'appréciaient guère que je passe mes journées au camp. Seules quelques âmes charitables, trouvant que les femmes étaient maltraitées par les hommes, acceptèrent d'acheter un collier ou donnèrent quelques dollars. Mais la première mise de fonds restait insuffisante.

Nouveaux arrivés, le gérant du magasin et sa femme, une Maori de Nouvelle-Zélande, eurent une idée. Comme ils géraient aussi le cinéma en plein air, ils décidèrent que les bénéfices sur les tickets et les boissons d'une séance sur trois seraient mis sur le compte ouvert pour le camion des femmes. En deux mois, la somme nécessaire allait être ramassée et renvoyée au fonds monétaire.

En attendant, l'excitation était grande. Les *businesswomen* avaient déjà surnommé le camion

“Parnta-Kanta”, du nom du site et du Rêve Galle d’Insecte. C’était aussi le nom donné au compte. Patty Napanangka rêva une nuit qu’elle le conduisait. De l’avis de tous, c’était un bon présage.

A LA RECHERCHE DU RÊVE

A l'annonce qu'étaient développées les premières images que j'avais tournées des rituels féminins, une cinquantaine de *businesswomen* vinrent s'entasser dans la salle de projection de l'école. Je leur passai les rushes. Les images défilaient comme en accéléré, visages et corps se superposant les uns aux autres. La salle s'agita.

J'avais filmé image par image pour économiser la pellicule en enregistrant un maximum de peintures et de danses différentes. Je voulais aussi connaître la réaction des Warlpiri à de telles images qui, ne se déroulant pas en temps réel, me semblaient pouvoir évoquer le processus de condensation caractéristique de certains rêves.

"Ce n'est pas bien de nous faire ressembler à des folles", me reprochèrent les figurantes.

Je fus déçue. Choquées par mes effets visuels, les femmes ne me parlèrent pas de leurs visions oniriques…

Une nuit, dans mon studio, je fus réveillée par les échos lointains d'un concert de rock. Je crus entendre une foule en délire. Sachant qu'il y avait un groupe de rock à Lajamanu, je sortis à la recherche du concert. Mais il n'y avait pas de concert, et tout le monde semblait dormir. Etant rentrée me coucher, je ne parvins pas à m'endormir. Je transpirais, j'avais de la fièvre.

Le lendemain, en arrivant au camp des femmes, situé à une dizaine de minutes à l'écart des maisons, j'annonçai que je n'avais pas dormi. Les femmes se mirent à rire :

“Tu sais cette nuit, on a chanté très fort ici en espérant que tu nous entendrais et que tu viendrais nous rejoindre.”

J'en étais abasourdie. Avais-je dans mon sommeil transformé en concert de rock les chants de ces femmes que je ne pouvais pourtant entendre à cette distance ?

“Si tu veux, tu peux t'installer avec nous dans notre camp, le *jilimi*. Il fait chaud la nuit maintenant, et on va souvent veiller en dansant et chantant. De toute façon, ce n'est pas bien que tu restes comme ça toute seule.”

Le soir même, je transportai au *jilimi* mon duvet et mon *ground sheet*, une toile imperméable que les campeurs de brousse mettent sur le sol et dont ils se recouvrent. Mais pour honorer mon arrivée, une Napangardi me céda son “lit” : des tôles montées sur des bidons.

Pendant un mois, je dormis donc au camp des gardiennes de Kajirri, vivant littéralement sous leurs ordres, transportant leurs cartons de nourriture et allant chercher l'eau. Presque tous les jours, en fin d'après-midi, les femmes se peignaient le corps et dansaient. Je décrochais alors deux petits sacs suspendus sur leur abri à ombre pour en sortir magnétophone et caméra. Plus question de filmer image par image ; fondue parmi les femmes, je remontais la manivelle de ma vieille Pathé Webo et je laissais courir l'image au rythme de leurs gestes et regards. Entre deux plans, je reportais systématiquement sur un carnet toutes les peintures corporelles. Ces rituels *yawulyu* m'enchantaient et parfois je dansais.

Le visage et le corps couverts de poussière ou d'ocre, les cheveux emmêlés sous un foulard et les vêtements fripés, chaque matin, je me réfugiais dans mon studio pour déposer la bobine tournée la veille, prendre une douche, me changer et écrire. Les enfants m'appelaient "*jungle girl*".

Un matin, un groupe de *businesswomen* m'envoya au conseil pour demander une voiture. Elles voulaient se rendre dans une autre communauté aborigène pour acheter des tissus car il n'y en avait plus au magasin. J'obéis aux instructions et bientôt une Toyota 4 x 4, sur l'arrière de laquelle s'entassaient une dizaine de femmes, fonça sur la piste.

Après 100 kilomètres, nous arrivâmes à Kalkaringi, réserve de la station de bétail Wave Hill où avait eu lieu l'une des premières grèves aborigènes.

C'était dans les années cinquante, avant que la citoyenneté australienne leur garantisse des salaires égaux à ceux des Blancs. Jusque-là, ils travaillaient souvent contre de simples rations de nourriture, des vêtements et des couvertures. Les Kurintji avaient quitté Wave Hill pour créer leur propre station à Wattie Creek : Daguragu. Certains y étaient retournés depuis, en particulier pour envoyer les enfants à l'école.

Nous embarquâmes une femme au passage. Trente kilomètres plus loin, apparaissaient les bâtiments de Daguragu. Le magasin était fermé et personne ne savait qui avait la clef. Mes *businesswomen* ne semblaient pas pour autant déçues. La femme de Wave Hill descendit de la Toyota pour chuchoter quelque chose aux oreilles d'un Kurintji. Un autre homme nous invita à nous installer par terre et des femmes nous offrirent un peu de viande.

Les *businesswomen* déballèrent un objet sacré enroulé dans des cordes de cheveux enduites d'ocre rouge. Une vingtaine d'hommes se rapprochèrent et, à tour de rôle, défilèrent et touchèrent l'objet, s'enduisant ensuite les bras de l'ocre qui avait déteint sur leurs doigts. Quelques anciens montraient comment s'y prendre aux plus jeunes très intimidés.

Un vieil homme malade venait d'être allongé sur une couverture. Les *businesswomen* se levèrent et l'entourèrent en chantant. Avec l'aide de deux femmes kurintji, elles le massèrent, l'enduisirent d'ocre, lui peignirent un motif du Rêve Serpent autour du nombril où elles posèrent l'objet sacré débarrassé de ses cordes : une pierre ovale très plate et lisse. Certaines se versèrent de l'eau dans la bouche pour la souffler sous forme d'embruns sur le torse, le cou et les cheveux du vieillard. Puis, se mettant en file indienne, accrochées à une longue corde de cheveux, elles passèrent jambes écartées au-dessus du vieillard et très lentement s'éloignèrent. On m'expliqua que c'était un rite de guérison permettant d'évacuer la maladie.

Les guérisseuses s'étaient assises, et arrivèrent une vingtaine de femmes kurintji portant des tissus. Après avoir touché la pierre sacrée, chacune déposa son paquet devant les guérisseuses. Nous repartîmes la Toyota pleine de cotonnades imprimées. Je m'étais installée sur le toit et j'avais envie de rire : c'était au sens propre un *business*, rituel qui s'était soldé par un paiement, mais n'avaient-elles pas dit qu'elles voulaient "acheter" des tissus ? Soudain, j'entendis les femmes qui riaient derrière et je ne parvins plus à me retenir. Avaient-elles prévu de recevoir les tissus en échange de leur intervention thérapeutique ou était-ce une coïncidence bienvenue ?

Régulièrement, mes compagnes me faisaient remarquer que les hommes étaient contents parce que "je m'occupais des femmes". J'avais plutôt l'impression que c'étaient elles qui s'occupaient de moi. Me trouvant trop maigre, elles me peignaient la poitrine pour me faire grossir, les Images de Rêve étant censées "nourrir" enfants comme adultes. Elles s'inquiétaient aussi que je ne parle pas assez. Finalement, Maddy l'aveugle diagnostiqua que "mon Jangala me manquait".

Elle désignait de ce nom de peau – "fils" du sien et "époux" du mien – mon ami resté en France. Ma "belle-mère" avait décidé que j'avais besoin d'une magie amoureuse *jarada.* Et je me retrouvai en brousse coiffée d'un bandeau blanc qu'il me faudrait remettre pour séduire Michel quand je le retrouverais. Le bandeau fut "chanté" par trois femmes qui ajoutèrent nos deux prénoms à la formule de séduction. Puis elles me dirent de lui parler en français. Un oiseau de Rêve lui transmettrait le message pour qu'il pense à moi. Une semaine plus tard je reçus une lettre de France. Maddy m'annonça fièrement :

"Tu vois ça a marché !"

Un matin, je me réveillai en sueur. La veille, on m'avait fait nettoyer une tablette rituelle *yukurrukurru.* A chaque nouveau rituel *yawulyu*, les femmes effacent les motifs du rituel précédent pour peindre à nouveau les tablettes. Celle qu'on m'avait donnée était incrustée de sable et je n'avais pas réussi à la gratter. J'avais fait un rêve et les femmes me demandèrent de le raconter. Aidée de Vera qui traduisait, j'expliquai que j'avais vu une mère en piteux état lâchant son bébé pour un homme. Il tombait dans l'eau et je criais que j'allais me noyer. Mais je repêchais le petit corps qui était couvert de pustules. Je le frottai et sa peau devint toute lisse.

Les femmes se regardèrent d'un air entendu et me dirent, les unes après les autres, que c'était un "bon" rêve. L'une ajouta que les tablettes étaient "comme" les esprits-enfants et que c'étaient les héroïnes Kajirri qui m'avaient donné ce rêve. Toutes semblaient amusées.

Le lendemain, Maddy l'aveugle me demanda de la suivre dans le sous-bois où elle abattit avec une hache un tronc qu'elle ramena au camp. L'après-midi, Vera me conduisit jusqu'à son mari. Il était en train de tailler un plat dans la bûche :

"Ton «père» Japaljarri fait un porte-bébé pour toi. Tu l'emmèneras dans ton pays pour nous ramener un petit Jampijinpa ou une petite Nampijinpa."

Désir d'enfant : voilà donc l'interprétation que les femmes avaient donnée de mon rêve. J'en fus très touchée.

Les *businesswomen*, un jour, ont commencé à se lamenter. Elles manifestaient ainsi leur peine à devoir se séparer des deux sœurs du Rêve Kajirri matérialisées par les piquets sacrés qu'elles avaient cent fois plantés et déterrés pour les peindre de frais. Après cinq mois de célébrations, survenaient la fin de la cérémonie et avec elle la fin de la réclusion des jeunes initiés. La tristesse fit alors place à la joie des mères, très excitées à l'idée de retrouver leurs fils. Elles ne dormaient plus mais chantaient et dansaient. Pour l'occasion, d'autres femmes qui ne fréquentaient habituellement pas les rituels s'étaient installées au camp cérémoniel pour les seconder.

La troisième nuit blanche, j'étais à bout de forces et me mis à trembler. Mes voisines s'affolèrent. J'expliquai que ça allait passer : je connaissais les symptômes, c'était une crise de spasmophilie. Elles me massèrent vigoureusement. Soudain, Libby Nungarrayi agita devant mes yeux un papier sorti de son balluchon. Je reconnus une feuille de catéchisme représentant Jésus tendant la main à Lazare. Peu après, mes spasmes s'arrêtèrent. Ma "sœur" Nungarrayi était ravie. Elle expliqua qu'elle m'avait guérie avec la Bible, la Loi des Kardiya. Tout rentrait ainsi dans l'ordre : j'avais beau ne pas aller à l'église baptiste de Lajamanu, le christianisme était tout de même ma Loi.

Etrange retour aux sources. Elevée en bonne catholique polonaise, j'en étais venue à faire de l'ethnologie précisément parce que je n'étais pas satisfaite de cette religion. Discutant à quinze ans avec un aumônier, j'avais réalisé que mon goût du sacré n'avait pas grand-chose à voir avec le christianisme. Je commençai dès lors à dévorer tout ce que je pouvais trouver sur les croyances des autres peuples. Tombant sur les Aborigènes, je fus aussitôt séduite. Leur religion ne séparait pas l'homme du reste du monde, chaque homme, chaque femme était lié au cosmos par une légende, un peuple d'ancêtres fantastiques, un Rêve. En vivant, par la suite, à Lajamanu, j'observai que toute la vie des Warlpiri était imprégnée de sacré car tout ce qui constituait leur environnement était signe de Rêve. Leurs peintures, leurs chants et leurs danses les plongeaient dans une dimension parallèle.

Les danses avaient repris. Au lever du jour, Patty Napanangka déterra les deux piquets sacrés et les lança à d'autres danseuses. Elles sortirent du camp en sautillant et jonglant avec les piquets. Entretemps, quelque deux cents femmes accompagnées de leurs enfants s'étaient rassemblées et, guidées par les *businesswomen*, se dirigeaient en brousse vers le camp des hommes. Patty s'éclipsa de la foule avec les deux piquets et réapparut les mains vides. Elle les avait secrètement enterrés : ils resteraient ainsi cachés jusqu'au prochain cycle Kajirri.

Nous arrivâmes sur un terrain débroussaillé où toutes les femmes et les enfants s'assirent et baissèrent la tête jusqu'au moment de recevoir l'ordre de regarder. A une vingtaine de mètres se tenait une troupe d'hommes, certains seulement revêtus d'un cache-sexe et tenant majestueusement leurs hautes lances. Ils soulevèrent une bâche posée sur le sol devant eux d'où apparurent les jeunes initiés. Des hommes les relevèrent et les recouvrirent entièrement de tissus imprimés et de cordes de cheveux. On m'autorisa à filmer.

Deux des garçons furent amenés jusqu'à nous et toutes les Nampijinpa se levèrent pour se presser autour d'eux : c'étaient leurs "mères" de peau car il s'agissait de deux Japanangka. Parmi elles, leurs mères réelles retirèrent un à un les tissus et les cordes, cadeaux rituels qui leur étaient destinés. En échange, elles donnèrent aux fils un seau de thé et du pain qu'ils emportèrent pour se rasseoir au milieu des hommes. Le même manège recommença sept fois, pour chacun des huit noms de peau.

Aussitôt après, nous quittions le camp des hommes en courant. A partir de ce jour, il changerait de place et serait à nouveau inaccessible aux femmes. Les reclus *punyunyu* devenus des initiés *malyarra* réintégrèrent leurs familles dans l'après-midi. Héros du jour, ils suscitaient des plaisanteries gentilles qui se propageaient à grands cris entre les campements.

Le lendemain, je remarquai une étrange atmosphère. On me convoqua sous l'abri à l'ombre où les hommes se réunissaient habituellement pour palabrer, et je vis une vingtaine de personnes couchées par terre en ligne.

"Ce sont les «prisonniers», comme tu le sais ils doivent dormir..."

Je savais sans savoir vraiment. Depuis des semaines, on annonçait secrètement un nouveau culte. J'avais participé à quelques séances de répétitions des chants et des danses, alors que de nombreux Warlpiri en étaient exclus. Un curieux concours de circonstances me donna ce privilège.

Au début de mon séjour, j'avais accompagné le musicologue et son informateur warlpiri à Gordon Downs, une station de bétail située en Australie-Occidentale, juste de l'autre côté de la frontière du Territoire-du-Nord. Nous n'y étions restés que deux jours pour entendre les revendications que le groupe de Nyining qui y campait aurait à faire sur les terres avoisinant la station. Après que j'eus localisé quelques Rêves avec les femmes, elles me dirent que, puisque je venais de Lajamanu, elles allaient me chanter quelque chose de spécial. Je les enregistrai. Elles me demandèrent de faire écouter la cassette aux deux hommes qui m'accompagnaient et de les prévenir qu'elles reviendraient chanter avec leurs compagnons dans la soirée. Dès les premiers vers, le Warlpiri s'esclaffa d'un air consterné :

"Mais c'est secret !"

Il m'expliqua qu'il s'agissait des chants d'une cérémonie qui venait de Broome, la ville de la côte ouest où une Aborigène l'aurait rêvée dans les années quarante. Son nom étant secret, on s'y référait par le terme de Balgo *business*, les Walmaljarri de Balgo étant les derniers dépositaires de ce culte qui voyage de tribu en tribu. C'est là qu'une partie des Warlpiri de Lajamanu avaient été initiés aux rites correspondants. Il ajouta que dans les mois à venir d'autres Warlpiri seraient initiés à ce *business* très "dur" qui fait peur aux non-initiés. Je pouvais garder la cassette à condition de ne la passer à personne. En rentrant à Lajamanu, je ne parlai de rien mais quelques jeunes femmes vinrent me dire qu'elles étaient initiées au nouveau *business*. Elles me convièrent aux répétitions qui se déroulaient en brousse, près du campement d'un groupe de Pintupi installé à 1 kilomètre à l'ouest de la communauté.

C'était donc le fameux Balgo *business* qui venait de commencer. Maddy l'aveugle était parmi les "prisonniers", les novices. Certains Warlpiri, morts de peur, se cachaient : les missionnaires, disait la rumeur, avaient accusé le culte d'être une affaire du diable. A Fitzroy Crossing, une mission de l'Ouest, ce même culte aurait pris la forme d'un syncrétisme religieux. Ce que j'allais voir et entendre pendant dix jours, sans avoir le droit de filmer ou d'enregistrer, serait bouleversant : une formidable organisation collective pour un voyage au sens propre et figuré. Des centaines de personnes camperaient ensemble en se déplaçant suivant un circuit rituel. Il s'y jouerait une nouvelle Loi, un nouveau "Rêve", dont le but était de réconcilier la vie traditionnelle et la vie moderne*...

Après cette fantastique leçon de survie en brousse, j'étais tellement "warlpirisée" que je perdis un peu pied. Au moment de quitter Lajamanu pour rentrer en France, j'eus la gorge serrée.

"Ne reste pas trop longtemps dans ton pays. Maintenant, tu as deux voies, celle des Kardiya et celle des Yapa", me dit Maddy l'aveugle.

* B. Glowczewski, "Manifestations symboliques d'une transition économique", *L'Homme* 23 (2) : 7-35, 1983.

Je répondis que j'aimerais bien emporter en souvenir une tablette peinte *yukurrukurru*. Patty alla m'en chercher une qu'elle enroula dans un vieux chiffon :

"Envoie-moi des chaussures en échange !"

TROISIÈME PARTIE

LE FILM

Novembre 1979. Retour difficile en France. Comme si, pareille à une pellicule de film, j'avais été impressionnée par les Warlpiri et que je devais à présent, tel un négatif, me développer et me tirer en positif sur le papier. Obsession de partager avec d'autres ce que je venais de vivre : je me mis à écrire et organisai une séance de projection pour montrer les nouvelles images tournées des rituels féminins.

Respectant le vœu des Warlpiri, je ne conviai que des femmes. Elles vinrent à une centaine, s'entassant dans un grand appartement prêté pour l'occasion. Certaines étaient mes amies, d'autres de simples connaissances professionnelles, les dernières étaient des étrangères accourues en féministes pour cet événement réservé aux femmes. Moi je n'affichais aucun discours de libération, j'espérais seulement retrouver dans cette assistance féminine la complicité vécue avec les femmes du désert. Quelle erreur !

Au moment d'enclencher le film dans le projecteur, j'eus soudain l'impression de me livrer à un acte impudique. L'image offerte des femmes warlpiri serait nécessairement incomplète et risquait de les trahir. Lorsqu'elles apparurent sur l'écran, leur présence me manqua avec une douleur inattendue et je me sentis déchirée par un sentiment de culpabilité. Je ne savais de quoi j'étais coupable, mais la faute me semblait irrémédiable.

Le calvaire dura deux heures. Les images muettes des peintures corporelles et des danses défilaient au son d'une cassette de chants que quelqu'un retournait systématiquement toutes les demi-heures. J'avais apporté d'autres cassettes mais je ne pouvais plus bouger, réfugiée dans un coin, comme paralysée. Je découvrais au fur et à mesure tout ce que les images ne disaient pas et qu'il aurait fallu raconter pour simplement permettre aux spectatrices de les "voir".

Je pris soudain conscience que ma rencontre avec les Aborigènes m'avait, à mon insu, profondément transformée. Cette constatation me renvoya un tel sentiment de solitude que je fus incapable d'articuler le moindre commentaire. La tâche semblait insurmontable. J'avais seulement envie de crier aux spectatrices : "Non ! tout ce que vous croyez voir est faux !" Je ne supportais pas de retrouver sur l'écran ces tôles des abris ou ces tas d'ordures qui faisaient irrémédiablement penser aux bidonvilles : je me souvenais de mon effroi et de mon dégoût des premiers jours, puis de mon sentiment de détachement appris des Warlpiri à l'égard de cet environnement.

Cherchant des mots nouveaux pour dire mon expérience, cette symbiose sensorielle avec les femmes du désert, j'entendis en retour quelques rires hystériques et des exclamations mi-gênées, mi-moqueuses. Pourquoi ce malaise ? Sans doute parce que l'absence de sens encourageait tous les fantasmes...

Il y avait de la chair, nue, touchée, marquée, trop de chair. Surtout les seins, mamelles gigantesques ou flasques, tombant jusqu'à la taille et sautant au rythme des danses. Il y avait tous ces yeux, impassibles, profonds, fuyants, distants, si distants, pénétrants, trop pénétrants. Et puis, il y avait les piquets, ces bâtons lisses, luisants d'ocre, un peu effilés aux deux bouts, frottés et peints, passés de main en main, élevés vers le ciel, pointés vers l'horizon, érigés dans le sol, déterrés, saisis à bout de bras, glissés entre les jambes, lancés, rattrapés, replantés, reliés par des cordes, touchés du creux de la paume, secoués, massés les mains jointes, bref, manipulés comme des objets et traités comme des vivants.

A la fin de la projection, la question fatale me fut bien évidemment posée :

"Qu'est-ce que c'est que ces objets phalliques ?

— Ce sont les objets les plus sacrés des femmes..."

Rires et grimaces. Cette fois, la trahison à l'égard des *businesswomen* était complète. Leurs rituels semblaient se résumer à un culte phallique, alors que mon expérience chez les Warlpiri avait consisté à vivre un monde féminin autonome du masculin. J'eus beau expliquer que les rituels féminins sont une descente au fond du corps de la femme, une transformation du corps en terre, un passage au

Rêve, univers de métamorphoses où la différenciation sexuelle n'est plus une référence car le devenir se joue dans l'infinité des formes terrestres et cosmiques, je me heurtai de nouveau à une question qui me parut stupidement réductrice :

"La femme est donc identifiée à la terre-mère ?"

Je m'énervais, impuissante à expliquer ce rapport des Aborigènes à la terre qui est pour eux, selon les lieux, "mère", "père", "époux", etc., soit autant de parents qu'il y a dans la société de relations différenciées par les Rêves. En fait, hommes et femmes warlpiri sont à la fois du côté de la nature et du côté de la culture. Pour être perçue comme une série de traces de corps d'ancêtres métamorphosés, la terre n'est pas une simple métaphore biologique mais aussi un support de mémoire pour la Loi qui régit la société.

J'évoquai la cartographie des itinéraires mythiques qui lient la terre aux Rêves, et je précisai que les femmes héritent par leur père du Rêve et de la force vitale à laquelle elles s'identifient. On me répondit par des commentaires psychanalysants en évoquant le complexe d'Œdipe…

Le malaise devenait de plus en plus pesant. Des spectatrices finirent par avouer qu'elles ne supportaient pas la prégnance de la chair, qu'elles se sentaient dénigrées dans leur féminité, ne pouvant s'identifier à des femmes aussi "primitives". Les autres ne disaient rien.

Il est vrai que le corps des femmes aborigènes racontait la force de la reproduction : corps abîmé par les grossesses et la vieillesse, empâté ou creusé par la sédentarité et la mauvaise nourriture, pétri par le vent, la pluie et le soleil, gravé par les maladies, les blessures rituelles ou les accidents, corps travaillé par le temps qui renvoyait à une certaine image de la mère, sans doute universelle mais dont souvent nous nous défendons. C'est la mère qui se mue en ogresse, bouche qui avale, vagin qui absorbe, ventre qui digère, matrice qui transforme, cette mère dont nous venons et qui virtuellement est là en nous comme un destin, celle à qui nous ne voulons pas ressembler et qui nous hante comme une répétition fatale, celle dont nous aimerions nous détacher mais qui nous fait mal.

Certaines spectatrices me racontèrent par la suite leur émotion à voir la transfiguration des corps peints. Elles avaient ressenti une force semblant venir du fond des origines, qui les appelait, les séduisait, leur paraissant familière. Derrière les corps, elles avaient vu la matière taillée comme une roche, résistante pour l'éternité, pleine et vivante. Elles avaient goûté à quelque chose de secret. Pudeur ou impuissance des mots, elles n'avaient pu ou voulu en parler. Elles avaient deviné ce corps qui peut devenir tous les règnes de la nature, animal, végétal ou minéral. Peut-être s'étaient-elles senties comme moi au cœur de la matière, de la terre ou des étoiles, là où il n'y a plus que la force du plein qui ouvre sur le vide, la force du dedans où toutes les formes sont suspendues. Rêves de femmes ou rêves d'hommes.

L'essentiel des rituels féminins, et semble-t-il aussi des rituels masculins, est de renvoyer au Rêve comme à un dépassement des dualismes. Le Rêve est le vécu des paradoxes, la mise en scène des renversements, le moyen de passer le cap de l'identité sexuelle et de se retrouver ailleurs, au fond du secret de la vie, au fond du pouvoir des métamorphoses.

En disant m'être sentie "femme" chez les Warlpiri, je disais être sur le chemin qui mène juste au bord du dépassement humain où l'identité sexuelle s'évanouit. Tour à tour extatiques ou cauchemardesques, toutes les impressions et sensations semblent alors se fondre dans une réalité collective de cet être femme en voie de dissolution. Ce qui se passe ensuite, je serais bien incapable de le dire. Je m'arrêtais en chemin parce que, ne sachant pas où j'allais, je fus submergée par la terreur. Les femmes warlpiri, elles, avaient les repères ancestraux des Rêves pour trouver leur chemin…

TOUT S'EFFONDRE

Juin 1980. Ali Curung, municipalité aborigène où cohabitent Warlpiri, Kaytej, Alyawarra et Warrumungu-Warlmanpa. Dans un grand hangar rempli d'hommes installés sur des chaises ou par terre, une estrade avec une table et des micros ; derrière les micros étaient assis le président de séance, noir, le vice-président, métis, et un administrateur, blanc. Se tenait ce jour-là un meeting du CLC réunissant des délégués de la plupart des communautés aborigènes du Territoire-du-Nord.

Un Aborigène se leva. Un bandeau rouge enserrait son front et retenait ses longs cheveux noirs. Il demanda avec fermeté une voiture pour aller s'installer avec sa famille sur sa terre. On lui répliqua que le CLC s'occupait de revendiquer la terre et que pour les voitures, il fallait s'adresser ailleurs.

La première question à l'ordre du jour fut celle du projet d'un lac artificiel à Alice Springs qui devait inonder des sites sacrés. Le président expliqua longuement pourquoi il ne voulait pas qu'on viole le territoire de sa tribu, les Aranda. Il fut donc convenu d'entreprendre une action pour changer le lac de place. Quelqu'un dénonça alors l'usage des barbelés censés protéger les sites sacrés : en fait, ils jouaient le rôle contraire et incitaient les gens à s'en approcher. L'administrateur promit d'étudier la question.

Un fonctionnaire des Eaux et Forêts félicita les Aborigènes d'avoir su entretenir leur terre pendant des milliers d'années en faisant des feux de brousse. Voulaient-ils de l'équipement pour continuer ou accepteraient-ils que les Blancs prennent le relais ? La salle répondit que, si les Blancs voulaient le faire, les Aborigènes les assisteraient.

Je profitai du *smoko*, la pause-café, pour repérer les délégués de Lajamanu : deux Jangala, superbes anciens, gardiens du Rêve Pluie. Grands, une dégaine d'adolescents, les cheveux en bataille et le regard perçant. Alec avait guidé l'armée à travers le désert pour tracer les routes du Territoire-du-Nord, puis il avait construit l'ancienne réserve d'Hooker Creek. Johnny, cow-boy saisonnier avant d'aller en réserve, avait connu toutes les stations de bétail du Nord et de l'Ouest. Semblant aussi émus que je l'étais, ils me serrèrent la main et celle de mon ami Michel :

"Alors, c'est Jangala, notre «frère»..."

Ils appelaient d'office "Jangala" l'homme qui vivait avec moi, puisque ce nom de peau est en relation "époux" avec le mien. Johnny retira de sa poche une carte postale pliée en quatre. Je fus très touchée de reconnaître une vue de Paris que j'avais envoyée à sa famille des mois auparavant. Alec hocha la tête et me parla de sa femme :

"Amy s'en fait pour toi. Nous ne savons pas pourquoi le conseil ne veut pas que tu reviennes. Pour nous c'est *all right*. Tu t'occupes du *business* des femmes, c'est tout. Et ton Jangala restera avec nous, pas de problème."

Un frisson de soulagement me parcourut. Un mois auparavant, lorsque nous étions arrivés avec Michel en Australie, j'avais téléphoné par radio à Lajamanu pour annoncer mon retour, et un administrateur blanc m'avait dit que le permis de séjour dans la communauté nous était refusé. Le sol s'était effondré sous mes pieds. Pendant sept mois j'avais travaillé à la Maison des sciences de l'homme, codant des généalogies de Nouvelle-Guinée pour mon directeur de thèse, à seule fin de me payer un nouveau séjour sur le terrain. Là tout perdait son sens, le séjour précédent, la thèse à faire et surtout l'idée stupide que les Warlpiri m'auraient acceptée.

A Alice Springs, le CLC me confirma qu'un mois plus tôt, avant l'élection du conseil de Lajamanu, il avait reçu l'accord pour que j'effectue un nouveau terrain de cinq mois. En retéléphonant, j'avais pu parler avec le maire :

"Désolé, Barbara, les missionnaires ont été choqués par un article que tu as écrit dans un journal français. Ils ont expliqué aux membres chrétiens du conseil que tu ne comprenais pas la communauté et ne pouvais faire que du mal. C'est pourquoi le conseil a décidé de t'interdire de revenir. Je ne suis pas d'accord avec cette décision, mais je n'ai aucun pouvoir dans le nouveau conseil."

Tout chavira. Je ne comprenais pas de quoi j'étais coupable. Un sanglot me coupa la voix. Le maire accepta de discuter avec le conseil la possibilité que je vienne m'expliquer sur place. J'avais effectivement publié un article dans *le Monde* : j'y parlais de Lajamanu comme l'exemple d'une communauté qui, ayant réussi à récupérer ses terres tribales, mariait avec succès les acquis de la vie moderne et sa vie rituelle traditionnelle. Un paragraphe mentionnait les chrétiens :

"Ceux qui fréquentent l'église ne délaissent pas pour autant leur vie sacrée traditionnelle. Simplement, ils rêvent les chants racontant en warlpiri la vie du Christ, tout comme ils rêvent ceux de leurs ancêtres mythiques. Lorsque les missionnaires taxent leurs rituels de diaboliques, ils répondent qu'il n'y a pas de bon ou de mauvais business puisque tout business est affaire de Dieu."*

Etait-ce le fait de suggérer des tensions internes à la communauté qui avait déplu au conseil warlpiri ? Ou avais-je offensé les chrétiens et sous-estimé leur poids ? Face aux retrouvailles chaleureuses avec les deux faiseurs de pluie Jangala, je me remis à espérer que tout pourrait encore s'arranger. Ils promirent d'intervenir au conseil de Lajamanu pour que je sois autorisée à venir avec Michel.

* B. Glowczewski, "Les Aborigènes sortent de leurs réserves", *Le Monde du dimanche*, 17 février 1980.

A la reprise du meeting, l'administrateur blanc nous convoqua Michel et moi sur l'estrade. Il expliqua la situation en quelques mots et suggéra que le refus de permis venait des Blancs de Lajamanu et non des Warlpiri. Le président aranda du CLC surenchérit, saisissant l'occasion pour haranguer l'assemblée de ne pas se laisser manipuler par les Blancs. Les Aborigènes devaient se gérer eux-mêmes et intervenir dans les décisions des conseils des communautés qu'ils élisaient. Chacun étant le maître de sa terre avait, à ce titre, un droit de parole. Il fallait qu'ils osent se confronter aux décisions des Blancs qui ne leur convenaient pas.

Plantés sur l'estrade, nous étions plutôt mal à l'aise. Ces Aborigènes avaient bien autre chose à faire que soutenir deux Blancs contre d'autres Blancs. Heureusement, nous n'avions été qu'un prétexte pour soulever un tout autre débat. Deux Aborigènes de Ti-Tree, une station de bétail appartenant à un Blanc, s'étaient levés pour dénoncer les abus qui s'y passaient. Ils demandèrent au président de venir parler là-bas comme il le faisait ici. Il répliqua que c'était à eux de le faire et qu'ils pouvaient avoir l'assistance d'un avocat du *legal aid*, le service juridique aborigène.

Arriva l'heure de déjeuner. Un bœuf fut tué et chacun reçut un morceau de viande grillée et du thé. Après le repas, eurent lieu les votes sur diverses propositions. Le gouvernement voulait savoir si les Aborigènes accepteraient un amendement à la récente loi des droits territoriaux (Land Rights Act, 1976) pour autoriser une armée à pénétrer sur leurs terres en cas de guerre. Quelques vieux hochèrent la tête en signe de désapprobation. Si certains se souvenaient des soldats américains qui leur firent construire des routes, d'autres avaient vu les bombardements japonais sur la côte nord.

Seuls deux oui furent criés, mais l'amendement fut considéré comme accepté. Etrange consultation. De toute façon, avec ou sans l'accord des Aborigènes, l'armée était prioritaire. Nouveau vote : devait-on mettre en place des *rangers*, gardes de brousse, pour empêcher le vandalisme des touristes qui ont déjà endommagé les peintures de deux grottes aborigènes ? Personne n'étant gardien de ces deux sites, l'assemblée ne se prononça pas.

L'administrateur signala enfin l'existence d'une nouvelle loi du Territoire-du-Nord exigeant que tout propriétaire d'un fusil le fasse enregistrer et paie 12 dollars pour obtenir un permis de chasse, sinon il risquerait six mois de prison et 1 000 dollars d'amende. Eclat de rire général. Les amendes et la prison, la plupart connaissaient. Tout prétexte est bon pour enfermer un Aborigène*. Mieux valait en rire. Le meeting était terminé. Tous furent invités à faire la queue. Et, sous l'œil de la caméra vidéo du vice-président métis, chaque délégué

* Le taux et les conditions d'emprisonnement des Aborigènes ont suscité la création d'une commission d'enquête en 1987 : depuis 1980, on a enregistré 108 décès d'Aborigènes en prison, certains retrouvés pendus dans leur cellule.

toucha les 20 dollars qui rétribuaient sa participation à la réunion.

Réfugiés depuis deux semaines dans un hôtel d'Alice Springs, nous attendions avec Michel une réponse de Lajamanu. Notre budget s'envolait à toute allure. Artiste peintre, à l'occasion acteur et chanteur, Michel s'improvisa peintre en bâtiment pour remettre à neuf les locaux du CLC. Ce dernier finit par recevoir un télégramme de Lajamanu disant que ma demande de venir m'expliquer sur place ne serait pas discutée avant trois semaines, date de la réunion du conseil.

Nous décidâmes d'aller en Australie-Occidentale. A l'arrière de la vieille Holden achetée d'occasion à Darwin, nous transportions un matériel de camping rudimentaire, *swag*, réchaud et conserves, et dormions la tête sur un fusil. On nous avait dit : pas question de s'aventurer sur les pistes sans être protégés. Dans les stations d'essence, il y avait des posters d'avis de recherche pour les chasseurs de prime. On racontait que les délinquants de brousse ont pour habitude de simuler des accidents pour voler l'essence des voyageurs de passage. Nous nous entraînions, dans cette ambiance mi-western, mi-*Mad Max*, au tir sur des bidons, sans oser toutefois tuer de gibier ! Mais plusieurs fois nous dûmes achever des kangourous ou des bœufs agonisant sur le bord de la route. Les camions ne s'arrêtent pas lorsqu'ils écrasent une bête.

Nous restâmes quelque temps à Broome, une petite ville de la côte ouest dotée de plages immenses et vivant de l'élevage de perles. Au centre de Broome un pub où Blancs, Chinois et Aborigènes se soûlent de bon cœur, et, un peu à l'écart, un musée d'art traditionnel créé par un métis, Paddy Roe*. Sa mère, de la tribu Nyigina, le cacha des Blancs lorsqu'il était petit et il fut élevé par des Garadgeri. Mais maintenant il avait sa propre tribu, des dizaines d'enfants, petits-enfants et arrière-petits-enfants qui vivaient ensemble à Coconut Nest, une terre pour laquelle il avait obtenu un bail de quatre-vingt-dix-neuf ans. L'entrée en était inaccessible aux Blancs étrangers.

Je demandai à Paddy s'il avait entendu parler de cette Aborigène de Broome qui, selon certains Warlpiri, aurait rêvé dans les années quarante le fameux Balgo *business*, le culte secret auquel j'avais assisté à la fin de mon séjour précédent. Paddy connaissait le *business* mais, selon lui, le songe était plus ancien et venait d'un homme de Port Hedland, une ville située plus au sud, à quelque 1 000 kilomètres de la côte ouest.

La révélation du culte aurait fait suite au naufrage du *Koombana*, un bateau qui, parti de là-bas, n'arriva jamais à Broome, sa destination. Paddy me raconta le rituel auquel il avait assisté dans les années vingt, alors qu'il était à la mission Lagrange,

* P. Roe, *Gularabulu*, Fremantle Arts Centre Press, 1983 ; K. Benterak, S. Muecke & P. Roe, *Reading the Country – Introduction to Nomadology*, Fremantle Arts Centre Press, 1984.

à mi-chemin entre les deux villes. Sa description ressemblait beaucoup à ce que j'avais vu à Lajamanu. A la bibliothèque maritime de Sydney je trouverais plus tard l'avis de disparition d'un bateau de ce nom : le naufrage s'était produit en 1913. Le culte avait donc moins de soixante-dix ans.

Je téléphonai au bout de trois semaines au CLC pour savoir si nous avions obtenu le droit de visite à Lajamanu. Pas de nouvelles. Je fus déçue mais ne m'étonnai guère. Les Warlpiri avaient autre chose à penser qu'à mon désir d'aller chez eux. Ils étaient peut-être impliqués dans l'événement qui faisait alors la une des journaux australiens : l'affaire des Noonkanbah, une communauté réunissant les membres de plusieurs tribus de l'Ouest qui s'était insurgée contre le projet de forage pétrolier sur un de leurs sites sacrés.

Le gouvernement avait donné le feu vert à la compagnie minière et un convoi de seize gigantesques poids lourds transportant le matériel de forage venait de quitter Perth, encadré par une escorte de policiers. Tout au long de son parcours, près de 2 000 kilomètres, des Aborigènes et des militants blancs, dans les rangs desquels des prêtres ou pasteurs, organisaient des *sit-in* pour manifester leur solidarité avec Noonkanbah et empêcher le convoi de passer. Nous avons assisté avec Michel au *sit-in* de Broome. Des centaines de gens attendirent des heures sur la route l'arrivée du convoi. Ils brandissaient le drapeau aborigène conçu en 1972, un rond jaune à cheval sur deux bandes horizontales, rouge en bas et noir en haut, symbolisant la devise : "Nous Noirs sur la terre rouge et sous le soleil".

La foule chantait sur des airs de country & western les déboires du gouvernement avec les multinationales minières. Dans cette affaire, les Aborigènes étaient soutenus par les syndicats et les députés opposés à l'exploitation du sous-sol par les trusts étrangers. Le syndicat des routiers ayant même refusé de conduire le convoi, des "jaunes" avaient dû être engagés. Lorsque le convoi arriva, il fonça sur la foule qui attendit le dernier moment pour s'écarter en criant. La police sortit ses matraques et quelques manifestants furent embarqués.

A Noonkanbah, les hommes s'étaient peints et avaient dansé le Rêve Varan protecteur du site menacé. Les mineurs refusant de travailler, une nouvelle équipe allait être parachutée. Cela nous fut raconté à Fitzroy Crossing où se trouvaient les délégués aborigènes du comité de lutte. J'appris que, parmi les diverses tribus venues danser pour soutenir les gens de Noonkanbah, il y avait eu une délégation de Lajamanu. Malgré les 1 000 kilomètres de distance, des échanges rituels traditionnels unissaient depuis longtemps les deux communautés. Nous décidâmes de nous rapprocher de Lajamanu dans l'espoir de rencontrer des Warlpiri.

LE JUGEMENT

Kalkaringi, communauté de Kurintji. Pas besoin de permis ici, mais au-delà c'était interdit. Nous étions à 100 kilomètres de Lajamanu. En faisant le plein d'essence, j'entendis :

"Nungarrayi ! Nungarrayi ! Alors te voilà de retour. Tu vas à Lajamanu ?"

J'expliquai au Warlpiri qui m'avait reconnue que j'avais traversé la mer pour revenir, mais que le conseil ne voulait pas de ma présence à cause d'un article ayant déplu aux missionnaires. L'homme répondit évasivement qu'il n'était pas au courant. J'ajoutai que j'avais l'intention d'attendre ici au cas où des femmes de Lajamanu viendraient visiter leurs proches.

"Le Kajirri *business* a commencé, me prévint-il. Les femmes ne peuvent pas sortir de Lajamanu avant deux semaines."

Je n'avais pas oublié ces interdits qui m'avaient donné l'an passé le sentiment d'être prisonnière. Je réussis à joindre par radiotéléphone le maire de Lajamanu :

"Le conseil a-t-il accepté que je vienne passer un jour pour m'expliquer ?

— Si je me souviens bien, le conseil n'a pas changé sa décision, répondit le maire d'un ton indécis.

— Mais le télégramme envoyé au CLC annonçant une réunion pour que le conseil réenvisage la question ?

— Peux-tu me rappeler ce que disait ce télégramme ?"

Je ne savais plus où j'en étais, mais demandai encore de pouvoir parler à Patty Napanangka, la suppléante de Kajirri. Le maire n'y vit pas d'objection et promit de rappeler avant cinq heures. Il n'y eut pas de rappel. J'eus le sombre pressentiment que Patty n'avait pas été prévenue à son camp. Un Warlpiri prit Michel à part et lui conseilla d'aller voir les missionnaires de Kalkaringi pour qu'ils téléphonent à ceux de Lajamanu. Ils nous accueillirent avec sympathie. Ils avaient fait un remplacement à Lajamanu l'an passé.

"Nous savons que tu es honnête et n'avons rien à te reprocher, me dirent-ils. L'article est sûrement un prétexte. C'est une histoire d'argent qui est en cause. Nous avons témoigné en ta faveur lorsque les policiers te recherchaient.

— J'étais recherchée ?

— Oui. A propos de l'argent collecté pour l'achat du camion des femmes. Des jeunes ont voulu se servir de cette somme. Les anciennes ont refusé, et la rumeur a couru qu'il n'y avait plus rien sur le compte car tu aurais tout emporté en partant. En fait, le compte est intact. Nous avons dit que, de toute façon, tu n'as pas de signature pour y accéder."

Le ciel me tombait sur la tête. Même si j'avais été disculpée, le fait que les femmes n'aient toujours pas de camion n'avait sûrement pas mis un terme à la rumeur. Les missionnaires nous dirent que s'ils n'arrivaient pas à joindre leurs confrères de Lajamanu d'ici demain matin, nous devrions y aller sans permis. Le Warlpiri fut du même avis. Il nous conseilla de ne pas attendre le lendemain :

"S'il y a des problèmes, je serai là cette nuit..."

Mon cœur battait très fort lorsque, dans la nuit, nous passâmes en vitesse devant le poste de police de Lajamanu pour aller directement aux camps. Celui des femmes avait changé de place. Un tracteur arriva, en descendit un Japanangka rayonnant qui me serra la main et me conduisit près du nouvel emplacement. C'était le frère cadet de Simon, le *boss* de Kajirri. Il disparut aussitôt, emmenant Michel au camp des hommes. De nombreux enfants m'encerclèrent dans l'obscurité, les chiens se mirent à aboyer et je distinguai quelques femmes peintes. Apparut enfin Patty, la suppléante de Kajirri. Je criai son nom avec joie. Elle eut l'air visiblement mécontente. Je lui pris la main. Elle détourna la tête.

"Patty, si j'ai fait quelque chose de mal, explique-moi. C'est pour ça que je suis venue jusque-là, pour comprendre...

— Tu sais ce qui ne va pas..."

Elle s'en alla. Amy, épouse d'Alec, le délégué rencontré à Ali Curung, me tira par la main :

"Viens dans le camp du *business*. Ici il y a trop d'enfants."

Je la suivis. Les femmes s'attroupèrent. Certaines avaient un regard impassible, d'autres me souriaient comme Josy Napurrurla, la responsable des régisseurs *kurdungurlu* de la cérémonie Kajirri. Patty pointa de sa main l'ouest et me dit :

"Tu te souviens de là-bas ?"

Je pensai d'abord au jour où tous s'étaient réunis dans le sous-bois à l'occasion d'un deuil. Puis au meeting du nouveau culte secret de Balgo où certains Warlpiri se plaignirent que les missionnaires les traitaient comme des chiens. Mais je ne savais pas ce que Patty sous-entendait. A nouveau elle s'en alla. Amy et Josy la pressèrent de me parler et de m'écouter. Elle se retourna vivement en colère :

"Tu as sali le *business* des Yapa !"

L'accusation était terrible. Je me défendis :

"Ce n'est pas vrai. J'étais bien avec vous et j'aime le *business* des Yapa. J'ai écrit dans mon pays que le *business* est une bonne Loi."

Josy se tourna vers Patty :

"Tu vois, Nungarrayi n'a rien fait de mal..."

Ses filles, deux très belles jeunes Napangardi mères de petits bambins, surenchérirent :

"Mais oui, elle aime les Yapa..."

J'appris que Patty, ne voulant pas que les femmes regardent mon film des rituels que je lui avais envoyé, l'avait déposé à la mission. Elle fréquentait assidûment l'église baptiste et avait été offensée que j'écrive que les missionnaires traitent les rituels traditionnels de diaboliques. Plus personne ne parlait du diable, et j'avais eu tort de ranimer une histoire considérée comme effacée. Quant à l'argent du compte pour le camion des femmes, il n'avait pas disparu mais ne servait à rien. Là encore, c'était ma faute d'avoir fait de vaines promesses qui avaient divisé la communauté.

Je parlai de ma lettre où j'informais Patty de ce que m'avaient dit à Darwin les fonctionnaires du fonds monétaire aborigène qui fournit les camions : le conseil de Lajamanu ayant bénéficié cette année de nombreux véhicules, l'un d'eux aurait dû être attribué aux femmes. La lettre n'avait pas été transmise à Patty. Elle réfléchit longuement avant de me dire sur un ton radouci :

"Sans doute quelqu'un ne veut-il pas que nous ayons un camion pour les femmes..."

J'en conclus que ce "quelqu'un" avait peut-être lu ma lettre et ne voulait pas que les femmes apprennent qu'elles pouvaient réclamer un des véhicules alloués au conseil. Il était clair que ma présence créait diverses perturbations. Les femmes se remirent à chanter et danser :

"On en reparlera demain, il y a tout le temps."

Michel fut ramené du camp où les deux Jangala du meeting d'Ali Curung lui avaient souhaité la bienvenue. On nous montra un endroit pour camper, juste à la lisière du camp rituel des femmes. Un Jampijinpa, mari d'une des filles de Josy, nous raconta ce qui s'était passé depuis mon départ : une vieille Nakamarra était morte, ce qui expliquait que le camp des femmes ait été déplacé. Il y avait eu un grand *business* pendant la saison des pluies : des hommes étaient allés chercher un garçon à Noonkanbah pour qu'il soit initié avec ceux de Lajamanu. Hommes et femmes avaient dansé pendant trois semaines en campant en brousse. Ce soir, c'est le Rêve Pluie qui était célébré. Dans deux semaines, des Kurintji viendraient à Lajamanu, et un convoi rituel descendrait à Yuendumu pour y célébrer Kajirri, peut-être avec des Aranda et des Pitjantjatjara. L'homme s'en alla après avoir pris Michel par l'épaule :

"Demain matin, à 9 heures, soyez au conseil..."

Nous avons déballé nos couvertures. Patty m'appela. Elle avait deux bûches à la main. C'était le signe de la réconciliation. Je lui montrai la réserve de bois que nous avions sur le plateau arrière de notre vieille Holden. Au petit matin, je fis du feu. Les chants reprirent. Les gardiennes du Rêve Pluie dansaient pour planter un piquet sacré. Patty, assise sur un bidon, nous observait de loin.

Arriva Johnny, le Jangala à la carte postale. Nombre d'enfants s'accrochaient à son tracteur. Il accepta du café. Nous lui parlâmes d'un de ses cousins rencontré en Australie-Occidentale. Emu, il évoqua les souvenirs du temps où tous deux offraient leurs services de ferme en ferme pour rassembler le bétail. Le cousin nous avait emmenés sur une terre revendiquée par son groupe depuis des années : Bamboo Springs, un ruisseau traversant les rochers sacrés du Rêve Serpent. Cet endroit était aussi magique que Kamira, le site du Rêve Pluie de Johnny, un merveilleux puits naturel formé par un amas de rochers et d'abris-sous-roche. Johnny expliqua qu'avec son cousin ils aimeraient bien monter leur propre station de bétail dont les pâturages de brousse s'étaleraient entre leurs terres respectives.

D'autres hommes nous rejoignirent et nous serrèrent la main. Nous leur montrâmes les photos prises pendant l'attente du convoi minier pour Noonkanbah.

"Il y a de gros ennuis entre les Yapa et les Kardiya. Ce n'est pas bon", commenta Johnny d'un air désapprobateur.

Il fallait bien que je me fasse à l'idée que la plupart des Warlpiri n'aiment pas qu'il y ait des conflits entre Aborigènes et Blancs. Les anciens évitaient de parler de la première moitié du siècle où certains clans furent décimés par les colons, et des vexations qu'ils avaient subies dans les stations de bétail ou les réserves. S'ils se plaignaient de l'abus de pouvoir de tel ou tel Blanc, ils hésitaient en revanche à s'y confronter ouvertement. En 1978, un policier, membre d'une association locale apparentée au Ku Klux Klan, fit subir à la population de Lajamanu des brimades qui furent dénoncées dans la presse. Un député intervint et le policier fut muté, mais les Warlpiri refusèrent de témoigner contre lui à son procès.

J'aperçus Patty qui s'éloignait avec un jerricane en plastique pour chercher de l'eau à l'un des robinets du terrain vague des campements. Je la rattrapai et lui montrai aussi les photos. Elle s'étonna de voir des femmes aborigènes dans la foule. Je lui demandai des nouvelles de la Napangardi célibataire qui dormait à mes côtés lorsque je campais avec les femmes. Elle s'était mariée et habitait une maison. Et Maddy l'aveugle ? Patty m'y conduisit.

Maddy occupait une *dog house*, petite niche d'un lot de prétendues maisons réservées aux retraités. Elle était assise contre le mur devant un feu. A ses côtés, se tenait Melba Napanangka, la chanteuse *number one*. Toutes deux m'embrassèrent et me rassurèrent. Je ne devais pas m'en faire. Tout irait bien. Je les quittai pour aller au conseil. Un vieux Jangala m'interpella :

"Tu es avec ton Jangala cette fois ? Amène-le-moi tout à l'heure..."

Je promis, bouleversée. Je savais bien que les Aborigènes cachent souvent ce qu'ils pensent et se montrent cordiaux avec les Blancs pour avoir la paix. Mais ici rien n'obligeait tous ces gens à me témoigner de l'amitié. Nous avons pris le chemin du conseil et là nous vîmes déboucher la Toyota de la police. En sortirent deux policiers blancs que je ne connaissais pas :

"Vous avez vos permis de séjour ?

— Non, nous sommes venus pour régler ça...

— Alors, si vous ne partez pas immédiatement, nous devrons vous arrêter.

— Nous aimerions parler avec les membres du conseil.

— Aucun d'eux ne veut vous voir."

Je n'arrivai pas à retenir mes larmes. Personne ne broncha dans le camp. Nous ne fûmes même pas autorisés à dire au revoir. Les policiers escortèrent notre voiture jusqu'à la sortie de Lajamanu. Alec Jangala était là en compagnie de quelques hommes. Il nous fit signe de la main. Michel arrêta la voiture et cria par la vitre.

"Ils ne veulent pas qu'on reste !"

Nous descendîmes pour saluer ces hommes. Mais les deux policiers mirent leurs mains à leurs ceintures comme s'ils étaient prêts à tirer. Une ombre de terreur traversa les yeux des Warlpiri. Venaient-ils de se souvenir des anciennes fusillades ? J'articulai quelques mots entre deux sanglots. Alec dit d'un ton impassible :

"It's all right..."

La voiture de police nous suivit pendant dix minutes sur la piste et fit demi-tour. A l'approche de Kalkaringi, nous croisâmes une voiture remplie d'hommes qui s'arrêta. En sortit le Warlpiri qui nous avait encouragés à aller à Lajamanu sans permis. A la nouvelle que le conseil avait envoyé deux policiers pour nous chasser, il hocha la tête :

"Ce n'est pas bien. Le conseil aurait dû vous parler. Il y a peut-être des gens qui ne vous aiment pas, mais d'autres vous aiment bien..."

Il nous souhaita bonne chance et lança :

"A bientôt ! Venez donc au rassemblement sportif de Yuendumu !"

Si on ne voulait pas de moi à Lajamanu, je n'avais nulle intention d'aller à Yuendumu ! A Kalkaringi, les missionnaires nous conseillèrent de faire un procès pour être dédommagés du fait qu'en venant en Australie nous avions un permis qui nous avait été retiré à la suite de nouvelles élections du conseil. Je m'y refusai. Un tel recours en justice serait interprété comme une attaque contre l'autorité des conseils aborigènes, et je n'avais aucune envie de faire le jeu de certains Blancs.

De retour à Alice Springs, nous allâmes rendre visite aux quelques Warlpiri qui campaient dans des maisons aménagées pour eux aux abords de la ville. Je retrouvai là deux frères Japaljarri qui vivaient à Lajamanu l'an passé. L'un d'eux manageait alors le groupe de rock dans lequel sa femme chantait. Elle me fit remarquer que des gens n'avaient pas apprécié mon comportement le jour où le missionnaire avait fait jouer aux Warlpiri chrétiens une scène de la Bible.

J'avais ri de voir Hérode, couvert à la façon warlpiri de coton blanc collé sur le corps et le visage, menaçant de tuer les enfants. Ces derniers, acteurs involontaires du spectacle, avaient ri aussi. Mais je n'étais pas un enfant, et même s'il y avait des tensions entre les missionnaires et les non-chrétiens, il fallait respecter les croyances de chacun.

"Que sais-tu de nos croyances ?" me lança Erwin, un jeune Japanangka un peu ivre.

Je lui parlai des chants, des danses et des peintures qui unissent les gens à des itinéraires de Rêves et des sites sacrés qui les habitent. Il objecta que ce n'étaient pas seulement des croyances mais la vérité. Voyant que je ne bronchais pas, il se calma :

"OK. Je voudrais écrire un livre sur mon peuple qui s'appellerait *Forced by bullets*. Il faut que tu m'aides."

Je lui promis de faire une demande pour qu'il obtienne une bourse du département artistique aborigène qui finance les démarches de ce genre. Le lendemain, son oncle me prit à part et m'expliqua que je ne devais pas l'aider à écrire un livre sur son peuple car, comme il avait refusé de se soumettre aux épreuves de l'initiation, les anciens ne lui raconteraient rien. Erwin avait très bien compris cette situation : il espérait obtenir le statut d'ethnologue pour gagner la confiance des anciens. Inutile de chercher Erwin, ajouta l'oncle, il s'était battu la veille et avait disparu.

Je me sentais de plus en plus écrasée par la violence contenue des sentiments qui traversaient tous ces gens. Le mari de la chanteuse de rock se plaignit que les récentes visites des officiels du gouvernement aient rendu certains Warlpiri trop *smart*, c'est-à-dire que le pouvoir leur soit monté à la tête. Je me dis qu'en fin de compte c'était la situation politique qui faisait de moi une intruse. Lajamanu venait juste de changer de statut, devenant ainsi la première municipalité aborigène du Territoire-du-Nord. Le gouvernement de cet Etat faisait campagne pour que toutes les communautés aborigènes suivent l'exemple et quittent la protection de la législation fédérale – qui permet les revendications et restitutions de terres – au profit d'une dépendance directe de l'Etat.

Les leaders de Lajamanu, ayant déjà récupéré leurs terres traditionnelles, avaient accepté le nouveau marché sous la promesse de nombreux avantages financiers. Ils ne mesureraient que plus tard à quel point leur prétendue autodétermination serait soumise aux instructions des autorités du Territoire-du-Nord. Dans ce récent compromis, jouer au journaliste était maladroit. J'appris que mon article du *Monde* venait d'être traduit en anglais dans le *Guardian*, un hebdomadaire diplomatique assez populaire dans certains milieux australiens. Il était normal que les Warlpiri et les Blancs impliqués dans des stratégies de pouvoir local se protègent de tout regard extérieur qui menaçait de les espionner plume en main.

Ne me sentant guère les dispositions d'une espionne, j'étais effondrée à l'idée que mon désir de populariser en France la situation des Aborigènes se soit transformé en un tel malentendu. Je décidai même d'abandonner l'ethnologie. Une amie australienne m'en dissuada. Dans les mois qui suivirent, je rédigeai à Paris ma thèse de doctorat sur le rapport à l'espace et au temps des Aborigènes australiens.

Un jour débarquèrent chez Michel deux policiers d'Interpol. En jeans et parka, ces Starsky et Hutch nous firent signer une déposition sur nos activités passées en Australie. Ils étaient chargés d'enquêter sur un détournement de fonds au CLC. En parlant avec nous ils arrivèrent à la conclusion que c'était vraisemblablement une opération télécommandée visant à nous empêcher de retourner en Australie. Je fus atterrée, n'arrivant pas à croire que mon article ait pu susciter une telle mesure. En fait, les policiers se trompaient. Nous apprîmes plus tard que tous les ethnologues australiens et étrangers travaillant avec les Aborigènes du centre furent aussi interrogés : il s'avéra que le détournement de fonds avait été effectué par une secrétaire métis du CLC que personne n'avait voulu dénoncer.

Je mis très longtemps à me remettre de ce séjour manqué. Une blessure à vif avait cassé quelque chose au fond de moi. Elle brisa même le lien m'attachant à Michel, rappel trop douloureux de mon échec.

RETROUVAILLES

"Livré à une terre en apparence désolée, tu as erré de rires en larmes, d'extases en désespoirs, d'élans en abattements, d'amour en agacements. Tu as erré et comme tout voyageur errant, tu t'es construit un mythe de déplacements en rencontres, de signes/événements en signes/mémoire. Comme un animal circonscrivant son territoire de survie, tu as rôdé dans un périmètre de plusieurs centaines de kilomètres autour d'un point familier à ton rêve ; tu as parcouru un triangle mythique dont le centre est Hooker Creek.

Du Nord au Sud, de Darwin à Alice Springs, du Sud à l'Ouest, d'Alice à Broome, tu as tramé de fils invisibles des petits bouts d'itinéraires relayés par des regards, des voix, des odeurs, des attouchements. Au départ sans repères tu as été traversé d'une multitude de repères, qui sont venus incarner ton propre corps éclaté. Mais ces repères à l'image de la technologie occidentale infiltrée dans des traditions qui à la fois dépassent et creusent notre entendement, ces repères viennent peut-être comme des métamorphoses contemporaines répéter le scénario ancestral du devenir animal/végétal/minéral des hommes, devenir de transformations incessantes dont la terre est témoin/trace. Une terre qui n'est pas plus une surface qu'un volume, mais un espace/temps en suspension où par une multitude de centres les Aborigènes savent encore pénétrer des totalités discontinues."

Je croyais accepter le vide laissé en moi par le peuple du bout de la terre lorsque j'écrivis ce texte pour le catalogue d'une exposition de peintures que Michel dédia aux Aborigènes en automne 1982 : *Le Rire dans le désert*, à la galerie Donguy. Ecrire, peindre, façon d'exorciser le voyage qui nous avait séparés. L'exposition fut prétexte à inviter l'ambassadeur de la Fédération des Land Councils aborigènes qui résidait temporairement à Londres, Shorty O'Neill. Il nous apprit que des danseurs de l'île Mornington du Queensland étaient justement en tournée en Europe. Ils avaient dansé en Italie et devaient passer par Paris pour aller se produire en Grande-Bretagne.

Visitant l'esplanade de Beaubourg, la troupe de la tribu Lardil décida d'y danser. En quelques minutes, une foule se rassembla aux sons étranges du *didgeridu*, la longue trompe de bois typique des Aborigènes de la côte nord. Pendant des heures, gardant leur tenue de ville, huit hommes et deux femmes chantèrent, dansèrent et parlèrent avec les Parisiens et les touristes de tous les pays. Les forains de la place faisaient la quête dans l'assemblée et déposaient l'argent à leurs pieds. Les Lardil demandèrent à boire.

Un employé du Centre Pompidou leur envoya un serveur avec des bières sur un plateau. D'autres spectateurs se relayèrent pour leur apporter des canettes. Lorsque à 11 heures du soir la police arriva pour ordonner la dispersion, le sol en était jonché. Les Lardil s'amusaient. Plus tard, dans les locaux de l'exposition, ils reprirent leurs chants devant la tente que Michel avait montée sur une tonne de sable teint en rouge. Hommage à la tente "ambassade" que des Aborigènes érigèrent en 1972 devant la maison du Parlement à Canberra, campant par centaines sur la pelouse en guise de protestation contre leurs conditions de vie. Enchantés de cet accueil imprévu, les Lardil m'invitèrent à venir les voir sur l'île Mornington.

Peu après, j'appris que des Warlpiri allaient participer au prochain Festival d'Automne de Paris et je fus contactée par une journaliste d'*Autrement* qui me proposa de faire un reportage sur les Aborigènes pour un numéro spécial sur l'Australie. Décidément, les Aborigènes étaient à la mode. Alors que je pensais ne plus jamais revoir ce peuple, l'occasion m'était donnée de tenter de reprendre contact avec les Warlpiri.

Juin 1983. Je parcourais les routes australiennes en interviewant divers responsables d'organismes aborigènes. Arrivée à Cairns dans le Queensland, j'obtins un permis pour passer un mois sur l'île Mornington. L'île était encore un terrain quasi vierge pour les wallabies. Seul aménagement, sur une des côtes, l'ancienne mission, devenue une communauté autogérée par les Lardil, quelque 700 habitants assistés de fonctionnaires blancs. Bien des choses ici ressemblaient à Lajamanu, mais c'était différent.

D'abord, il y avait la mer. Les femmes pêchaient avec des hameçons accrochés au bout d'un fil se dévidant d'une roue en plastique tenue à la main. Les hommes attrapaient les poissons à la lance et capturaient des dugongs, vaches marines, bêtes quasi fantastiques qui seraient à l'origine du mythe universel des sirènes. La viande de ces herbivores, cuite dans une fosse creusée dans le sol et recouverte de feuillages, s'avéra délicieuse.

Tout le monde habitait des bungalows avec des fenêtres à jalousies. La vie rituelle était moins présente qu'à Lajamanu, car elle avait été interdite au début du siècle par les missionnaires. En retrouvant leur liberté, les Lardil avaient toutefois demandé à une tribu de terre d'Arnhem d'initier les jeunes aux rites que les anciens avaient perdus. La culture traditionnelle était intégrée dans la scolarisation : on emmenait les enfants pique-niquer près des sites sacrés pour leur raconter les histoires des héros de Rêve.

L'alcool était autorisé tout en étant rationné. Tous les jours, entre 5 et 6 heures, dans le hangar qui faisait office de salle des fêtes, des canettes de bière, mais pas plus de six, étaient vendues à chaque homme ou femme qui le désirait. Personne n'avait le droit de céder sa ration à d'autres. Les femmes, étant sans cesse sollicitées par leurs maris ou fils, cédaient ou buvaient elles-mêmes pour empêcher les hommes d'être soûls. Une douce euphorie baignait la communauté tous les soirs...

En quittant cette île enchanteresse, je promis de ne rien publier sans envoyer le texte au conseil Lardil pour qu'il donne son accord sur le contenu. Trois mois plus tard, avec son consentement, l'enquête paraîtrait*.

Je poursuivis mes investigations à Alice Springs. Le projet de lac artificiel critiqué trois ans auparavant au meeting du CLC était sur le point de devenir une réalité. Des Aranda squattaient le site sacré menacé d'être inondé : Welatye-Terre "Deux-Seins". Les femmes étaient particulièrement actives car il s'agissait du Rêve Deux-Femmes, un itinéraire mythique qui traverse l'Australie, pris en relais de tribu en tribu depuis la côte sud jusqu'aux îles Bathurst et Melville des Tiwi du Nord. Selon les Aborigènes, détruire le site risquait de tarir le lait de toutes les femmes, aborigènes ou non, vivant dans la région. L'affaire fit la une des journaux et le projet finit par être abandonné.

Au CLC, l'officier de terrain métis qui m'avait conduite à Lajamanu la première fois avait succédé au président aranda. Je retrouvai aussi l'ambassadeur de la Fédération des Land Councils venu à Paris. Il revenait de Roxby Downs en Australie-Méridionale,

* B. Glowczewski, "Au pays du Dreamland et de la terre rouge : les Aborigènes", *Aventure Australie, Autrement* hors série 7 : 130-183, 1984.

un gisement d'uranium où, avec ses cousins de la tribu Kokatha, il avait campé pendant trois semaines afin de marquer leur opposition à la destruction de dix sites de Rêve. A quelques kilomètres de là, un rassemblement d'écologistes blancs manifestait contre l'exploitation de l'uranium. Ils n'obtiendraient satisfaction qu'en partie. L'Australie est si riche en uranium que ce gisement allait seulement être préservé pour une exploitation ultérieure.

L'atmosphère à Alice était un peu tendue. Il y avait différentes factions de Blancs travaillant avec les Aborigènes et les autres qui les méprisaient en bloc. Pour être accepté des premiers, il fallait montrer qu'on était coopté par les Aborigènes. Ma situation était ambiguë. Je tentai une réhabilitation, le ventre serré par l'angoisse et l'espoir. Souhaitant refaire un long travail sur le terrain à Lajamanu, je demandai un permis d'une semaine pour en discuter avec les Warlpiri.

Quatre jours passèrent et j'obtins l'accord de les visiter. Je fus déposée à Yuendumu, la communauté des Warlpiri du Sud. Une étudiante française, Françoise, venait de s'y installer. Quand elle était venue me voir à Paris avant d'obtenir une bourse australienne, Françoise ne se doutait pas qu'elle se retrouverait chez les Warlpiri. Ces derniers trouvaient ça drôle : ils étaient les seuls Aborigènes "spécialisés" dans les anthropologues françaises.

Je vis à Yuendumu quelques Aborigènes apprendre à se servir d'un ordinateur pour constituer une encyclopédie warlpiri sous la direction d'une linguiste*. Françoise me prévint qu'une autre linguiste avait été engagée à Lajamanu pour diriger un *Literacy Centre*, centre littéraire où étaient réalisés des manuels scolaires en warlpiri ; en outre, l'école avait une nouvelle directrice qui avait réuni une équipe de jeunes instituteurs très investis dans la culture aborigène. Cette évolution m'inquiéta un peu.

Lajamanu. Personne sur la piste d'atterrissage. Mon sac sur l'épaule, j'entrai dans le village désert. Il était midi, l'heure de la sieste. Une Blanche sortit d'un nouveau bâtiment surmonté de l'inscription "*Literacy Center*". Je l'abordai : c'était la directrice de l'école. Elle me dit qu'elle avait entendu parler de moi mais ne pouvait m'adresser la parole tant que je n'aurais pas vu le conseil. Malaise : la paranoïa des Blancs d'Alice me poursuivait jusqu'ici.

J'attendis donc dans le bâtiment vide du conseil. Finalement, l'imposant maire arriva avec un grand sourire :

"Nous allons bientôt voir ton pays ! Raconte comment c'est."

Je lui parlai de la France. Les autres membres du conseil écoutaient, amusés. Je leur expliquai le nouveau projet de recherche que j'aimerais faire chez eux : recueillir les versions publiques des récits liés à la faune, à la flore et à toutes les choses

* M. Laughren, *Warlpiri Dictionary Project – Warlpiri Dictionary Entries: Fauna Domain; Flora Domain; Body Parts; Verbs*. Yuendumu : mimeo.

qui nomment les Rêves pour comprendre la relation entre le savoir rituel et le recours aux visions oniriques.

Les hommes me dirent que le passé était oublié, mais que je devais faire attention à ce que j'écrirais à l'avenir. Ils me rappelèrent que dans le fameux article du *Monde*, j'avais marqué que les Warlpiri préfèrent le camping aux maisons. Ce n'était pas juste, ils étaient de plus en plus nombreux à vouloir des logements, et pourraient-ils en obtenir à la suite de telles remarques ? Je devais me rendre à l'évidence que ces enjeux dépassaient mon utopie de nomade. Le conseil accepta que je voie avec les femmes si elles étaient d'accord pour que je revienne faire un long travail l'an prochain.

Je me dirigeai vers les camps. Un groupe de femmes m'interpellèrent. Je reconnus Paula, la femme du Jangala à la carte postale. Comment allait-il ? Toutes se turent et baissèrent la tête. Un frisson me parcourut : je compris qu'il était mort.

Une jeune fille tournait autour de nous à distance. Immédiatement, j'identifiai le visage de la fillette d'autrefois qui cherchait toujours si j'avais des poux : Mary Nungarrayi, ma petite "sœur", la fille de Vera. Je l'appelai. Elle s'immobilisa avec un air très pudique. Paula me poussa à la suivre. Pareille à un cabri, Mary avançait en courant et se retournait pour vérifier si je la suivais. Soudain, elle cria :

"Maman ! Maman ! C'est Nungarrayi !"

Assise par terre, Vera me pénétra d'un regard qui me serra la gorge et me fit fondre d'émotion.

A côté d'elle son inséparable sœur et coépouse Rachel me fixait en plissant les yeux. Elles étaient vraiment très belles, minces, longs cheveux noirs, tee-shirts décolletés et jupes droites. Nous nous embrassâmes. Des larmes coulaient sur les joues de Vera :

"Je n'étais pas là quand tu es venue. Et j'ai eu honte qu'on t'ait laissée partir. As-tu vu les missionnaires ? Il faut te réconcilier avec eux. Ils ont toujours le film de nos rituels. Maintenant que tu es là, nous allons pouvoir le voir."

Je me rendis à la mission et discutai longuement avec le couple de pasteurs baptistes. Je convins de mes erreurs passées et récupérai le film.

"Réfléchis bien, me prévint Vera. Il y a deux femmes que tu as connues et qui ne sont plus. Souviens-toi, cherche qui. Nous ne pouvons pas te dire leurs noms. Ils sont devenus *kumanjayi*. Quand tu auras trouvé, efface-les du film. Et alors seulement nous pourrons le regarder."

Je découvris ainsi que le traditionnel tabou sur le nom des morts s'étendait aussi aux représentations photographiques ou filmées des disparus. Toujours le même souci : ne pas peiner les endeuillés, ni risquer de retenir sur terre ceux qui doivent se dissoudre dans l'espace-temps du Rêve. Mais comment identifier les deux défuntes ? Il y avait tant de femmes et certaines, absentes aujourd'hui, pouvaient simplement être en voyage. On me mit sur la piste : il s'agissait d'une Nampijinpa et d'une Napurrurla.

En regardant les images, je devinai aussitôt, comme si de ne pas avoir vu ces deux femmes au camp avait créé un trou. A défaut d'une table de montage, j'avais pensé pouvoir noircir la pellicule. Mais l'une ou l'autre apparaissaient presque sur un plan sur quatre, et ça n'avait plus de sens. Les femmes acceptèrent que j'emmène le film et le passe l'an prochain, une fois remonté.

En attendant, les *businesswomen* me convoquèrent à leur camp. J'appris qu'elles avaient finalement obtenu non pas un camion mais une voiture pouvant contenir une quinzaine de personnes. Comme aucune ne savait conduire, un fils avait été appointé pour les promener. Mais elles n'en profitèrent que quelques mois. La voiture fut empruntée par des hommes qui eurent un accident, heureusement sans blessés graves. Patty Napanangka, qui était la *boss* de cette voiture, me montra une épave à la lisière du camp :

“C'est la voiture, peut-être qu'on pourra la réparer ?”

Ça semblait peu probable. Déjà elles parlaient d'autre chose :

“Tu nous as aidées à obtenir une voiture, maintenant il faut que tu nous aides à avoir un «musée» comme les femmes de Yuendumu.”

Elles voulaient un bâtiment pour entreposer leurs objets sacrés et me demandèrent d'en parler avec le conseil et les *topmen* de Darwin ou Canberra. J'acceptai. Le ton était donné à mon prochain séjour. Je pourrais revenir pour recueillir la “culture des Yapa”, mais à condition de servir d'intermédiaire aux femmes dans les démarches administratives.

D'abord, enregistrer leurs explications sur le "musée" et porter la cassette au conseil. A tour de rôle, une dizaine de *businesswomen* déclarèrent qu'elles voulaient ce bâtiment au milieu des camps à proximité du robinet d'eau.

Les hommes du conseil écoutèrent la cassette et acquiescèrent :

"Nous verrons ce qu'on peut faire avec le budget municipal de l'an prochain. Mais renseigne-toi de ton côté sur les possibilités de financement extérieur."

J'appris que Maddy Napangardi l'aveugle avait perdu son vieux mari et s'était remariée avec un Jangala, c'est-à-dire un de ses "fils" de peau et non un "époux" potentiel de peau Jampijinpa comme elle aurait dû. Ce type de mariage appelé *warrura*, "contre la Loi", provoquait toujours scandale et conflit. Dans son cas, les Jampijinpa avaient fini par se résoudre : Maddy était une importante *businesswoman* et une séductrice qui faisait peur par sa magie amoureuse.

Avec son nouveau mari et la famille d'un autre Jangala, ils s'étaient installés à Lullju, un site du Rêve Pluie situé à 15 kilomètres de Lajamanu. Son père Simon, *boss* de la cérémonie Kajirri, s'était, lui, installé à Parnta, la région du Rêve Galle d'Insecte où j'avais campé avec les *businesswomen*. Les deux endroits étaient devenus des *outstations*. Depuis peu, un Blanc était employé par le conseil pour gérer le budget alloué par l'Etat pour l'aménagement et l'entretien de ces nouveaux campements de brousse. Chaque *outstation* était approvisionnée une fois par semaine avec un stock de nourriture fourni par une subvention gouvernementale et les revenus personnels de ses membres. Je montai sur le tracteur d'approvisionnement pour rendre visite à Maddy l'aveugle.

Lullju était un campement tout à fait rudimentaire, à part son éolienne. Il n'y avait pas encore les maisons préfabriquées et les jardins qui fleuriraient par la suite. L'aveugle me raconta comme elle avait aimé les marrons glacés que je lui avais envoyés car elle voulait goûter une nourriture d'arbres de mon pays. Elle avait aussi apprécié de faire brûler les morceaux de charbon qui accompagnaient les friandises. Elle me dit qu'il faudrait fournir cela en grandes quantités à Lajamanu car il devenait de plus en plus difficile de trouver du bois à proximité.

Je lui retraduisis en pidgin un article que j'avais écrit en anglais sur les cordes de cheveux*. Le conseil m'avait demandé de faire ainsi part aux femmes de ce que j'écrivais. Mais je m'aperçus à quel point il était difficile de traduire mon jargon scientifique pourtant inspiré par les données warlpiri. Etrange paradoxe que rencontrent bien des ethnologues. Maddy s'amusait beaucoup :

"Je devrais aller expliquer aux gens de ton pays qu'ils se trompent lorsqu'ils appellent «cousins» et

* B. Glowczewski, "Death, Women, and «Value Production»", *Ethnology* 22(3) : 225-239, 1983.

non «frères» les enfants de leurs oncles paternels… Cette fois, ce sont nos hommes qui vont venir dans ton pays. Mais la prochaine fois, il faut que tu fasses inviter des femmes…”

LES WARLPIRI A PARIS

Septembre 1983. Douze hommes warlpiri arrivaient à Paris. Pendant une semaine, à l'abri de tout témoin, ils travaillèrent au musée d'Art moderne. On leur avait livré du sable rouge qui recouvrait une immense salle de l'ARC et ils exécutèrent dessus une fresque avec du kapok blanc et des méandres rouges qui joignaient deux cercles : le Rêve Python *pirntina* reliant le site Jurntu "Calcaire" à un autre site sacré. La veille de l'inauguration, un dîner fut organisé au musée pour eux et les journalistes. C'est là que je les retrouvai. Ils me présentèrent aux organisateurs de l'exposition, annonçant fièrement qu'ils connaissaient déjà quelqu'un à Paris. Moi, j'avais l'impression de vivre dans un rêve.

"Nous avons accepté de faire cette peinture pour faire alliance avec les Français."

Les journalistes eurent du mal à comprendre. La plupart d'entre eux n'avaient pas pris la peine de lire dans le catalogue ou sur le mur la longue déclaration mesurée mot par mot par les anciens pour présenter le contexte culturel de cette peinture. Ils hésitaient entre prendre ces vedettes imperturbables pour des artistes ou des vestiges de l'âge de pierre déguisés en hommes modernes.

Certains disaient A*r*borigènes comme si ce *r* évocateur d'une population vivant dans les arbres s'insinuait dans l'inconscient, en lieu et place du préjugé révolu que les indigènes d'Australie représenteraient quelque chaînon manquant entre l'homme et le singe. Les soi-disant sauvages désorientaient. Ils se comportaient comme de grands seigneurs, inaccessibles, ironiques et pourtant bienveillants à l'égard de ceux qui les harcelaient de questions.

Trois semaines d'affilée, le soir, les Warlpiri dansèrent au théâtre des Bouffes du Nord, le visage et le corps couverts de duvet collé et de motifs peints en rouge. Trois d'entre eux restaient assis en cercle pour chanter et battre la mesure avec leurs boomerangs. Ça ne durait qu'un quart d'heure, une sorte de mime étrange presque au ralenti. Les danseurs étaient âgés, et leur marche dansante, autour de l'homme qui à genoux se traînait au sol avant de succomber sous les lances, désarçonnait la plupart des spectateurs. Que signifiait cette danse sacrée ?

La brochure disait que la scène dansée avait été révélée en rêve dans les années soixante : la victime représentait un gardien du site Jurntu qui, dans les années trente, se battit avec ses frères car, au lieu d'attendre ces derniers pour célébrer le deuil d'un de leurs neveux, il s'était enfui en emportant pour lui seul les cheveux coupés du défunt. Pourquoi était-ce sacré ? Parce qu'il s'agissait d'une chose du passé qui s'était intégrée au patrimoine mythique et à la mémoire du site Jurntu associé au Rêve Python, comme la fresque. Le fait divers historique était devenu un mythe en étant réélaboré en rêve, retraduit en une danse, des peintures et des chants.

Aussi déroutante était la prestation des vingt hommes et femmes de terre d'Arnhem, tous très jeunes, le visage peint. La trompe *didgeridu* les accompagnait, et toutes les minutes ils s'arrêtaient en un silence impressionnant, pour reprendre leurs sautillements d'un pied sur l'autre qui illustraient à chaque fois un Rêve différent. Fragilité et agilité des corps qui suggéraient les animaux et les oiseaux d'un autre monde.

Certains soirs, une partie de l'audience s'offusquait des applaudissements que d'autres tentaient de lancer entre les séquences. Les danseurs de terre d'Arnhem s'en étonnèrent : les applaudissements étaient le seul signe – notre convention – d'une participation du public qui chez eux se manifeste par des exclamations d'encouragement et même des rires. Ils trouvaient étrange que leurs gestes, sous prétexte d'être sacrés, appellent le silence conventionnel de nos églises.

Des journalistes s'enchantèrent de la modestie de ces danses qui prouveraient la "primarité" des Aborigènes. Mais que dirions-nous si la culture occidentale était jugée sur un bout de spectacle de Bob Wilson et un tableau de Mondrian ? L'étranger qui n'en connaîtrait rien d'autre pourrait se dire : ces gens ne savent peindre que des carrés et ils n'ont jamais pensé à danser autrement qu'en répétant sans cesse les mêmes mouvements. On lui répondrait : mais il y a l'histoire derrière tout ça, celle de l'art, de la peinture, de la civilisation qui donne une richesse à cette pauvreté apparente.

Les Aborigènes avaient précisément accepté de venir en France pour montrer qu'ils ont aussi une histoire, une civilisation, sans lesquelles danses et peintures n'ont pas de sens. A chaque nouvelle génération, il faut des années d'initiation et d'apprentissage pour les comprendre. Mais les journalistes ne furent pas invités à la table ronde franco-australienne où un homme de terre d'Arnhem et l'imposant maire de Lajamanu se relayèrent pour expliquer que ce qu'ils étaient venus présenter est un signe vivant de leur culture.

Nouveau malentendu. Un professeur souligna que l'anthropologie était en train de découvrir le rôle de la création dans les sociétés traditionnelles – et que les artistes de là-bas avaient peut-être les mêmes problèmes que les nôtres.

"La création n'a pas le même sens chez nous que chez vous, répliqua le maire warlpiri. Si quelqu'un rêve une peinture ou un chant qui ne sont pas liés à sa terre, il n'a aucun droit sur ce rêve mais doit le livrer aux gardiens de la terre concernée qui en font ce qu'ils jugent bon."

Le Warlpiri précisa qu'il ne suffit pas de rêver pour enrichir le patrimoine. Il faut l'assentiment des autres. Une vision onirique n'est attestée comme "vraie" qu'à condition d'être liée aux formes picturales et narratives qui, elles, sont transmises telles quelles depuis des centaines de générations. Alors que l'homme du désert nous faisait une leçon de philosophie warlpiri, l'ordre habituel des rôles sembla soudain s'inverser. Claude Lévi-Strauss, invité à répondre, dit en toute humilité :

"Les signes produits par ces cultures sont moins à interpréter qu'à partager..."

Pendant tout leur séjour à Paris, les Warlpiri cherchaient justement à partager nos propres signes. Ils étaient impressionnés par le contraste entre les villes australiennes si jeunes et Paris qui témoigne d'un si lointain passé :

"Pourquoi les Européens ont-ils quitté tout ça pour venir chez nous ? Penser que tant de générations ont vu le même ange doré sur cette place (du Châtelet), ça fait quelque chose de se sentir là."

Habitués aux maisons de bois ou de tôles, les bâtisses en pierre les frappaient. Je leur racontai l'histoire de cette Africaine qui, arrivée chez une copine vivant sous les toits, décida de se construire une chambre au-dessus. Elle pensait que les immeubles s'élèvent d'étage en étage au gré des nouveaux habitants. Les Warlpiri éclatèrent de rire :

"Nous, on a cru que le long de chaque rue c'est une seule maison qui s'étend !"

Logés à l'étage dans un centre universitaire, ils trouvaient bizarre de vivre sur la tête d'autres gens et s'installaient quand ils pouvaient aux terrasses des cafés :

"C'est comme chez nous, on prend le temps de voir passer les gens. Les Français montrent beaucoup plus leurs sentiments que les Blancs en Australie. Et ces Noirs sont différents de nous…"

Ils s'amusaient beaucoup à observer dans les embouteillages les prises à partie des conducteurs. Trouvant curieux qu'on puisse s'énerver pour si peu, ils conclurent qu'à vivre ainsi sans espace il y avait de quoi devenir fou. Je ne pouvais m'empêcher de penser que leur première vision de Paris résumait à sa façon les citadins : avant de voir de près des baguettes de pain, ils avaient cru que les Parisiens se promènent un bâton à la main ! Ils étaient très sensibles aux tensions qui régnaient entre les organisateurs, français ou australiens, qui s'agitaient autour d'eux :

"Ils se serrent la main comme s'ils étaient les meilleurs amis, mais pour faire leur *business*, ils deviennent des ennemis. C'est l'inverse de chez nous, notre *business* consiste à faire la paix et effacer les conflits éventuels."

Choqués par les clochards dormant sur les trottoirs ou dans le métro, ils ne comprenaient pas que le gouvernement ne puisse leur donner des maisons. Après quelques explications sur notre société, un jeune de terre d'Arnhem remarqua d'un ton malicieux :

"Le jour où ce sera comme ça en Australie, nous aurons toujours la brousse pour nous loger et nous nourrir…"

S'étonnant qu'un billet de 50 francs vale moins que 50 dollars, les Warlpiri me demandèrent pourquoi les Français n'utilisaient pas des dollars qui leur permettraient d'acheter plus. J'essayai d'expliquer mes pauvres rudiments d'économie et le maire warlpiri conclut :

"OK, les Français sont comme nous, ils veulent le self-management de leurs affaires..."

A la sortie d'un spectacle, alors qu'ils étaient encore en tenue de scène, recouverts d'une couverture et près de partir dans le car qui les ramenait au foyer, je leur présentai mes parents. Ils voulurent tous leur serrer la main. Et le maire dit gravement à mon père en anglais :

"Ne vous inquiétez pas pour votre fille, nous prenons soin d'elle chez nous..."

Un dimanche, nous nous promenions dans la forêt de Fontainebleau. Ils cherchaient des traces d'animaux sur le sable et s'attristèrent de voir les arbres "morts". Ils ne voulaient pas croire que de nouvelles feuilles y repoussent chaque année car ils ne voient pas comme "morts" les arbres secs de chez eux qui se couvrent de fleurs après chaque saison des pluies. Soudain, un Warlpiri ramassa une feuille de chêne :

"Mais c'est comme à Kulungalinpa, un chêne du désert !"

Curieusement, ces hommes que l'on voudrait plus proches de la nature que nous préférèrent à la forêt les parcs de Versailles et de Saint-Germain-en-Laye. Ils avaient remarqué la similitude de l'organisation quadrillée des allées et des taillis de ces châteaux inhabités. Cela leur évoqua leurs dessins géométriques d'itinéraires reliant les sites :

"Quelle est l'histoire sacrée de ces motifs tracés au sol ?"

Je leur expliquai qu'il s'agissait du style des anciens jardins à la française et que les labyrinthes de buissons reprenaient parfois la tradition des parcours damés des cryptes de certaines églises.

"OK, tu ne veux pas nous répondre parce que c'est secret..."

Visitant la collection australienne du musée des Arts africains et océaniens, un danseur de terre d'Arnhem fut très heureux de reconnaître des peintures d'animaux du style dit à "rayons X" faites sur écorce par son grand-père : elles avaient été recueillies dans les années cinquante par Karel Kupka, un artiste d'origine tchèque, premier chercheur français qui fit du terrain chez les Aborigènes*.

Les Warlpiri en revanche découvrirent des pierres gravées, collectées dans les années trente et relatives à des cycles rituels qu'ils partagent avec d'autres tribus du désert. Ils se regardèrent, consternés : ces objets sacrés ne devaient pas être montrés. Suivant l'exemple d'un récent mouvement muséographique, le conservateur leur proposa une restitution. Plus tard, après une longue discussion, les Warlpiri décidèrent que cela n'avait pas de sens. Ayant été exposées, les pierres n'étaient plus secrètes. Par ailleurs, si les gardiens héréditaires de ces objets les récupéraient, ils se verraient accusés au nom de leurs pères de les avoir laissés partir. La responsabilité rituelle avait suffisamment d'implications politiques complexes pour qu'on

* K. Kupka, *Peintres aborigènes d'Australie*, Publication de la Société des océanistes (musée de l'Homme), 1972.

ne les envenime pas par de douloureux souvenirs. Ils finirent par déclarer solennellement :

"Nous avons les mêmes objets sacrés que nous utilisons encore aujourd'hui. Les Français peuvent conserver ceux qu'ils ont en échange de l'accueil qu'ils nous ont fait."

La veille de leur départ, les trente-deux Aborigènes furent invités à l'ambassade d'Australie pour une soirée-vernissage de peintures sur toile de Papunya, une communauté du désert où quelques Warlpiri cohabitent avec des Pintupi et des Luritja. Les Warlpiri reconnurent immédiatement dans les signes en pointillé qui couvraient les toiles les motifs représentant les itinéraires du Rêve Kangourou ou du Rêve Emeu qui, traversant leur territoire, les unissent aux tribus voisines.

Emus de retrouver ces images de là-bas, ils s'écartèrent bientôt de la foule des visiteurs. Une tristesse insoutenable traversa leurs yeux enfoncés : selon eux, certains motifs trop secrets ne devraient pas être ainsi livrés au public. Eux-mêmes ne peignaient pas encore sur toile avec des acryliques. Ce mouvement, impulsé quelques années auparavant par un Blanc qui avait fourni le matériel aux Aborigènes de Papunya, commençait toutefois à se répandre : à Yuendumu, les anciens venaient de peindre leurs Rêves ancestraux sur toutes les portes de l'école*.

* Warlukurlangu Artists, *Kuruwarri: Yuendumu Doors*, Canberra, Australian Institute of Aboriginal Studies, 1987 ;

Au milieu de la frénésie générale, un Warlpiri s'assit par terre et, baissant la tête sous son chapeau de cow-boy, dit tristement :

"Ils parlent, parlent, on dirait des oiseaux."

Je découvrirais plus tard que c'est par un certain oiseau que les ancêtres des clans Varan apprirent à parler. Mais dans la bouche du Warlpiri cette remarque n'était pas un compliment.

P. Sutton, ed., *Dreamings: the Art of Aboriginal Australia*, New York, The Asia Society Galleries in association with Braziller Publications, 1988.

Rêves Hibou et Homme Initié, 1988.
Peinture sur toile à l'acrylique, 130 x 184. Paddy Japaljarri Gibson. Carte symbolique de quatre sites sacrés aborigènes (Mirirrinyangu, Kulungalinpa, Purdajirri, Kirriwaralyi) associés aux peuples ancestraux Hibou et Homme Initié. (Photo Barbara Glowczewski)

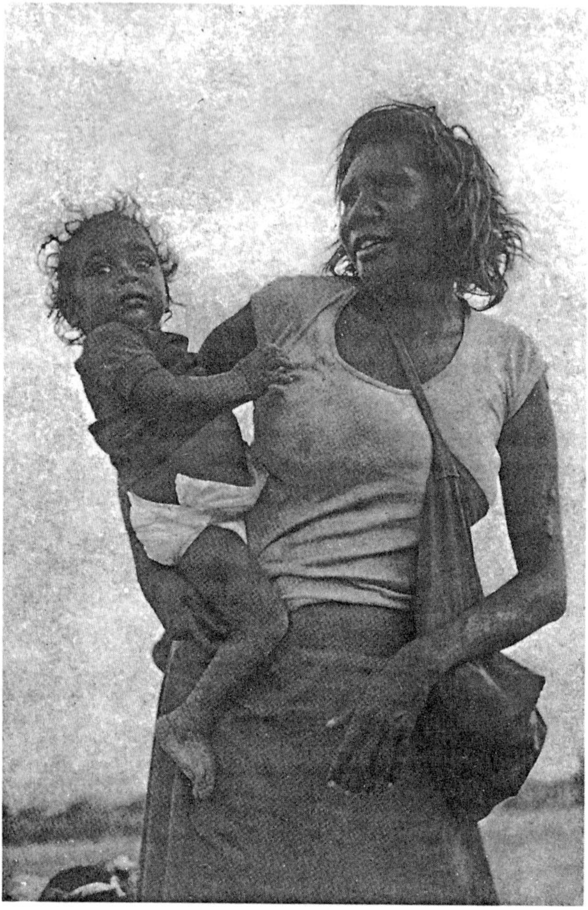

Toutes les photos illustrant ce livre sont de l'auteur.

Paie ou allocation, presque tout est joué aux cartes.
Les gagnants nourrissent les perdants.

Lorsque les femmes font leur business (les rituels).
Les peintures correspondent à des *Jukurrpa*, "Rêves",
c'est-à-dire des mythes, des totems et des ancêtres.

Rêve Prune Noire

Rêve Feuille à Sucre

Rêve Lance

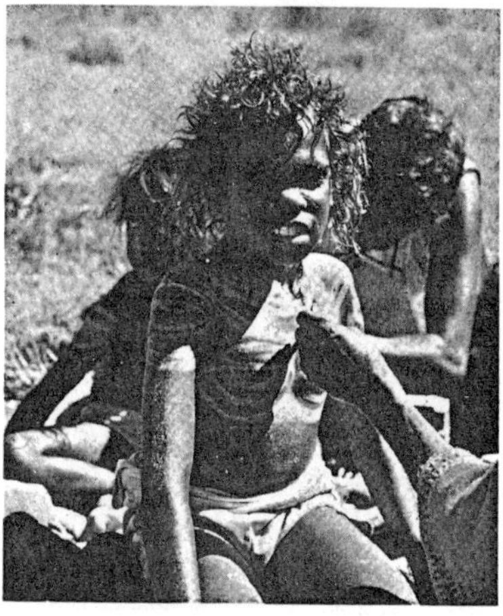

Rêve Pluie du site Kamira

Rêve Pluie du site Lungkardajarra

Rêve Haricot Sauvage

Rêve Perruche Verte

Rêve Igname

Rêve Femme et Bâton à Fouir

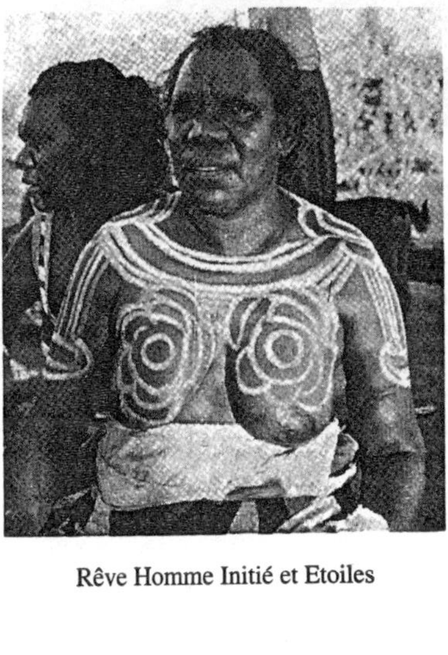

Rêve Homme Initié et Etoiles

Cérémonie féminine de fin de deuil.
Les porteuses des tablettes sacrées peintes du Rêve Varan sont en train de mimer un épisode des épopées ancestrales. Le piquet planté fait voyager les danseuses dans l'espace-temps du Rêve.
Après la danse, les couvertures seront offertes en guise de don rituel aux hommes concernés par le décès.

Les enfants apprennent à marier les rites warlpiri
avec les jeux occidentaux.

QUATRIÈME PARTIE

UNE MAISON DE FEMMES

Mars 1984. Installée à Lajamanu depuis trois semaines dans un bungalow de la mission, je dus laisser la place à un pilote nommé par les autorités baptistes. Pas question de camper alors que de plus en plus de Warlpiri habitaient des maisons. Je repérai une baraque abandonnée. Le conseil accepta, contre loyer, de m'y rebrancher l'eau et l'électricité.

A l'origine, il s'agissait d'un cinq-pièces avec coin cuisine et salle d'eau. Mais les derniers locataires, deux Blancs ouvriers en bâtiment, avaient sérieusement endommagé l'endroit avant d'être interdits de séjour pour abus de spiritueux. Après leur départ, toutes les cloisons de séparation des pièces furent abattues et les enfants s'amusaient dans cet immense hangar. Finalement, l'espace n'intéressa plus qu'un troupeau de chèvres en liberté qui s'y réfugiaient à l'abri du soleil.

J'étais plutôt satisfaite. Avec ses cloisons intérieures abattues, une partie des fenêtres bouchées par des tôles et le sol couvert de dalles en lino, mon nouveau logis ressemblait à l'un de ces lofts prisés à Paris ! Les femmes trouvèrent qu'il ferait un *jilimi* idéal. Je ne fus guère consultée pour savoir qui s'installerait dans ce nouveau camp des femmes. Les futures occupantes vinrent d'elles-mêmes m'aider à nettoyer la maison et débroussailler le jardin :

"Tu ne peux pas vivre seule. Si tu n'avais pas de maison, tu aurais campé avec nous", me dit Paula Nungarrayi, ma "sœur", veuve du Jangala à la carte postale.

La suivirent quatre autres femmes qui campaient avec elle depuis deux ans avec une dizaine d'enfants : deux grands-mères Nungarrayi, une Napangardi veuve, ma "belle-mère", et une Nakamarra divorcée, ma "mère". Notre ameublement se réduisait au strict minimum : des matelas et des couvertures. Les femmes cachaient leurs objets sacrés dans un bac de pierre à l'entrée de la maison. Je squattai le coin cuisine pour y poser ma machine à écrire et mes papiers. Les enfants n'y touchaient pas. Bientôt, la plus jeune fille de Paula amassa ses dessins d'école dans le four de la cuisinière qui ne marchait pas. Sur les murs peints de couleurs criantes, nous collions au fur et à mesure des dessins, des cartes postales et des photos.

Très vite, notre maison devint une plaque tournante aux allées et venues incessantes, faisant partager à tous aussi bien les joies que les drames les plus intimes. Parfois s'y réfugiaient de jeunes mariées qui fuyaient un conflit conjugal. J'appris à n'être jamais seule et toujours disponible aux demandes des uns et des autres. Ce ne fut pas facile mais, petit à petit, un mode de vie s'instaura, qui fit de cette cohabitation à porte ouverte une solution idéale.

Dès le lever du jour, un feu était allumé dans la cour pour chauffer un grand seau de thé. Des hommes de tous âges, mariés ou non, s'y arrêtaient pour la causette ou le petit déjeuner. Dans la journée, des femmes défilaient pour profiter de la salle d'eau ou d'une vieille machine à laver. Bien des visiteuses aimaient à passer des heures à l'ombre de notre enclos. Certaines se déplaçaient exprès pour me raconter des histoires ancestrales.

Vera avait accepté de m'aider pour le décryptage des bandes enregistrées de mythes et de chants. Au fil des jours, ce travail tissa entre nous une profonde amitié. Les choses les plus inexprimables pour l'une comme pour l'autre semblèrent traverser la barrière culturelle qui nous séparait. Vera venait presque chaque matin. A midi, pareil à un ouragan, arrivaient de l'école ses enfants et leurs petits cousins et copains. Nous improvisions un repas que je cuisais dans un grand plat chauffant. Après leur départ, nous continuions à travailler jusqu'à l'ouverture du magasin où Vera rejoignait sa famille. A la fermeture vers 5 heures, les dames de la maison posaient un cadenas sur la porte pour empêcher les chiens et les enfants de fureter dans les provisions. Nous allions au camp du terrain cérémoniel des femmes pour d'éventuels rituels *yawulyu*.

Nous rentrions à la nuit tombée, assaillies par les enfants qu'il fallait nourrir. Parfois, il n'y avait rien à mettre dans la casserole et les gamins partaient vers d'autres camps. Souvent, un fils ou un frère accompagnés de leurs enfants venaient chercher à manger. En échange, ils nous ramenaient régulièrement de la chasse un kangourou, un émeu, une dinde sauvage ou un *killer,* bœuf devenu sauvage après que les Warlpiri eurent cessé d'élever le bétail de la réserve. Ces viandes, très prisées, étaient grillées ou cuites dans une fosse creusée sous le foyer.

Tard le soir, pendant que j'écrivais mon journal ou rédigeais à la machine les transcriptions de la journée, les femmes veillaient dehors près du feu ou jouaient aux cartes à l'intérieur. A défaut d'argent, elles misaient leurs vêtements. Quand toutes les lumières étaient éteintes, au milieu des chuchotements, des rires et des soupirs endormis, je sentais chaque jour davantage que je m'attachais à cette drôle de vie de famille.

Lorsqu'il n'y avait plus rien à manger, plus de lessive, plus de bois, plus de balai, plus d'argent et que les enfants couraient dans tous les sens, j'avais l'impression que mes compagnes devenaient des petites filles dont j'aurais été la grand-mère. Si j'entreprenais de calmer les enfants et de nettoyer le sol couvert d'ordures, elles répétaient, mi-amusées, mi-découragées : "*wiyarpa*", expression warlpiri d'apitoiement sur soi ou les autres. Mais le lendemain, c'est moi qui devenais une gamine impotente alors qu'elles me faisaient une galette ou me ramenaient un varan en précisant avec une ironie gentille que je ne savais pas cuire le pain ou chasser.

Le contraste entre une telle sollicitude et des vagues de laisser-aller faisait partie de l'art de vivre warlpiri. Personne n'est jamais tenu pour responsable. La collectivité absorbe en toute aisance les crises d'apathie, de colère ou même de délire de n'importe lequel de ses membres. Par contre, chacun doit faire face à tour de rôle à la demande de prise en charge par les autres. Evidence du don.

On ne disait jamais "merci" ni "s'il vous plaît", mais "donne" et on prenait. Celui qui refuserait de donner serait très déconsidéré, la seule excuse étant de ne plus rien avoir. Alors on prêtait en sachant sciemment que la voiture reviendrait cassée, car elle allait servir à une virée de cuite, ou que le magnétoscope ne reviendrait pas car il continuerait à circuler de maison en maison jusqu'à usure.

Au début, je m'énervais lorsqu'une de mes compagnes donnait toute sa pension à un parent qui voulait faire une grosse mise aux cartes. Mais lorsqu'un jour toutes les couvertures de la maison disparurent, distribuées à droite et à gauche, comme les femmes je baissai les bras et je ris. Ne me souciant plus de manger avec les doigts dans une boîte de conserve en guise d'assiette, j'attendais que les gamins brandissent fièrement des bols et des fourchettes amassés chez d'autres. Cette circulation des biens matériels et le détachement de la propriété privée finirent par m'apparaître comme la manière même dont les Warlpiri maintenaient une certaine cohésion sociale et une identité tribale.

Un homme en colère s'approcha de la maison. Paula m'attrapa par le bras et me dit de faire ce qu'il me dirait. Il m'ordonna d'ouvrir la porte. Pourquoi voulait-il entrer alors que nous étions tous dehors ?

"J'ai le droit de prendre la fille qui m'a été promise !" lança l'homme.

J'appris qu'en notre absence Juliett, une fille de Paula âgée de treize ans, s'était réfugiée dans la maison. Devais-je laisser cet homme en furie emmener la petite fille ? Sa mère m'avait dit d'obéir. J'acceptai d'ouvrir à condition de pouvoir d'abord parler avec elle. Je savais que les Blancs ne devraient pas intervenir dans les affaires aborigènes mais, à force de vivre avec ces femmes et ces enfants qui m'appelaient "maman", je ne savais plus très bien quelle était ma place.

"Si vous ne sortez pas toutes les deux dans dix minutes, j'enfonce la porte, je suis dans mon droit..." me prévint le prétendant menaçant.

J'entrai accompagnée de la fille de Vera, Mary, qui connaissait bien ce genre de situation. Elle aussi venait de résister au fiancé qui l'avait revendiquée, mais elle avait dû se soumettre au consensus familial. Je bloquai la porte derrière nous avec un loquet. L'immense pièce était vide. Personne non plus dans la salle d'eau. Mary me montra du doigt le mur percé qui donnait sur un petit réduit où les femmes entreposaient leurs réserves de farine et de graisse. Par ce trou, seuls les chiens et les gamins pouvaient passer. Les femmes accédaient au réduit de l'extérieur grâce à une porte dont elles gardaient la clef.

Je m'approchai du trou. Impossible de distinguer quoi que ce soit dans l'obscurité, mais je perçus le souffle d'une respiration hachée. J'appelai doucement la fillette. Longues minutes de silence, puis :

“J'ai un couteau... S'il approche, je le tue comme il a tué mon père...”

Elle éclata en sanglots. Que dire ? Son père était mort dans un accident de voiture à l'issue d'une beuverie collective à la station d'essence de Rabbit Flat. Aucun témoin n'avait été vraiment capable de décrire ce qui était arrivé, ni même d'identifier qui se trouvait au volant. Le père de Juliett aurait été écrasé à la suite d'une bagarre. Accusait-elle tous les complices de la beuverie d'être responsables de sa mort ? Sa voix haletante répétait inlassablement :

“C'est un meurtrier... un meurtrier...”

Je lui parlai de son père qui l'aimait et était respecté de tous. Elle finit par se rapprocher de la cloison. Je passai la main à l'intérieur pour l'attirer vers moi et la serrer dans mes bras. Elle tremblait, secouée de spasmes qui raidissaient son petit corps recroquevillé.

“Personne ne me fera sortir de cette niche, j'y resterai comme un chien. Ce n'est pas moi la promise de cet homme. Je suis promise à un autre...”

Je décidai d'appeler sa mère pour éclaircir cette histoire de promesse. J'entrouvris la porte et Paula entra, métamorphosée. Disparue la femme de tout à l'heure qui semblait résignée au destin.

"Ma fille est encore trop jeune pour se marier", dit-elle d'une voix à la fois tendre et farouche.

Je lui annonçai que, dans ces conditions, j'étais prête à prendre sur moi la responsabilité de ne pas laisser partir Juliett. Paula s'en alla et je refermai la porte. Mary souleva discrètement le tissu qui faisait office de rideau et annonça avec un cri de joie :

"Le Japangardi vient de partir !"

La jeune "promise" sortit de sa cachette. Je lui demandai si elle avait faim. Elle ouvrit aussitôt une boîte de corned-beef, une autre de betterave et mangea sans dire mot. Je lui montrai des exercices d'école que des enfants avaient déposés sur ma table. Prenant une feuille avec un dessin de poisson, Juliett s'installa par terre pour le colorier, semblant avoir tout oublié. Difficile d'imaginer que cette même fillette serrait tout à l'heure un couteau pour se défendre. Arriva sa petite sœur âgée de sept ans qui me dit fièrement :

"Tu sais comment Juliett a échappé au Japangardi ? Elle est montée tout en haut de l'arbre du jardin pour sauter sur le toit, elle a couru de l'autre côté de la maison pour redescendre par la gouttière et s'est glissée à l'intérieur entre les barreaux de la petite fenêtre des toilettes !"

L'acrobate regarda malicieusement sa cadette et toutes deux éclatèrent de rire. Elles allèrent dans le réduit obscur pour y jouer. Le drame semblait complètement terminé. Je sortis pour m'entretenir avec la mère et les autres femmes réunies dehors. Elles affirmèrent toutes que Juliett était bien promise au prétendant et qu'elle devrait le suivre un jour ou l'autre. Avait-il "tué" son père ? Juliett avait dit "*kill*", terme anglais qui, pour les Aborigènes, a la même ambiguïté que le mot warlpiri signifiant soit "tuer", soit "frapper".

"Ne crois pas ce que dit ma fille, me répliqua Paula en colère, il y a déjà eu *«payback»*..."

Pour les Aborigènes, l'expression anglaise "*payback*" signifie "règlement de comptes", soit par des cadeaux rituels, soit par une condamnation à mort. Traditionnellement, tout individu qui ne mourait pas de vieillesse était vengé par une expédition punitive ou une pratique de sorcellerie visant le "coupable". Ce bouc émissaire était déterminé par divination sur le cadavre. Les Warlpiri évoquaient le cas de certains de leurs contemporains qui, ayant offensé la Loi, avaient été "chantés à mort" ou "pointés", voire même tués. La justice blanche fermait les yeux sur de telles affaires réglées par la Loi traditionnelle.

Je retournai dans la maison, suivie de Paula :

"Ne raconte pas d'histoires ! lança-t-elle à sa fille. Sinon il y aura du grabuge. Tu provoqueras un conflit général !"

Juliett jeta un regard de haine sur sa mère et la frappa. Paula lui retourna une claque et s'en alla sans un mot. Je n'avais jamais vu une mère frapper son enfant. Le geste signifiait qu'elle l'avait considérée comme une adulte. Une chose était claire : malgré toutes les rumeurs, la mort du Jangala était considérée comme "réglée" par les Warlpiri. Y avait-il eu des représailles qui ne devaient pas être ébruitées ? Ou bien la Loi warlpiri n'arrivait-elle plus à s'exercer ? Pas question de faire une enquête, je devais me soumettre à l'insondable de la société warlpiri.

Les *businesswomen* s'étaient réunies dans le grand bâtiment inauguré l'an passé pour accueillir les spectacles des artistes ambulants. Le cinéma en plein air avait disparu l'an passé avec l'apparition des magnétoscopes. Aussi avais-je transféré en vidéo le nouveau montage que j'avais fait de mon film sur leurs rituels. Elles s'amusaient énormément de se reconnaître sur l'écran après cinq années.

Soudain, les terribles lamentations de deuil déchirèrent la salle. J'arrêtai immédiatement le magnétoscope. On m'avait pourtant confirmé qu'aucune nouvelle femme n'était décédée parmi celles que j'avais filmées. La scène qui avait provoqué les pleurs montrait des garçons en fin d'initiation : j'appris que l'un d'eux s'était récemment tué dans un accident de voiture. Certaines spectatrices voulurent détruire la bande, tout comme elles déchirent les photos des défunts. D'autres les en dissuadèrent et me dirent de la garder :

"Lorsque nous ne serons plus, nos enfants ou petits-enfants aimeront voir ce film. Peut-être qu'alors il n'y aura plus de *business*."

Les Warlpiri commençaient à craindre la disparition de leur vie rituelle traditionnelle. Les filles refusaient de plus en plus souvent de suivre les hommes, parfois de trente ans plus âgés, auxquels elles avaient été rituellement promises en mariage. Les jeunes hommes n'attendaient plus la fin de leur initiation vers la trentaine pour se mettre en ménage avec une fille de leur âge ou une veuve plus âgée. Et les anciens, derniers témoins de la vie de brousse, hésitaient à transmettre aux jeunes les secrets ancestraux ou même les épisodes dramatiques du premier contact avec les Blancs.

Le conflit des générations éclata ouvertement lorsque les instituteurs organisèrent une projection vidéo de *Women of the Sun*, série télévisée mettant en scène quatre héroïnes aborigènes qui, à des époques différentes, se rebellèrent contre les mauvais traitements infligés à leur peuple par les colons. Le programme avait été applaudi dans touts l'Australie, mais à Lajamanu il scandalisa certains Blancs, et aussitôt de nombreux Warlpiri se rallièrent à eux sous le prétexte qu'il ne fallait pas ranimer les querelles du passé. Les jeunes, très impressionnés, pressèrent les anciens de leur raconter ce passé sur lequel ils avaient choisi de se taire.

Conséquence : les Warlpiri révisaient depuis peu leur pédagogie des trente dernières années. Comme les enfants apprenaient à présent à lire et à écrire en warlpiri dans le cadre d'un programme bilingue, les anciens acceptèrent que leurs histoires de vie et certains épisodes de Rêve soient mis par écrit dans les manuels scolaires. Ils savaient que quelque chose se perdait là car il n'y a pas une version unique à tous ces récits mais autant de versions que de contextes qui devraient être vécus pour acquérir un sens véritable. C'est face à ce dilemme qu'au fil des mois différentes femmes et aussi certains hommes allaient venir me raconter leurs itinéraires de Rêve pour que je les transcrive dans ma langue.

OPOSSUM ET LES HOMMES

A l'ombre de leur abri de feuillage, des *business-women* assises les unes contre les autres se peignaient la poitrine en chantant. Soudain, ma voisine se leva de terre et me fit signe de la suivre. Nous n'allâmes pas loin, juste à quelques pas où se tenait une belle Nangala en jupe rouge et tee-shirt imprimé. Deux autres chanteuses nous rejoignirent. Nangala tourna son regard dans la direction du camp de son mari. Malaise chez mes compagnes. Quelque chose de grave allait être dit. En quoi cela pouvait-il me concerner ?

Je ne connaissais pas très bien cette Nangala qui fréquentait depuis peu les rituels féminins. Mariée à un ancien pisteur de police beaucoup plus âgé qu'elle, ils n'avaient pas eu d'enfants. Le couple campait avec la famille d'un vieillard à lunettes très respecté pour son savoir rituel. C'est du vieux sage qu'elle parla :

"Jungarrayi a dit que le *yawulyu* que les femmes ont peint et dansé hier n'est pas correct..."

Elle dit cela avec la voix d'une petite fillc prise en flagrant délit car elle aussi avait participé au rituel *yawulyu* de la veille. Elle ajouta que les hommes étaient mécontents et qu'il allait y avoir du grabuge. Se tournant vers moi, elle indiqua avec ses lèvres le carnet à dessin que je tenais à la main :

"Tu dois enlever les dessins que tu as faits hier des peintures corporelles, ne les montre à personne. Pareil pour les photos, oublie-les pour l'instant."

Nangala s'en alla. Mes compagnes ne lui avaient posé aucune question. Peu après, tout le groupe des *businesswomen* était au courant et s'arrêtait de chanter et de peindre. La situation était grave car les hommes ne se mêlaient jamais aux rituels réservés aux femmes.

"Si les hommes sont mécontents, nous pouvons nous attendre à des représailles... remarqua l'une d'elles. Peut-être nous interdiront-ils de faire le voyage prévu aux Granites ?"

Emoi. Plusieurs femmes se mirent à parler en même temps. Les vieilles observaient en silence cette effervescence.

"En quoi notre *yawulyu* n'était-il pas correct ? Nous avons dansé le Rêve Opossum pour le site sacré des Granites...

— Nous n'avons fait que nous préparer à ce voyage auquel les hommes nous ont conviées...

— C'est vrai, il est convenu que les femmes vont monter un *yawulyu* aux Kardiya de la compagnie minière pour qu'ils comprennent qu'ils ne doivent pas toucher aux rochers des Granites..."

Amy Nungarrayi se leva prestement, les mains ouvertes vers le ciel en signe de colère :

"C'est très bien de célébrer la terre des Granites. Mais moi, de toute ma vie, je n'ai jamais vu ces peintures et cette danse ! Je n'ai jamais entendu non plus les chants qui les accompagnaient ! Ce n'est pas un vrai *yawulyu* !"

Silence général. La discussion était close. Je finis par obtenir l'explication suivante : si les chants, les peintures et la danse Opossum étaient "inconnus", c'est qu'il s'agissait peut-être d'un savoir secret. Le lendemain, les anciens qui s'étaient réunis précisèrent leurs accusations : la célébration du Rêve Opossum était réservée aux hommes. Les femmes auraient une autre responsabilité rituelle liée au site sacré des Granites.

Aussitôt, Vera me convoqua à l'abri des femmes avec mon magnétophone. Elle voulait enregistrer une cassette de chants ancestraux pour montrer aux hommes que les femmes n'avaient pas oublié leur responsabilité rituelle. Fille aînée du plus grand des gardiens des Granites, elle était directement concernée par ce défi.

Pendant des heures, Vera guida un groupe de chanteuses, retrouvant des centaines de vers qui marquent, pas à pas, site par site, jusqu'aux rochers des Granites, la longue épopée de l'ancêtre Opossum. J'appris à cette occasion qu'Opossum alla chercher le peuple Prune Noire *yawakiyi* pour se battre contre son propre peuple Opossum. Si les hommes célébraient Opossum, les femmes devaient célébrer le peuple Prune Noire : répartition symbolique entre les sexes pour célébrer le même itinéraire de Rêve.

La cassette fut mise en circulation parmi les anciens. Le vieux Jungarrayi à lunettes s'émut à son écoute. Il souriait les yeux fermés, son visage s'animant à certains mots chantés. Il revivait le voyage des héros ancestraux. Ses deux épouses et les autres femmes qui l'entouraient se pinçaient la cuisse en signe de complicité. Il faisait nuit. Les enfants s'arrêtèrent de jouer pour venir écouter le vieillard :

"Opossum est mon prénom car je suis né d'un esprit-enfant de ce Rêve. Il a pénétré ma mère lorsqu'elle passait près des rochers des Granites. Je porte en moi les Images Opossum que j'ai reçues du père de ma mère. Il a voyagé avec le peuple Prune Noire. Sans lui, il n'aurait pu attaquer son propre peuple."

Ainsi confirmé le savoir que Vera avait acquis auprès des anciennes de son clan, elle gagna du prestige auprès de tous. Les vieilles firent remarquer que la jeune femme méritait leur enseignement car elle avait su attendre le moment propice pour montrer ce qu'elle avait retenu de ses années d'apprentissage. Vera fut bientôt sollicitée pour mettre en scène le rituel *yawulyu* correspondant à ces chants.

"Pour les peintures corporelles du Rêve Prune Noire, m'expliqua-t-elle, il faut utiliser, en plus de l'ocre rouge et de l'argile blanche, le noir du charbon de bois. S'il y a beaucoup de noir, c'est que le motif correspond à la fin de l'histoire, lorsque le peuple Prune s'est fondu en une immense marée noire qui a déferlé sur la terre."

Vera me précisa que, comme toutes les femmes de son clan, elle était née avec une marque de son Rêve : à chaque saison de pousse des prunes, lorsque le soleil devient brûlant, le pourtour de leurs lèvres noircissait. Quant aux hommes du clan Opossum, ils naissaient avec une courbure de la plante des pieds à l'image de ce marsupial. Alors qu'elle peignait sur l'épaule d'une femme un petit arc à l'intérieur d'un cercle, je lui demandai ce qu'il représentait.

"C'est l'empreinte d'Opossum, le père de Rêve de mon clan et des clans de peau Jupurrurla et Jakamarra. Dans la danse que j'ai apprise, il n'y a qu'une femme qui porte ce motif pour incarner Opossum : les autres danseuses sont peintes avec le motif Prune Noire."

Les peintures corporelles exécutées lors du rituel "incorrect" étaient composées de nombreux arcs-empreintes. C'est cela qui avait déplu aux hommes lorsqu'ils avaient vu revenir au foyer leurs épouses encore peintes. Ils considéraient que ces signes-empreintes leur étaient réservés.

Quelques jours plus tard, une trentaine de femmes, une dizaine d'hommes et autant d'enfants se mettaient en route à destination des Granites. Les femmes s'entassèrent sur les couvertures et les matelas, au milieu des bidons de sucre et de farine, dans un camion baptisé “Opossum”. Il provenait de la première compensation attribuée aux Warlpiri quelques mois auparavant par la compagnie minière qu'ils avaient autorisée à chercher de l'or à l'ancienne mine des Granites.

Je fus conviée à faire le voyage sur le plateau arrière de la Toyota de mon “frère”, le vieux Jungarrayi à lunettes. Tous les biens du camp familial y étaient empilés, je m'assis dessus avec quatre femmes et trois enfants. Au moment du départ, entre nos jambes superposées, deux chiens trouvèrent encore à se faufiler.

Devant nous, 300 kilomètres de pistes rocailleuses. Si tout se passait bien, il faudrait deux jours pour traverser le désert Tanami raviné par les eaux de ruissellement de la récente saison des pluies. La terre brillait d'un vert fluorescent, tachetée de petits points jaunes, rouges, violets, blancs, autant de pousses surgies des averses et de fleurs écloses sur les buissons. Nous étions en avril, un mois plus tard tout cela serait desséché au soleil et se fondrait dans les ocres de la terre.

Les nuits de cette saison commençaient à être froides. Nous avons campé sur le bord de la piste. Des feux furent allumés et, comme d'habitude, les femmes seules s'installèrent ensemble à l'écart des familles. Jusque tard dans la nuit, les campeurs se racontèrent des histoires pour rire ou frissonner. Les paroles volaient dans l'espace d'un bout à l'autre du campement.

Un jeune gardien des rochers des Granites, Hector Jupurrurla, rappela les affrontements qui se produisirent là-bas lorsque, voyant des prospecteurs blancs pour la première fois, les anciens leur demandèrent de quitter leurs terres. Les étrangers ne comprirent pas. Plus tard, opposant lances aux fusils, le lieu devint maudit*. Pendant des années, les Warlpiri n'y étaient pas retournés. Mais, chassés de leurs autres points d'eau par l'arrivée de colons éleveurs de bétail, ils s'étaient rapprochés de la mine d'or et certains avaient accepté d'y travailler contre quelques rations de thé, de farine et de tabac.

"Aujourd'hui, nous avons récupéré nos terres, continuait Hector. Si les Kardiya veulent recommencer à creuser, ils doivent nous payer. Grâce à cet argent nous pourrons installer des puits et des maisons près des Granites pour y vivre à nouveau. Nous organiserons notre propre école pour former nous-mêmes nos enfants qui seront fiers de leurs origines. Nous pouvons être indépendants en vivant du revenu des mines..."

Les yeux dans les étoiles, j'essayais d'imaginer l'avenir de ces authentiques aristocrates, peut-être les derniers de la terre. Notre société "postmoderne" était en train de les convertir en un peuple d'artistes. Je me disais : pourvu que la compagnie minière respecte leurs vœux, qu'elle ne touche pas aux rochers sacrés, qu'elle aménage des puits à eau aux endroits de leur choix, qu'elle leur fasse un contrat

* F. F. Baume, *Tragedy Track – The Story of the Granites*, Sydney, Johnson, 1933.

avantageux si elle trouve de l'or. C'était presque comme une prière adressée au Dieu de mon enfance ou peut-être aux esprits de Rêve qui protègent la terre australienne. Pourquoi ceux qui disaient appartenir à la terre autant qu'elle leur appartient ne pourraient-ils pas vivre en rentiers ?

Le jour se leva. Magie de la lumière. La terre s'étendait comme si l'horizon la tirait dans tous les sens. De petits feux crépitaient çà et là. Debout, enroulés dans leurs couvertures, des femmes et des hommes se chauffaient les mains ou le dos à la flamme. Les enfants partis explorer les environs revinrent en annonçant qu'ils avaient trouvé de l'eau. Elle stagnait entre les pierres d'un lit de sable à sec. J'aidai les femmes à y remplir quelques seaux qui furent mis à chauffer sur le feu pour le thé. L'eau bouillante infusée fut coupée avec de l'eau froide. Le thé circula de main en main, bu à même le seau, tiède et très sucré comme l'aimaient les Warlpiri.

Déjà les couvertures étaient roulées dans les bâches servant de tapis de sol, et jetées en vrac dans les véhicules. Quelques poignées de sable pour éteindre les feux et nous repartions. Devant, une plaine infinie, les arbustes avaient fait place à de hautes herbes jaune vif qui ondulaient au vent comme un champ de blé. Appelées spinifex ou "porc-épic", elles sont coupantes comme du métal et contiennent une résine inflammable qui servait autrefois de colle pour maintenir les pointes aiguisées sur les lances et les pierres taillées sur les haches de bois ou les propulseurs.

Nous avions quitté la piste pour rouler à toute allure au milieu des herbes, renversant des termitières de terre rouge. La voiture faisait des bonds, les femmes sursautaient en riant, les yeux fixés sur un point invisible. Comme dans un match de tennis, les têtes tournaient, anticipant sur les zigzags de la voiture. Un enfant chuchota à mon oreille :

"Kangourou..."

Il ne fallait pas parler. La voiture s'arrêta, un fusil sortit par la fenêtre et le coup partit. Raté ! Nous reprîmes la course folle. Nouvel arrêt, un autre coup de feu, puis deux, puis trois. La voiture embraya, plus lentement. Les femmes m'indiquèrent une trace de sang dans l'herbe. Le kangourou était blessé et la voiture le rattrapa. Il se figea quelques instants et nous regarda comme s'il voulait connaître le visage des chasseurs. Les hommes assis à l'avant ne tiraient pas.

Le kangourou rebondit sur une seule patte, s'aidant de sa longue queue. Le conducteur sortit de la voiture à sa poursuite, il ramassa une pierre et la lança. La bête s'écroula. Touchée à la tête, les yeux ouverts, elle s'agitait dans son sang. En criant de joie, les enfants l'achevèrent à coups de pierres et retournèrent la carcasse sur le dos. C'était une femelle. De sa poche, ils retirèrent une miniature de kangourou, sans poils, tout rose. Le bébé était vivant. Enchantés, les enfants se le passèrent de main en main. Dans un jour ou deux, bien que nourri, il mourrait pour avoir été sevré trop tôt. En attendant, il serait la mascotte du voyage.

La dépouille coincée entre les bidons et les couvertures, nous nous assîmes dessus. Il fallait rouler en profitant de la fraîcheur matinale, toute relative. Ma peau me brûlait déjà et le souffle du vent se réchauffait. A midi, d'immenses eucalyptus se dressèrent à l'horizon. Nous entrions dans le sous-bois d'un site du Rêve Perruche Verte. Ils étaient là, les petits oiseaux vert vif, virevoltant sans bruit de branche en branche. Nous descendîmes de la voiture.

"Le peuple Perruche Verte est venu ici pour initier ses garçons et ils ont perdu leurs plumes, expliqua le vieux Jungarrayi en montrant un immense marais. Ils étaient si nombreux qu'avec leurs plumes se forma un nid géant qui, lors de leur disparition sous terre, devint ce marais appelé Kartarda. Il est toujours approvisionné en eau car la pluie s'écoule dans une grotte secrète qui sert de réservoir pendant toute l'année. Perruche Verte est le Rêve de mon clan."

Le moment était venu de préparer le kangourou. Un homme le vida de ses intestins par un tout petit trou qu'il referma ensuite avec un bâtonnet. Des femmes se relayèrent pour creuser une profonde fosse sur le bord de laquelle elles allumèrent un immense feu. Jetée dans les hautes flammes, la carcasse fut retournée à plusieurs reprises jusqu'à ce que tous les poils soient carbonisés. Alors la queue et les pattes avant furent coupées à la hache et le reste du gibier fut lancé dans la fosse et recouvert de braises. Sur le tas on déposa les parties coupées, les saupoudrant de cendres brûlantes.

Au bout d'une heure, la queue et les pattes étaient cuites. Chacun y mordit à tour de rôle. Une heure encore avant que le reste de la viande soit retiré de la fosse et découpé sur des feuilles étalées sur le sol. Les enfants distribuèrent de grands morceaux aux groupes qui faisaient la sieste à l'ombre des arbres. Un seul gros kangourou suffit à nourrir une trentaine de personnes.

La viande à la main, nous sommes repartis sur les pistes. Le camion où voyageaient les femmes n'avait plus d'huile et nous fîmes un détour pour en demander dans une station de bétail. L'accueil fut plutôt froid : à travers les barbelés de sa propriété, l'éleveur annonça qu'il n'avait pas d'huile à vendre. Nous fîmes demi-tour et le camion s'engagea à travers les ronces au lieu de retourner sur la piste. Notre Toyota suivait. J'allais prendre ma plus belle leçon de survie en brousse.

Devant nous, une épave de voiture accidentée. Le camion l'enfonça pour la renverser sur le côté. Puis le conducteur sortit de sa cabine et récupéra dans une vieille boîte de conserve l'huile du moteur dont il remplit le carter du moteur du camion. La voiture abandonnée semblait avoir déjà servi à d'autres dépannages. La terre continuait à fournir les hommes comme un magasin gratuit !

Deux heures plus tard, nous arrivions à Rabbit Flat, la station d'essence du Sud tenue par un Blanc à longue barbe et sa femme d'origine française. Les Warlpiri avaient donné à leurs enfants, des petits jumeaux nés sur place, des prénoms indigènes liés au Rêve Deux-Dingo dont l'itinéraire ancestral traverse cet endroit. Mais cette tentative d'intégration échoua. Le pompiste et sa femme vivaient au cœur du territoire warlpiri, soucieux d'une seule chose : rentabiliser leur commerce d'alcool qu'ils servaient à tour de rôle, jour et nuit, à travers une lucarne découpée dans une grille épaisse qui les isolait des clients jusqu'au plafond du magasin. On disait qu'ils s'étaient installés ici pour être à l'abri en cas de guerre nucléaire.

Les voitures firent le plein d'essence et nous avons continué notre chemin. La piste devint aussi large qu'une autoroute, fraîchement dégagée par les ouvriers de la compagnie minière. Bientôt apparurent les caravanes et les hangars de tôle du campement des géologues. Un rendez-vous avait été fixé avec eux pour le lendemain. Cette nuit nous dormirions à une vingtaine de kilomètres des rochers sacrés des Granites, au campement saisonnier d'Hector Jupurrurla où devait se trouver une réserve de bidons à eau.

Nous arrivâmes sous un arbre immense, écartelé dans tous les sens par ses branches noueuses.

“Cet arbre est une Image d'Opossum qui est passé ici après avoir rallié le peuple Prune, me chuchota Vera. Les Prunes ont fait un détour alors que lui prenait ce raccourci pour observer son peuple installé au pied des rochers sacrés…”

Toutes les voitures furent déchargées. Des femmes arrachèrent avec des barres à mine les touffes d'herbes piquantes pour étaler au sol leurs couvertures.

D'autres allumaient des feux et faisaient chauffer des seaux. Les enfants s'amusaient dans les fourrés. Constatant que les bidons d'eau étaient vides, les hommes annoncèrent qu'ils allaient retourner à Rabbit Flat pour les remplir. Les femmes se regardèrent d'un air entendu et les laissèrent partir.

Ils revinrent au milieu de la nuit, criant à qui mieux mieux : "Où est ma femme ?" Toutes se cachaient sous leurs couvertures, gloussant comme des jeunes filles de pensionnat. Les hommes titubaient, renversant des seaux, marchant sur les chiens endormis. Certains se risquèrent à soulever quelques couvertures. Mal leur en prit. Un déferlement d'injures leur fit perdre l'équilibre.

"N'approche pas d'ici, criaient les femmes, c'est le camp de ta belle-mère !"

Face au tabou de la belle-mère, les hommes n'avaient plus qu'à battre en retraite. Ils s'installèrent sous l'arbre Opossum et chantèrent. Ma voisine me pinça la cuisse en signe de connivence : c'étaient des chants de magie amoureuse *yilpinji*. Le Rêve Opossum serait particulièrement efficace pour séduire les femmes. Celles-ci riaient en entendant au milieu des vers le prénom de telle ou telle d'entre elles. Revigoré par les chants, un audacieux se leva et partit en quête de celle qu'il convoitait. Nouvelle étape du jeu. Sans aucune discrétion, au milieu des cris des autres femmes, la belle quitta son bivouac pour se réfugier près de moi. C'était Paula Nungarrayi. Le séducteur s'approcha en riant :

"Viens ici, je te veux !"

Il se baissa au-dessus de nos têtes :

“Voilà où elle se cache, mais c’est très bien ! Je les veux toutes les deux, toutes les Nungarrayi pour moi, je suis Jangala !”

Tout le campement éclata de rire. Je devais jouer le jeu :

“*Yantarra* ! «Va-t’en», criai-je en warlpiri, tu as une femme pour te faire du thé, c’est une Napanangka, pas une Nungarrayi, tu n’es pas un Jangala mais un Jupurrurla !”

Nouvel éclat de rire général. L’homme en fait avait deux noms de peau, car ses parents s’étaient “mal” mariés : il était Jupurrurla par son père et Jangala par sa mère. Mais s’étant marié à une Napanangka, comme le doivent les Jupurrurla, il ne devait plus flirter qu’avec des femmes de ce nom de peau et non des Nungarrayi.

Paula repartit en courant, pliée de rire. Le dragueur la suivit. Elle saisit un bâton et se planta devant lui :

“Va te coucher maintenant, Clancy, nous voulons dormir !”

Il capitula et rejoignit le groupe des autres hommes qui l’accueillirent comme un héros. Les chants de séduction reprirent pour s’éteindre assez rapidement dans les ronflements. Soudain, Clancy poussa un cri déchirant : le prénom de sa jeune femme restée à Lajamanu. Il pleura et l’appela doucement, lui déclarant son amour.

LA RÉVÉLATION

Les géologues de la compagnie minière ne sont pas venus au rendez-vous près des roches sacrés des Granites. Les *businesswomen* ont tout de même dansé pour rendre hommage aux héros Opossum et Prune Noire qui s'entretuèrent sur ce site. Au pied de la chaîne, d'étranges blocs rouges empilés qui matérialisent les corps pétrifiés des combattants, elles plantèrent deux piquets sacrés et rejouèrent ce drame du Temps du Rêve. A la nuit tombée, après avoir allumé un gigantesque feu de brousse, hommes et femmes chantèrent à tour de rôle la longue marche de leurs héros ancestraux.

Au petit matin, je déposai les femmes dans une immense plaine d'arbustes couverts de boules lisses vert pâle, des "tomates" sauvages *ngayakiyi*. Elles la ratissèrent systématiquement comme aux vendanges en remplissant des bidons. De retour au campement, assises à l'ombre des buissons, elles ouvrirent chaque *ngayakiyi* avec une cuillère en bois et raclèrent l'intérieur pour faire partir les petites graines noires et le suc amer qui s'en dégage. Ainsi préparées, ces "tomates" indigènes sont très sucrées, juteuses et croquantes comme des pommes. Celles qui ne furent pas mangées tout de suite furent enfilées sur de longues baguettes pour être conservées à la façon des dattes séchées.

Chaque année, pendant deux mois, cette plaine fournit des tonnes de tomates sauvages, sans qu'il soit nécessaire de jardiner la terre. D'autres ressources existent dans le désert. Les lieux sont connus des animaux qui ont leurs chemins saisonniers qu'autrefois les hommes suivaient pour se nourrir. Ces itinéraires nourriciers sont-ils en écho avec les itinéraires de Rêve ? Les tomates sauvages ont-elles un Rêve qui traverse la plaine ? Non, me répondirent les femmes. Leurs sites de Rêve se trouvent ailleurs. En revanche, aux Granites, site du Rêve Opossum, il y avait autrefois de nombreux opossums. Mais, les Blancs ayant importé des lapins, ces derniers en se multipliant ont supplanté les petits marsupiaux qui ont disparu dans cette région.

Et les prunes noires ? Aucun ancien ne se souvenait en avoir jamais vu autour des Granites, bien qu'il y en ait dans un autre site de l'itinéraire Prune Noire. Les coïncidences entre les lieux d'un Rêve et l'animal ou la plante du même nom renvoyaient peut-être aux migrations ancestrales des hommes qui s'identifient claniquement à ce Rêve.

En début d'après-midi débarqua un jeune Jangala, père de deux enfants, avec une caméra vidéo empruntée à l'école de Lajamanu. Il proposa aux campeurs de faire un documentaire pour la compagnie minière afin qu'elle comprenne pourquoi elle devait laisser intacts les rochers sacrés. Le projet enthousiasma tout le monde. En attendant le tournage prévu à 4 heures, les femmes décidèrent d'enregistrer une cassette de chants. Elle servirait de fond musical au commentaire en direct que devrait faire Hector Jupurrurla, puisqu'il avait commencé à négocier avec la compagnie minière.

Une Napurrurla entonna un chant. C'étaient les vers "inconnus" du fameux rituel qui avait déplu aux hommes avant le voyage. D'autres femmes se joignirent à elle. On me fit signe d'enregistrer pendant que les chanteuses commençaient à se peindre le corps. L'heure du tournage approchait. Jangala fixa la caméra sur un trépied.

Le cameraman fit signe aux figurantes d'entreprendre un parcours le long des rochers sacrés. Pieds nus, en jupe et la poitrine peinte, elles furent une vingtaine à partir en file indienne au milieu des herbes jaunes. Jangala cria aux femmes de décider qui irait escalader les rochers. C'est une Napangardi à l'immense poitrine, la veuve vivant dans notre maison, qui fut désignée à l'unanimité. Alors qu'elle était filmée, le doigt tendu, Hector expliqua que derrière ce rocher se trouvait la partie la plus secrète du site, réservée aux hommes.

Elle désigna ensuite trois trous d'eau incurvés dans la roche : les traces laissées par les héroïnes du Rêve Opossum qui campèrent à cet endroit. C'est pourquoi, précisa Hector, ce flanc de la colline est appelé *jilimi* et est réservé aux femmes. Le tournage était terminé pour la journée. La première femme d'Hector, me montrant les trois trous sacrés – deux ronds et un allongé comme un fuseau –, remarqua malicieusement que ça ressemblait à la partie cachée des femmes.

Le lendemain matin, le tournage reprit.

"Ce lieu est un autre site sacré de femmes, expliquait Hector au micro, une femme Opossum s'est tenue là avec son bébé. Elle a vu Opossum le renégat partir chercher des alliés pour combattre son peuple. Mais elle n'a pas prévenu ses frères."

Les femmes se rapprochaient à présent du flanc nord de la chaîne de rochers et disparurent derrière un passage étroit qui abritait une source. Elles en profitèrent pour se désaltérer. Il faisait très chaud. Le cameraman les suivit jusqu'au flanc est de la chaîne où se trouvait une deuxième source et leur ordonna de se diriger vers un autre amoncellement de blocs granitiques. Cris de désapprobation des femmes. Il s'agissait d'un site secret réservé aux hommes.

Les femmes hésitaient. Finalement, Josy Napurrurla se dévoua pour prendre la tête de la file, à condition de porter un plat sacré qui la protégerait des Images secrètes du Rêve Opossum. Hector expliqua alors au micro que, dans cet endroit aujourd'hui interdit aux femmes, les héroïnes Opossum firent quelque chose de très secret.

Au cœur de la chaîne des rochers se cache une oasis inattendue, sorte d'arène naturelle dont les gradins encerclent une grande mare à l'eau transparente. La veille, les femmes s'y étaient lavées. A présent, elles devaient y danser. Oubliant le tournage, elles dansèrent à cœur joie pour s'imprégner des forces de ce lieu sacré.

Deux soirs plus tard, j'étais conviée au camp du vieux Jungarrayi pour regarder le film. Son fils aîné, père de quatre enfants, installa un magnétoscope sur sa voiture et déroula un câble de 100 mètres à travers les camps jusqu'à la prise d'électricité du bâtiment des douches. Les spectateurs s'assirent par terre ou sur des voitures. Dès les premières images, les femmes de l'assistance éclatèrent de rire. Les couleurs du petit écran étaient fluorescentes. Le paysage vibrait sous la trame zigzagante. A chaque éclat du rouge des rochers ou du jaune des herbes, un souffle approbateur traversait l'assistance. Ainsi filmé, ce site de Rêve suggérait un autre monde où la source de lumière ne viendrait pas du soleil mais de la terre elle-même traversée par les figurantes comme par des lutins. Pendant quarante minutes, même les chiens semblèrent succomber au charme.

Le lendemain, la bande vidéo avait fait le tour des camps. Les anciens décidèrent que le commentaire d'Hector était incomplet et devait être refait. En revanche, ils ne dirent rien à propos des peintures corporelles et des chants du film : c'étaient pourtant ceux du fameux rituel féminin qui les avait scandalisés auparavant.

“Tout va bien, maintenant, m’informèrent les femmes, nous leur avons donné un *kunari*…”

Kunari, un “paiement” rituel de farine, sucre, thé, tissus, couvertures ou parfois même d’argent, biens qui remplacent la nourriture ou les cordes de cheveux d’autrefois. J’appris qu’au retour des Granites des femmes avaient négocié avec les anciens pour leur faire admettre que le rituel Opossum, soi-disant “incorrect”, était en fait une révélation rêvée par une importante *businesswoman*, Josy Napurrurla. La reconnaissance de toute innovation rituelle suppose en général des discussions et la rétribution éventuelle des gardiens concernés par le lieu auquel elle se rapporte. En acceptant le paiement, les anciens avaient donné leur consentement à ce que le rituel révélé s’intègre au patrimoine des célébrations ancestrales.

“J’ai rêvé de Jinma (un site du Rêve Prune Noire et Opossum), me raconta l’initiatrice du rituel, Josy, petite femme au visage taciturne. J’ai passé mon enfance dans cette région à cause des Granites où mes parents s’approvisionnaient en tabac et en thé auprès des mineurs. Dans mon rêve, je me trouvais assise toute seule et j’entendis le son des bâtons à percussion que les hommes utilisent pour la cérémonie du feu Jardiwanpa. Je rêvais du peuple Emeu. J’entendis aussi un nouveau chant Opossum qui se dirigeait vers les Granites. Là, j’assistai à un *yawulyu* des femmes Opossum qui se peignaient et chantaient. Le Rêve Opossum m’a donné les nouveaux chants, peintures et danses.”

A ma grande joie, Josy accepta de me détailler son songe :

"D'abord, j'ai suivi mon Rêve clanique, celui du peuple Wallaby *wampana* qui accompagnait le peuple Emeu. Je vis ces derniers se peindre avec des ronds, leurs œufs. Ils m'emmenèrent jusqu'aux deux trous d'eau dans les rochers près de Kulpulunu, le site secret du Rêve Pluie. Ils s'y installèrent à l'ombre. Puis ils repartirent et je les suivis jusqu'à Warpinypa, le site du Rêve Herbe *kalajirdi*, où les Wallabies, les Emeus et aussi les Colombes *kurlukuku* se sont retrouvés pour la cérémonie du feu. C'est là que mon esprit-enfant Wallaby a pénétré ma mère pour me donner naissance."

Josy s'arrêta de parler et regarda fixement dans la direction de sa terre d'origine.

"Dans mon rêve, je vis un bébé allongé dans un plat en bois, reprit-elle. Je le vis rouler sur le côté puis ramper. Il avait grandi un peu et a attrapé une canne pour se relever, mais il est tombé ! Ma mère et mes deux grands-mères l'ont emmené à la chasse. Il pleurait et criait : «Maman ! Maman !», puis : «Papa arrive, *yati, yati*, je suis content !» On lui donna de la viande mais il criait : «Maman, du lait !» Il parlait, bien qu'encore petit. Puis je le vis grandir, faire ses premiers pas. Ce que je voyais, c'était mon esprit-enfant Wallaby. Ils allaient, mon esprit-enfant et ses frères Wallabies, aux Granites et à Papinya, le site du Rêve Pluie près de Kulpulunu. Mon esprit-enfant parcourait le chemin que j'ai suivi au cours de ma vie : souvent, à la saison sèche, mon clan s'est retrouvé en compagnie d'autres clans à Papinya. Mon esprit-enfant est devenu adulte. Il allait et venait entre les Granites et Jinma. Je vis tous les héros des Rêves de la région : les peuples Wallaby, Emeu et Herbe *kalajirdi*. Je les suivis avec mon esprit à Jarralparri et Jawalarra, deux sites de mon clan. Ils marchèrent encore, mon esprit-enfant dit : «Là, maman, papa, asseyons-nous pour le Rêve...» Ils se sont assis tous les trois à Jinma et je me suis réveillée. J'ai rêvé le chant *Kurumindi lakurrlakur Yardurluyardurlu lakurrlakur* : «A Kurumindi ils étaient assis en groupe, à Yardurluyardurlu (les Granites)», c'est-à-dire les Prunes Noires qui entrèrent là sous terre et les Opossums. J'ai rêvé le chant *Jilimi lakurrlakurr Yardurluyardurlu lakurlakurr* : «Sur la grande pierre plate *jilimi*, au camp des femmes, étaient assises les héroïnes Opossum.» Je les ai vues se peindre avec les nouveaux motifs qui montrent les empreintes des opossums. Et elles chantaient *Yardurluyardurlu yirrarninya Wajungunpalu lakurrpa*, elles chantaient leur nom *Wajungu* «Opossum». Elles chantaient *Jalparla lakurrlakurr...*, *jalparla*, l'autre nom du *jilimi*, et *Jilimi karlarkarlar wajungu pawulu karlarkarlar*, car elles s'étaient assises en ligne *(karlarkarlar)*."

Josy m'expliqua que, après avoir rêvé ces chants et ces peintures, elle les avait enseignés à quelques-unes de ses sœurs Napurrurla et de ses tantes et nièces Nakamarra. Elles avaient dansé ce nouveau rituel en brousse pour la première fois aux vacances de Noël 1983, mais elles durent attendre plus d'un an pour qu'une occasion propice, le voyage aux Granites, leur permette de rendre le rituel public.

"Les femmes ancestrales que j'ai vues dans mon rêve avaient des visages inconnus. Elles ont quitté les Granites pour se diriger, en dansant, vers Kurumindi, le dernier des rochers de l'Est où se tenaient les hommes Opossum. J'entendis Opossum, le Jakamarra, chanter son voyage ancestral vers l'est lorsqu'il alla chercher des Prunes en renfort. Je le suivis sur le chemin du retour vers les Granites, lorsque le papillon mangea la fleur de l'arbre à prunes et les feuilles qui allaient donner de jeunes combattants Prune après que les anciens eurent disparu sous terre. Dans le nouveau *yawulyu*, nous dansons le geste du papillon qui mange la fleur et les feuilles. Dans l'ancien *Yamulyu*, nous dansons comme si nous tenions une fleur à la main pendant que les chanteuses évoquent le vol des flocons de la fleur lorsqu'elle se battit contre les Opossums ennemis. Il n'y a que Vera Nakamarra qui puisse te raconter le récit ancestral : elle en est la gardienne par son père."

Un matin, Vera arriva à la maison en déclarant que je pourrais mettre dans mon livre le *Kuruwarri*, l'Image-récit de son clan, mais que son témoignage servirait d'abord aux négociations avec la compagnie minière. Il serait la garantie de ses droits et des droits de tous ceux qui sont liés aux Granites.

Elle me demanda de brancher le magnétophone et d'une voix chantante commença à raconter en warlpiri une étrange histoire tissée de poésie et de prodiges.

"Opossum courait depuis Piyayi, se dirigeant vers Yiwalpiri. Il courait vers l'est alors que le soleil se levait. Il allait au pays des Alyawarri et Wankangurru, cherchant des alliés pour se battre à l'ouest, au pays des Pintupi, son pays. A Yiwalpiri, Opossum, de peau Jakamarra, a trouvé le peuple des grandes Prunes Noires, des Jakamarra et Jupurrurla, et celui des petites Prunes Vertes, des Jangala et Jampijinpa. Opossum sollicita les deux peuples. En grand nombre, hommes et femmes acceptèrent de le suivre pour combattre à ses côtés. Ils allèrent jusqu'à Mijitinyanu où ils campèrent. Les petites Prunes Vertes demandèrent aux grandes Prunes Noires : «Qui êtes-vous ?» Celles-ci leur répondirent : «Nous sommes une nourriture bien mûre, un fruit bon à manger…» Pauvres petites Prunes Vertes, n'étant pas assez mûres pour être mangées, elles durent abandonner le voyage !"

Vera éclata de rire et me dit qu'autrefois moi aussi j'étais comme les Prunes Vertes mais que maintenant j'avais mûri comme les Prunes Noires, c'est pourquoi elle avait décidé de me donner le prénom qui désigne ces dernières dans les chants : Nganjiljiyi. Je fus très émue. Elle reprit son histoire.

"Opossum avait rallié un petit groupe de Jakamarra et Jupurrurla Opossum à Jangankurlangu, en pays warlpiri. Rejoint par lui, le peuple Prune Noire se remit en route. Un oiseau au bec noir, *yarrinda-kurdaku*, aussi petit qu'une pie-grièche et de peau Jampijinpa, les suivit ; c'est parce qu'il a suivi le Rêve Prune Noire que ces oiseaux ont le bec noir aujourd'hui. S'éloignant de Mijitinyanu, le peuple Prune Noire se retourna pour regarder le peuple Prune Verte qu'il y avait laissé ; ce dernier avait disparu sous terre, formant un grand trou d'eau dans le rocher. Attristées d'avoir perdu leurs petits compagnons, les Prunes Noires ont pleuré. De leurs larmes, en cet endroit appelé Jinma, est né un trou d'eau.

Les Prunes Noires repartirent derrière les Opossums. Voilà que du Sud arriva un autre peuple, celui des Feuilles à Suc Noir *parrawuju*, des Jungarrayi et Japaljarri. Ce Rêve, qui venait de Ngarnka, décida de poursuivre le Rêve Prune. S'arrêtant à Warntapari, les Prunes mûrirent encore plus et formèrent une sorte de boue noire. Guidée par les Opossums, la marée noire des Prunes avance. Derrière, les Feuilles à Suc Noir approchent pour attaquer. L'oiseau s'envole à l'avant et observe la progression des ennemis. Faisant halte à Pirnki, Opossums et Prunes construisent des auvents de branchages pour dormir. Non loin, à Parrapardu-pardu, le peuple Feuille à Suc Noir s'installe aussi pour la nuit. Tôt le matin, Opossums et Prunes reprennent leur marche jusqu'à Mulyukariji. Epiant les Prunes, les Feuilles à Suc se disent : «Nous allons les prendre en travers et les couper en deux...» Ils vont, les hommes et les femmes du peuple ennemi, formant à leur tour une marée noire. Ils coupent en deux la marée noire des Prunes, attaquent puis disparaissent sous terre pour retourner dans leur pays. Le peuple Prune Noire a succombé à l'attaque. Il ne reste que quelques rescapés qui entrent sous terre pour essayer de retourner vers l'est, au pays qu'ils avaient quitté. A bout de forces, les Prunes ressortent bientôt et se mettent à bouillir. Elles tentent de se relever mais à chaque fois retombent. Ruisselantes, comme un torrent agité d'écume noire, elles transpercent les rochers, formant le trou d'eau Lirrinjarra. Dans un dernier effort, les Prunes bouillonnent encore en une multitude de bulles puis redescendent sous terre pour toujours.

Du liquide bouillant un papillon *pintapinta*, une fleur blanche *yintilyapilyapi* et des feuilles *wikirri* ont surgi. Opossum prit la fleur et les feuilles et se remit en route avec les Opossums de l'Est qu'il avait ralliés à sa cause. Le papillon suivait la fleur, sa nourriture, et l'oiseau à bec noir volait à leurs côtés. En chemin, la fleur s'étant fanée, les feuilles ont donné des graines dont un nouveau peuple de Prunes a poussé. En arrivant au trou d'eau Mirnangi, Opossum rassembla les nouvelles Prunes et ses compagnons Opossums pour leur indiquer comment pénétrer sur le territoire de son peuple qu'il voulait attaquer : «Vous allez vous séparer en deux groupes, chacun prendra un chemin détourné et nous nous retrouverons au point d'eau Yunturru.» Opossum partit seul en reconnaissance par le chemin le plus court. S'arrêtant près d'un immense arbre à gomme, appelé depuis Janganpa «Opossum», il constata non sans désagrément que son peuple se trouvait rassemblé en très grand nombre non loin de là. Lorsque ses alliés arrivèrent au lieu du rendez-vous, Opossum leur expliqua : «C'est ici que nous allons combattre mon peuple, je voulais l'attaquer plus tard à Piyayi (au pays des Pintupi), mais il est venu jusqu'ici (au pays des Warlpiri)...»

Il y eut une grande bataille, affrontant les Opossums de l'Ouest (Pintupi) aux Opossums et aux Prunes de l'Est (Warlpiri) guidés par Opossum, le renégat pintupi. Tous s'entretuèrent et périrent dans la bataille. Leurs corps sont devenus les blocs de granit empilés les uns sur les autres à Yardurluyardurlu (les Granites). Abandonnant leurs corps pétrifiés, Opossums et Prunes pénétrèrent la terre et formèrent la grotte secrète Mukuri. La plupart des Prunes, cependant, entrèrent sous terre plus loin vers l'est, dans la direction de leur pays, marqué par un autre empilement granitique appelé Kurumindi et quelques blocs isolés, situés sur la même trajectoire. Quant à l'oiseau au bec noir, il se fit le messager du carnage auprès d'autres peuples de Rêve."

Ayant terminé son récit, Vera insista sur le fait qu'il est très important de noter tous les autres Rêves associés aux Granites car ils donnent des droits fonciers à leurs dépositaires. D'abord, les

Deux Serpents *warna-jarra*, un homme et une femme venant de Jarluwangu, à l'ouest, qui s'arrêtèrent à proximité des ruines de l'ancienne mine d'or, où se dresse, seul à la ronde, un grand acacia, appelé Warriji. Ils furent témoins de la bataille et poursuivirent leur chemin vers l'est, jusqu'à Parulyu, où ils se cachèrent dans une source et avalèrent les deux héroïnes du Rêve Acacia *watiyawarnu* qui étaient venues y puiser de l'eau. Il y a aussi le Rêve Serpent volant *lingka* qui forma la source sur le flanc sud de l'empilement granitique ; certains disent que les femmes Opossum tombèrent amoureuses du Serpent volant et que, ne se consolant pas de le voir disparaître, elles remplirent de larmes le trou qu'il avait laissé en s'enfonçant.

Enfin, avant même la formation des rochers des Granites, deux héros du Rêve Deux-Hommes, qui venaient de Patilirri, à l'est, arpentèrent longuement cette terre qu'ils creusèrent en maints endroits. Ils découvrirent ainsi les "carottes" sauvages *jatipiji*. En les déterrant, à deux reprises ils firent surgir de l'eau qui devint la source sur le flanc nord et la grande mare autour de laquelle eut lieu la bataille. Une colline secrète est également liée au Rêve Deux-Hommes.

"Lorsque j'étais petite, se rappela Vera, ma mère m'obligeait toujours à faire un grand détour pour aller chercher de l'eau de l'autre côté de cette colline. Et toutes les femmes répétaient aux enfants de ne pas aller là-bas car c'était dangereux : il y avait des *kuuku* (les esprits de la nuit qui ravissent les enfants)… Nous n'y allions pas car nous avions très peur. Nous savions qu'il y avait aussi quelque part deux sites sacrés appartenant aux femmes, mais nous étions loin de nous douter, enfants, qu'ils se trouvaient justement là où nous jouions ! Tel était le secret… C'est seulement lorsque je suis retournée aux Granites que j'ai reconnu les deux endroits que nous célébrons par nos chants, nos peintures et nos danses : *jilimi*, la grande estrade en pierre où campaient les femmes Opossum, et le rocher plat où l'une d'elles, portant un bébé, a surpris l'Opossum renégat à la recherche d'alliés."

Vera précisa que cette partie du Rêve Opossum n'appartient pas à son clan mais aux membres des tribus Pintupi et Kukatja, gardiens du site de l'Ouest, Piyayi, qui vivent en particulier à Balgo. En revanche, elle a hérité de son père la terre correspondant au segment de l'histoire entre les Granites et Mulyukariji, le grand trou d'eau dans le rocher où ses ancêtres Prune Noire se sont transformés en torrent.

"C'est là que je fus conçue : un esprit-enfant de ce Rêve a pénétré ma mère, dit-elle lentement. Il vivait là, semé par les Prunes, et s'est fait chair en moi. J'ai reçu son nom, Nakakut, avant ma naissance car ma mère a su en rêve que je serais l'incarnation de cet esprit-là. C'est mon nom secret mais tu peux le mettre dans le livre. J'ai toujours entendu dire par les anciens qu'ils avaient été initiés au Rêve Prune et Opossum par le père de mon père.

Il était le *boss* de son clan et avait une autorité rituelle sur d'autres clans, continua fièrement Vera. Mon père, qui avait pris la relève, m'a transmis à moi, l'aînée de sept sœurs de mères différentes, la responsabilité d'organiser le *business* féminin de notre Rêve. Notre seul frère cadet, bien qu'héritier en droit de la terre entre Mulyukariji et les Granites, est encore trop jeune pour participer au *business* masculin. Aussi d'autres clans ont-ils pris la relève à la mort de mon père. Ces hommes et ces femmes, venus d'autres terres, ont acquis un droit sur les Granites du fait qu'ils sont nés dans la région à l'époque où leurs parents travaillaient à l'ancienne mine d'or."

Vera m'expliqua qu'autrefois il ne suffisait pas d'être né sur une terre pour en détenir les droits de propriété et la responsabilité rituelle. Mais comme cette région représentait à présent une source de revenu minier, les Warlpiri essayaient d'être solidaires et de ne pas privilégier certains clans au détriment d'autres. Destin du lieu : depuis la bataille mythique des Granites, le Rêve Opossum recommande justement aux hommes de ne pas suivre cet exemple meurtrier et de maintenir la paix.

"Ce n'est pas facile, les Blancs nous opposent les uns aux autres et l'argent suscite bien des conflits entre nous, remarqua Vera. Ceux qui parlent fort et avec avidité savent se faire entendre des Blancs et gagnent des avantages. Ce n'est pas comme autrefois, où nous devions tous nous soumettre à la

Loi dictée par nos Rêves. Les anciens ont de plus en plus de mal à faire respecter ces principes ancestraux qui devraient régir nos droits. Pourtant, c'est encore grâce à cette Loi que nous vivons comme des hommes et non comme des chiens errants."

LA VOIX DES NUITS

Vera rentrait de Yuendumu où elle avait assisté à un meeting du CLC réunissant tous les représentants des groupes ayant des droits sur la région des Granites. Seule femme invitée, elle me raconta sa honte d'avoir eu à parler devant tant d'hommes.

"Dans l'avion qui m'emmenait au meeting, j'ai été malade. Mais ce n'était pas seulement le trac. La nuit précédente, j'avais fait un rêve. J'étais assise avec Yakiriya et des femmes ancestrales sous des abris à l'ancienne. Nous nous préparions à une cérémonie et une foule de Blancs nous prenaient en photo ! Ma belle-mère m'a interpellée très en colère en disant qu'elle ne voulait pas que les Blancs nous prennent en photo, mais je lui ai répondu : «Ne t'en fais pas ! Ils vont nous donner un camion !»

— Et ne voulais-tu pas demander un camion au meeting ? remarquai-je en éclatant de rire.

— C'est vrai !" avoua Vera tout aussi amusée.

Elle ajouta que, si elle avait rêvé d'être prise en photo, c'est sûrement à cause de la photo qu'elle fit prendre à sa fille d'elle-même, de sa sœur Rachel, de moi et de Yakiriya lorsque celle-ci me donna un œuf en bois, objet sacré du Rêve Emeu.

"Mais mon rêve s'est poursuivi. J'ai entendu deux nouveaux chants, l'un pour le Rêve Emeu et l'autre pour le Rêve Pluie de ma belle-mère. Les deux itinéraires se suivent en parallèle du nord au sud du territoire warlpiri. Emeu m'a guidée. Plus exactement, c'est l'œuf sacré qui a chanté pour moi. Non pas l'œuf mâle que tu détiens mais sa petite sœur, l'œuf femelle que Yakiriya a gardé. C'est moi qui les ai fabriqués pour elle, à l'occasion d'une ancienne cérémonie. Le pauvre petit œuf a été séparé de son frère, c'est pour cela qu'il a chanté pour moi..."

Vera me parla du long voyage qui dans son sommeil l'avait emmenée en compagnie d'autres femmes, dont Yakiriya et Patty, sur l'itinéraire ancestral d'Emeu et des hommes-nuages du peuple Pluie. Alors qu'elles dansaient ce dernier Rêve, une tempête de sable l'avait réveillée au milieu de la nuit. Elle s'était souvenue avec tristesse de vieilles parentes décédées qui l'avaient initiée au Rêve Pluie dans sa jeunesse. En se rendormant, elle avait poursuivi avec quelques compagnes ce voyage sur les traces ancestrales. Dansant toute la nuit, elles furent projetées d'un marais à pierres noires appelées "Nuages Noirs" jusqu'à un site avec de nombreux trous de rochers. Elles "goûtèrent" l'eau de tous les trous avec leurs pieds et firent de même avec la mer sur la côte de Darwin où disparurent le frère et la sœur du Rêve Emeu. Alors une grande vague les ramena au marais, site final du Rêve Pluie, et Vera s'était réveillée.

"Tu sais, racontai-je à mon tour, en campant avec la famille du vieux Jungarrayi sur le chemin de retour des Granites, j'ai fait un rêve bizarre... Je flottais avec eux dans une sorte de barque sur un immense lac noir. L'eau se souleva et apparut une silhouette géante, plus grande qu'une montagne, très maigre, avec le visage d'une femme noire inconnue. Elle tendit une main vers nous, la paume ouverte et le regard terriblement triste. Nous lui avons posé une poignée de terre au creux de la main, cette terre était en fait notre barque. La géante a souri en disparaissant sous l'eau qui est devenue terre.

— Tu as rêvé d'eau parce que les épouses Nangala du vieux Jungarrayi viennent du Rêve Pluie, me dit Vera. Le don de la terre à l'eau, c'est le signe d'une bonne rencontre entre la terre du Jungarrayi et les Images Pluie des Nangala. Cela devrait être pareil entre toi, Nungarrayi, et le Jangala qui t'épousera...

— Les Nangala ont remarqué que ce rêve m'avait peut-être été donné par *Wapirra*, le Père chrétien, mais que surtout il venait de leur terre en signe que celle-ci m'accueillait.

— C'est possible que les Blancs reçoivent leurs rêves de celui qu'ils appellent le Verbe, me dit Vera. Mais c'est *Mungamunga* ou *Yiniwurru* qui donne les rêves aux femmes du désert... pour les hommes c'est différent..."

J'étais très excitée. Avec l'histoire de la révélation onirique de Josy pour les rochers des Granites, et maintenant avec ce rêve de Vera, je pouvais enfin aborder le sujet qui me hantait depuis le début.

"Que se passe-t-il lorsque quelqu'un rêve ?" demandai-je à brûle-pourpoint.

"Eh bien, *pirlirrpa*, les Kardiya diraient l'«esprit» ou l'«âme», quitte le corps et voyage. Si l'on réveille un dormeur trop brusquement, on risque d'empêcher *pirlirrpa* de réintégrer sa place, les reins pour les hommes et l'utérus pour les femmes. Et il tombe alors malade."

Vera m'expliqua que sans "âme" tout Warlpiri s'affaiblit, ne peut plus ni agir, ni se concentrer. Pareil à un automate dont les piles ne seraient plus alimentées, il dépérit et peut en mourir, à moins qu'au cours d'un nouveau sommeil l'âme retrouve le chemin de son corps. Parfois, elle se loge dans le pied au lieu du ventre. Dans ce cas, une cure rituelle permet de diriger l'âme vers son centre vital.

"Et que devient *pirlirrpa* lorsqu'on meurt ?"

Vera hésita un peu avant de me répondre. Après une longue discussion, je découvris que le destin de cette "âme" individuelle varie selon l'âge du défunt. Pour un enfant, *pirlirrpa* semble se confondre avec *kurruwalpa*, l'esprit-enfant qui, retournant au site où il avait pénétré sa mère, attend de se réincarner dans un nouvel enfant à naître. Chez les jeunes et les adultes morts de maladie ou de blessure, l'âme est condamnée à errer sous la forme d'un fantôme de mort *manparrpa*. Elle doit trouver le chemin de l'itinéraire de son Rêve clanique pour rejoindre l'espace-temps du Rêve à la fois souterrain et interstellaire.

Parfois l'âme égarée d'un mort devient un *kurdaija*, sorte de vampire qui attaque les vivants isolés en brousse, les rend inconscients pour les vider de leur sang et leur voler leur propre *pirlirrpa*. Les victimes se réveillent sans se souvenir de ce qui leur est arrivé mais de ce jour elles ne sont plus qu'un simulacre de vie et meurent peu après.

Enfin, l'âme des vieux qui meurent de vieillesse est directement emportée sur la voie de l'espace-temps du Rêve. Elle quitte le corps au moment de l'agonie. Les proches font répéter au mourant, site par site, les étapes de son itinéraire clanique. Et par ce dernier voyage, qui lui fait revivre sa vie, son âme entre sous terre au site des morts du clan pour se retrouver emportée au ciel, au-delà de la Voie lactée. On dit que l'on peut voir alors la tache laiteuse du Petit Nuage de Magellan se rapprocher légèrement du grand, signe que les deux galaxies aspirent l'âme dans une autre dimension.

"Mais quel est le rapport entre cette «âme» *pirlirrpa* et *Mungamunga* ou *Yiniwurru* ?" demandai-je à Vera.

D'après la littérature anthropologique que j'avais lue, *Yiniwurru* serait un mot réservé aux femmes pour esprits-enfants*, alors que *Mungamunga*, terme provenant des tribus du Nord et de

* N. Munn, *Warlpiri Iconography*, Ithaca, Cornell University Press, 1973.

l'Est, désignerait des héroïnes ancestrales qui ont semé des esprits-enfants*.

"*Mungamunga* et *Yiniwurru*, c'est la même chose, me dit Vera. C'est comme une matrice, notre mère à tous qui guide l'âme *pirlirrpa* des femmes dans leur sommeil. Elle habite les autres souterrains. Mais dans les rêves, elle nous parle et prend le corps ou le visage de ce que nous voyons..."

J'appris ainsi que *Mungamunga-Yiniwurru* est un véritable concept cosmologique réservé aux femmes, désignant le principe générateur de certaines images oniriques. Les éléments mythiques qui apparaissent dans les rêves – le paysage, les animaux, les plantes, les phénomènes, les héros ancestraux, les esprits-enfants, les chants – semblent être une manifestation de cette "Voix des Nuits". Féminine car appelée "Mère", la matrice onirique serait toutefois agie par une force masculine, *mangaya*. Symbole phallique ? La sexualité est plutôt transcendée ici dans une étreinte cosmique.

Chantée dans les rites féminins les plus secrets, la force *mangaya* est le pouvoir exclusif des femmes du désert qui désignent souvent de ce nom leurs piquets sacrés. Un des rites visant à l'activer

* D. Bell, *Daughters of the Dreaming*, Melbourne & North Sydney, McPhee, Gribble Publishers & George Allen & Unwin Australia Pty Ltd., 1983 ; C. H. Berndt, *Women's Changing Ceremonies in Northern Australia, L'Homme* 1, 1950 ; Sir B. Spencer & F. J. Gillen, *The Northern Tribes of Central Australia*, Londres, Macmillan & Co., 1904.

chez les *businesswomen* consistait à enduire le pubis d'ocre jaune et à l'épiler en brûlant les poils. L'épilation était effectuée dans le plus grand secret à l'occasion de divers contextes rituels : par les veuves au début d'un deuil, par les belles-mères lors des cérémonies de règlement de conflit dites du feu, enfin par les gardiennes du cycle Kajirri juste avant que les jeunes garçons soient relâchés de leur réclusion initiatique.

Je ne pouvais m'empêcher de comparer cette épilation pubienne à notre "rituel" esthétique consistant à épiler les jambes. Les femmes warlpiri n'ont pratiquement pas de poils sur les membres, ce que les hommes valorisent comme signe de leur féminité. Toutefois, eux-mêmes pratiquent l'épilation pubienne* et, dans certaines tribus du Sud-Est, le corps tout entier était épilé au cours de l'initiation masculine. Ils subissaient cette épreuve préliminaire au mariage en utilisant de la cire d'abeille. Curieusement, les femmes warlpiri associent le rite au Rêve Miel, mais elles n'emploient pas de cire. Quelle était la fonction symbolique de l'épilation masculine ou féminine ? Différencier les humains des animaux ? Rappeler le corps imberbe des nouveau-nés ? Contrôler la fécondité ? Ou rendre ambivalente la différence sexuelle ?

* N. Peterson, "Buluwandi: A Central Australian Ceremony for the Resolution of Conflict", *in* R. Berndt, ed., *Australian Aboriginal Anthropology*, Nedlands, University of Western Australia Press, 1970.

Considérant que *mangaya*, le pouvoir de la Voix des Nuits, est le secret des femmes, je demandai à Vera si les hommes ont un autre pouvoir.

"Ils ont *maralypi*...", murmura Vera.

Au cours des divers récits que m'avaient racontés les femmes, à chaque fois qu'elles prononçaient le mot *maralypi*, c'était toujours en le chuchotant et à propos du site secret, inaccessible aux femmes, où les âmes *pirlirrpa* des morts d'un clan se fondent avec l'espace-temps du Rêve. De tous les sites d'un itinéraire clanique, cet endroit est le plus sacré et le plus dangereux précisément parce que s'y trouve *maralypi*, le pouvoir mystérieux, qui condense toutes les Images *Kurruwari* d'un clan. Du fait de ce rapport avec les morts, *maralypi* désigne aussi une cérémonie funéraire qui consiste à "ouvrir" un Rêve et un site dont la célébration avait été rendue taboue par la disparition d'un important gardien rituel.

Vera me dit qu'elle ne pouvait pas m'expliquer si *maralypi* agissait dans les rêves des hommes. Les hommes disaient simplement que leur âme est guidée dans le sommeil par l'esprit-enfant qu'ils incarnent. Comme les femmes, il leur arrivait aussi de voir l'esprit-enfant d'un futur enfant annonçant sa naissance.

C'est en effet souvent en rêve que les esprits-enfants signalent leur prochaine venue au monde. Les récits des annonciations de naissance sont absolument fabuleux. J'avais très vite cédé à leur magie qui montre l'extrême poésie avec laquelle les Warlpiri manipulent leurs désirs. Les esprits-enfants pénétraient souvent une future mère par ingestion d'un fruit ou d'un animal qui s'était mis sur son chemin pour la séduire : ils étaient *ngampurrpa*, "désirants". Pour cette raison, ils pouvaient allumer des incendies, provoquer des conflits et inciter les hommes à se battre. C'est exactement ce qui se passa dans le cas de la "conception" d'un des fils de Vera. On disait aussi que les cérémonies masculines les attiraient et qu'ils "attrapaient" alors des pères et des mères. Chez les Warlpiri c'étaient donc les enfants qui, avant de naître, choisissaient leurs parents.

HISTOIRES D'ESPRITS-ENFANTS

Aux monts Yarunkanyi, un des sites du Rêve Homme Initié, se trouvent deux trous d'eau dans le rocher, un grand et un petit. Entre les deux l'eau circule souterrainement. Appelés Yupajarrayi, ils sont la trace des fosses que les Deux-Cannibales creusèrent pour y cuire leurs victimes. Après avoir mangé, ils jetèrent les os tout autour. Crânes, fémurs et côtes sont là aujourd'hui sous forme de petits quartz. Une de mes "sœurs" Nungarrayi, petite femme aux yeux rieurs, me raconta qu'avant d'avoir ses enfants elle était tombée sur ce site de Rêve par hasard en chassant toute seule :`

"Voyant les deux trous à sec, je me suis dit : «Ce doit être l'endroit où les Deux-Cannibales ont cuit des hommes...» Soudain je tombai. Pour me ressaisir je me couvris de terre humide. Mais j'avais la nausée et j'ai vomi, vomi, à n'en plus finir. Ce mauvais endroit m'avait rendue malade. Je rentrai à la station de bétail très mal en point. Les Kardiya me donnèrent des médicaments qui ne servirent à rien. Ni eux ni moi ne savions que j'étais frappée par un esprit-enfant... J'avais une douleur dans la poitrine et les deux jambes enflées car l'enfant était cannibale..."

On dut transporter Nungarrayi à Alice Springs. Elle avait peur que l'on veuille l'amputer. C'est alors qu'elle sentit pour la première fois son futur enfant en elle. A l'hôpital, Nungarrayi le vit en rêve venir vers elle, plusieurs lances à la main, les mêmes lances que les Deux-Cannibales avaient fabriquées pour attaquer les humains. Sur la tête il portait de la chair humaine. Il déposa ses lances et la chair fraîche dans son abri à ombre. Puis il se cacha dans le ventre de Nungarrayi.

"C'était vrai, mon fils aîné m'avait suivie avec son esprit de mort. Il m'avait frappée lorsque je regardais les trous de rochers à Yarunkanyi. Peut-être est-il sorti du foyer où il avait été cuit par les Deux-Cannibales. Mangé par eux, son esprit était devenu cannibale. Il m'a suivie pour me faire faire mon rêve. Lorsque mon fils est né, je n'avais pas de lait pour le nourrir car son esprit était sec pour avoir été cuit."

Nungarrayi me raconta que ces deux héros de Rêve massacrèrent les hommes au trou d'eau Raparrapanu. A Larrilpi, ils aiguisèrent leurs lances et cherchèrent d'autres victimes. N'en trouvant plus, ils allèrent à Pirpirpakarnu, le site du Rêve Lézard *liwirringki*. Là, ils frappèrent à mort un grand nombre d'adultes et d'enfants. Plus tard, ils allèrent à Yinilpi où ils mangèrent un vieil homme couvert de pustules. Cela les rendit tellement malades qu'ils durent se traîner à quatre pattes et finirent par disparaître sous terre.

“Ces deux «dégoûtants» ont eu le sort qu’ils méritaient ! Mon fils est de Ypajarrayi, leur pays. De là vient aussi la fille de la sœur aînée de Ngaripalang. Elle porte le nom de ce site : Yupa. Ecris-le dans ton livre car c’est la vérité.”

Nungarrayi avait cinq enfants, tous dépositaires du Rêve clanique Pluie, totem hérité de leur père, un faiseur de pluie mesurant presque 2 mètres. Mais chacun détenait un Rêve de conception différent. Ainsi, le premier fils venant du Rêve Deux-Cannibales à Yarunkanyi était né sur l’itinéraire Homme Initié de sa mère et non sur celui de son père.

“Mon deuxième fils, Walpajukurrpa, continua Nungarrayi, était assis sur un arbre et il s’est envolé sous la forme d’un cacatoès rouge et blanc *ngarnkamarda*. L’oiseau s’est posé dans les herbes spinifex puis il est retourné sur l’arbre. Une volée de cacatoès allait d’arbre en arbre. Je te raconte l’histoire de mon fils, telle que mon mari l’a vue en dormant.”

Nungarrayi m’expliqua que, dans le songe de celui-ci, l’esprit-enfant Cacatoès de son deuxième fils était à l’image de son père, même visage et même corps. Immense, il s’envola, laissant derrière lui la volée innombrable de petits cacatoès. Il se cacha dans un tronc creux et se mit à en attaquer l’écorce avec son bec. Il creusait le bois pour s’enfoncer plus au chaud. On pouvait l’entendre parler comme font les cacatoès lorsqu’ils attaquent le bois.

“Ils sont vraiment forts et dangereux, ces oiseaux, et ils font un véritable boucan. Le cacatoès qui creusait son trou était l'esprit-enfant de mon fils. Il retourna à son arbre. Et les autres oiseaux s'envolèrent à leur tour. Ensemble, ils se posèrent près de l'eau, à Pikilyi. C'est le site des Rêves Bâton à Fouir et Cacatoès Rouge et Blanc, près de Mirrawari, site du Rêve Pluie, le Rêve de mon mari. Plus tard, l'esprit de mon fils retourna pour toujours dans le tronc qu'il avait creusé.”

Nungarrayi me raconta qu'elle campait avec son mari lorsque l'esprit s'approcha de leur abri, du père qu'il s'était choisi. Voyant son père et sa mère, il se dit : “Voilà les parents dans lesquels je vais pénétrer !” Et il donna ce rêve à son père. Lorsque le mari se réveilla, il dit à Nungarrayi : “J'ai vu un cacatoès se transformer en enfant ! Un enfant nous est venu de cet oiseau qui habite ce pays, je l'ai rêvé !”

“Et c'est vrai, mon fils m'a pénétrée. Peu après, j'avais des nausées. Je ne pouvais rien manger car l'esprit animait l'enfant en moi. L'enfant me faisait vomir. J'accouchai plus tard à Pikilyi, où les Blancs avaient installé une station de bétail. La dame de la station prit soin de mon bébé. Mais il attrapa froid. Il en est presque mort, mon pauvre enfant ! Le froid le frappa trop petit ! C'est à cause du bétail... Les bœufs nous ont amené ces nouvelles maladies. Heureusement, la dame fit des piqûres au bébé pour lui donner des forces et il se rétablit. Il est grand et fort maintenant, comme son esprit Cacatoès !”

La première fille de Nungarrayi, elle, venait du Rêve Fourmi à Miel, le Rêve de la municipalité Yuendumu où elle était née.

“Je portais alors mon fils, encore petit, sur les épaules. En creusant la terre, j'ai trouvé des fourmis à miel en grand nombre. J'en remplis mon seau. Sur le chemin de retour au camp, je fus prise d'un terrible mal de tête et je me dis : «Qu'est-ce que j'ai attrapé ? Ce ne sont peut-être pas des fourmis que je transporte…» C'était ma fille qui provoquait ces perturbations. Elle me dit : «Eh, maman ! Pourquoi donc as-tu été chercher ces fourmis à miel ? C'est moi qui veille sur ces fourmis, moi, Malkirri ! Maintenant je reviens avec ce nom que vous avez enterré !»”

Les esprits-enfants pouvaient donc se réincarner dans les nouveau-nés avec la mémoire des morts de même prénom qu'ils avaient habités auparavant. Si l'identification du Rêve et du lieu de conception ne fournissait pas l'indice d'un tel prénom ancestral, on donnait autrefois à l'enfant le prénom warlpiri d'un parent décédé de longue date : souvent, un frère du grand-père paternel pour le garçon et une sœur de la grand-mère maternelle pour la fille. Cette nomination avait lieu lors du sevrage. Mais aujourd'hui, bien des jeunes ne portent qu'un prénom anglais acquis à la naissance.

“C'est vrai, nous avions enterré la vieille Malkirri, ma belle-mère. Et son esprit-enfant s'était réfugié dans ce trou de fourmis à miel. Il était retourné au site de son Rêve. Je vis le corps de ma future fille couvert de taches noires et rondes : les fourmis. Alors, elle me parla : «Oui, je veille sur les fourmis ! D'autres hommes, d'autres femmes sont venus chasser à proximité et ils n'ont rien trouvé. Mais toi, maman, tu es venue jusqu'à moi !» C'est ainsi que le bébé qui me rendait malade a parlé : «Moi, l'esprit de ta belle-mère, je suis allée vers ton mari, mon fils, pour qu'il devienne mon père, vers vous, mes parents !»"

Nungarrayi m'expliqua que, l'esprit de sa fille l'ayant pénétrée, elle ne supporta plus de manger de la viande. Ainsi le tabou, qui interdit aux femmes enceintes de manger certains gibiers sous peine de mettre en danger l'enfant ou la mère, devenait ici une répulsion physique. L'enfant naquit au camp comme ses frères. Mais l'infirmière la prit pour la laver et lui mettre des couches avant de la ramener à la jeune mère.

"En voyant arriver le bébé que je mis à mon sein, mon fils dit : «Maman ! jette cette saloperie de bébé, ce n'est pas bien de lui donner ton lait !» Je lui répondis : «Le pauvre bébé, mais c'est ta petite sœur !» Mon fils criait : «Non ! Non ! Jette-la ! C'est mon lait qu'elle boit !» Il était jaloux, mon fils, car je le nourrissais encore au sein ! Aussi l'infirmière remporta le bébé pour le nourrir à ma place."

Le garçon devait avoir dans les deux ans, âge où les petits Warlpiri maîtrisent déjà très bien la parole. Traditionnellement, les femmes aborigènes sevraient rarement leurs enfants avant qu'ils atteignent quatre ans. Je demandai à Nungarrayi pourquoi on appelait sa fille *warungka*, "folle-sourde-muette". J'appris qu'alors qu'elle était adolescente elle campait avec une amie qui eut une liaison illicite. Cette transgression la rendit momentanément comme folle, et depuis elle devait prendre régulièrement des pilules. A chaque fois qu'elle les oubliait, elle devenait paralysée et dormait.

"Ma pauvre petite, conclut tristement Nungarrayi, elle a été mariée à quinze ans mais son mari a accepté de la laisser partir car elle ne voulait pas rester avec lui. Alors, depuis, ma fille vit avec nous. C'est une bonne fille, elle a vingt ans maintenant, mais les garçons ne l'intéressent pas."

Peu après la naissance de cette fille, le mari de Nungarrayi fut à nouveau engagé par le patron de la station de bétail, et toute la famille quitta la réserve de Yuendumu. Un jour qu'ils allaient à la chasse, Nungarrayi portant sa fille sur les épaules et les deux fils marchant devant, ils virent un kangourou.

"Mon mari tira dessus, touchant à la hanche le kangourou qui tomba. Ce n'était pas une bête qu'il avait tuée mais sa fille ! Il ne le savait pas ; là, sous l'arbre, se trouvait cette petite fille et il lui avait tiré dans la hanche, faisant éclater ses os. Notre fils Walpajukurrpa ramassa la bête. Son père et lui préparèrent un feu pour cuire la viande. Ils ont cuit ma fille ! Le soleil était au plus haut et nous avons mangé, sans rien laisser !"

Rentrés au camp, Nungarrayi ne put rien avaler et en s'endormant fit un rêve :

"Au réveil, je racontai à mon mari : «Ce n'est pas un kangourou que tu as tué ! C'est une petite fille, tu as tiré dans la hanche de l'enfant dont je suis la mère ! Je l'ai vue venir vers moi, comme ça, en se tenant la hanche et boitant.» Elle m'avait dit : «Je suis entrée dans ton ventre ! Maman, je suis venue en toi parce que papa m'a tiré dessus !» Je la sentais en moi. C'est pour cela que je ne pouvais manger ni boire."

Nungarrayi me précisa que sa deuxième fille avait à la naissance sur sa hanche un os qui ressortait à cause précisément du tir de son mari.

"Je me suis dit : «Oh ! c'est mauvais cet os, elle ne pourra peut-être pas marcher !» Et je me demandais si j'allais la garder. Je dis à mon mari : «Cette enfant n'est pas bien, elle est handicapée !» Mais il répliqua : «La pauvre, garde-la !» Moi je n'étais pas convaincue : «Non, regarde, l'os est déformé et ressort !» Autrefois, c'était ainsi : nous ne gardions pas les enfants handicapés. Mais mon mari insista : «Garde-la, c'est à cause du kangourou que j'ai tué…» Je gardai cette enfant qui a le Rêve Kangourou. Je l'emmenai à la réserve où l'infirmière me demanda : «Qu'est-ce que c'est que cet os qui ressort à la hanche ?» Je lui expliquai que cela venait de son Rêve. Quand ma fille grandit, l'os rentra de lui-même et elle put marcher. Mon mari me dit : «Tu vois, notre enfant est en bonne santé et tu voulais t'en débarrasser !»"

Les marques corporelles de naissance et tout autre signe, rêvé ou non, permettant d'identifier les attaches ancestrales d'un Warlpiri, faisaient traditionnellement l'enjeu de stratégies territoriales. L'intervention des mères et des proches dans l'interprétation de ces signes contrebalançaient la tendance au monolithisme patriclanique. Parfois la situation impliquait un consensus tribal. Ainsi toute une génération d'enfants nés à Lajamanu ont pour Rêve de conception Wallaby, totem dont l'itinéraire traverse la communauté et qui leur donne une légitimité de résidence sur cette terre qui appartenait autrefois aux Kurintji.

Nungarrayi me raconta enfin l'histoire de son petit dernier. Au pied d'un grand arbre à prunes situé près de la municipalité de Yuendumu, dans une valise contenant des objets rituels féminins, se trouvait son esprit-enfant.

"Il portait dans sa main une lumière comme un bâton de feu. Mon beau-frère le vit et prévint sa femme : «Un enfant est venu du terrain des hommes. Il a grimpé au sommet de mon abri ! Il n'était pas seul, un autre esprit-enfant l'accompagnait, sa compagne. Ils se sont réfugiés dans notre camp !» Ma sœur lui répondit : «Mon pauvre, tu as vu deux enfants, c'est vrai ?» Il lui expliqua : «Ils sont venus dans la journée et ils m'ont fait dormir pour se montrer dans mon sommeil !»"

J'appris à cette occasion qu'il n'était pas rare que quelqu'un d'autre que la mère ou le père reçoive le signe d'une future naissance. Ici, ce fut un beau-frère, Warntapari, appelé ainsi car il fut "conçu" dans un site de ce nom, traversé par son Rêve Pluie et le Rêve Prune Noire.

"Il avait dit vrai, le vieil homme. Mon mari et moi partagions son camp, et c'est en moi que l'esprit-enfant est entré pour devenir le petit Pana ! Quant à la fille qui l'accompagnait, elle est entrée dans une de mes cousines Napurrurla."

Nungarrayi m'expliqua que les deux esprits-enfants venaient du Rêve Varan *pilja*.

"Voici ce qui s'est passé : ma cousine fut attrapée par la petite fille esprit en allant camper avec son groupe sur la terre du Rêve Varan à Yinapalku. Elle mit sur la tête un bandeau rituel sans savoir que sa fille s'y était cachée pour se rendre à Yuendumu. Mon fils, pour suivre sa petite compagne, se cacha dans le propulseur d'une lance.

Arrivés à Yuendumu, ils s'installèrent dans la valise contenant nos objets sacrés du Rêve Varan. Et ils rôdèrent dans les camps. Nous pouvions voir comme des feux follets autour de l'arbre à prunes où se trouvait notre terrain de cérémonie. Toutes les femmes ont vu ces lumières. Nous pensions que c'étaient les signes de mauvais esprits. Mais non, ce n'étaient que deux esprits-enfants qui voulaient naître ensemble."

L'identification du Rêve et du lieu de provenance du dernier enfant de Nungarrayi avait fait l'objet d'une véritable enquête policière dans le monde fabuleux des esprits ! La déduction du Rêve et du lieu de conception d'un enfant suscitait souvent l'ingéniosité de ses proches, mélange de poésie et de politique.

Traditionnellement, si le lieu vu en rêve n'était pas répertorié dans la cartographie ancestrale, il fallait trouver des signes qui permettent de le rapporter à un Rêve existant. On pouvait intégrer ce lieu à un itinéraire totémique qui se trouvait à proximité et lui donner un toponyme qui allait constituer un nouveau vers intégré au cycle des chants célébrant ce Rêve-totem. Comme dans le cas des vers transmis depuis des générations, le nouveau vers devenait le prénom secret de l'enfant.

Mais il était aussi arrivé dans le passé, lorsque naissait un enfant dans un clan en expansion, que son lieu de conception soit situé dans une zone de *no man's land* et qu'on le caractérise par un Rêve-totem sans itinéraire clanique. Cela permettait à l'enfant devenu grand de fonder son propre clan et que soit élaboré à partir de son rêve de conception un itinéraire correspondant. Génération après génération, s'opérait l'adaptation des droits territoriaux aux besoins de survie des hommes, toujours cautionnée par les Rêves.

CINQUIÈME PARTIE

LE CHIEN NOIR

Septembre 1984. La fin de la saison froide approchait mais les nuits étaient encore glaciales et le vent soufflait à vider des oreilles. Une vieille Nakamarra gardienne du Rêve Courlis tomba très malade. Ni les massages des femmes, ni les médicaments du dispensaire n'avaient réussi à la soulager. Elle annonça qu'elle allait mourir. La Voix des Nuits le lui avait prédit en lui montrant dans son sommeil le Chien Noir, celui que tous les Warlpiri redoutent de voir.

Quand il s'approche de vous en rêve, se pourlèche les babines d'un air suave et vous gratte l'épaule d'un geste sensuel, c'est le signe d'une mort prochaine, probablement la vôtre. Nakamarra se préparait à mourir, et personne ne tentait plus de l'obliger à manger, à prendre ses médicaments ou à se protéger du froid.

Etait-elle condamnée sans recours ? Je proposai à mes compagnes d'en prendre soin dans notre maison. D'abord, légère réticence. J'imaginai qu'elles craignaient que la malade meure sur place. Mais elles finirent par accepter, donnant ainsi le signe qu'un espoir était permis. Nakamarra se laissa transporter du camp où elle dormait à la belle étoile dans la maison où nous l'installâmes entre les matelas des autres pensionnaires. Lavée et habillée de propre, elle accepta de manger un peu et d'avaler des médicaments.

Ses hanches étaient enflées à cause de la déshydratation et la douleur l'empêchait de se mettre debout. Je la massais plusieurs fois par jour. Chaque soir, après des heures d'immobilité et de silence, les yeux fermés ou ouverts, elle était saisie d'un délire verbal et de spasmes qui la secouaient dans tous les sens. Cela continuait dans son sommeil par des murmures ou des cris aux paroles incompréhensibles.

Au bout de quelques jours, elle me demanda de la coucher à l'ombre d'un arbre de notre enclos. Je retournai dans la maison pour taper à la machine lorsque soudain éclatèrent des aboiements hargneux. A travers la porte ouverte, j'aperçus une chienne qui fouillait dans le bac à pierre où les femmes déposaient leurs bouteilles d'huile à peindre et autres bric-à-brac. Je m'approchai et trouvai au fond du bac une deuxième chienne roulée en boule et tremblante qui aboyait. L'intruse s'éloigna de quelques pas mais revint aussitôt pour se pencher sur le bac. Le manège se répéta plusieurs fois.

J'écartai la chienne indésirable et observai l'autre de plus près. Il sortait d'elle une matière gluante qu'elle léchait au fur et à mesure, dévoilant une chose noire et minuscule, tellement petite, fragile et irréelle que je sentis ma gorge se nouer par une étrange émotion. Je n'arrivai pas à retenir mes larmes, complètement retournée comme si je compatissais à une douleur irraisonnée. Pourtant ne s'agissait-il pas tout simplement d'un animal qui accouchait prématurément ? Je sortis de la véranda et annonçai à la malade :

"La chienne a eu un chiot ! Mais il est vraiment tout petit."

Nakamarra, comme si elle savait déjà que l'accouchement venait de se produire, me fit remarquer d'un ton grave :

"Il est noir, n'est-ce pas ?"

J'acquiesçai, le chiot était aussi noir que sa mère était grisâtre. A nouveau je me sentis totalement bouleversée : un frisson macabre me parcourut. En un éclair, le mot "noir" devint le gouffre d'une nuit sans fin. Le lendemain, Nakamarra était complètement rétablie. Je lui avouai que quand le chiot était né j'avais pleuré.

Elle me regarda droit dans les yeux, avec son sourire étrange qui m'évoquait à chaque fois les *babayaga* des contes slaves de mon enfance :

"Le Chien Noir de mon rêve est parti… Tu m'as guérie…"

Pendant quelques secondes mon esprit chavira : il y avait un rapport entre l'image de son rêve et l'accouchement de la chienne, comme si l'obsession onirique de Nakamarra s'était faite chair pour l'exorciser de son mal… Et moi, témoin des deux côtés de l'histoire, en serais-je devenue le catalyseur involontaire ?

Deux soirs plus tard, alors que Nakamarra était retournée dans son camp, mes compagnes furent prises d'un fou rire. Entre les gloussements j'entendis :

“Kajirri a mangé son chiot !”

Ironie des sortilèges. Notre chienne, qui portait le nom de la cérémonie initiatique Kajirri, avait avalé ce dont elle avait accouché, tout comme les héroïnes Kajirri sont censées “avaler leurs fils”, les novices, pour les engloutir le temps de leur initiation dans les profondeurs souterraines et l'espace-temps du Rêve. Simple coïncidence ou destin de son nom ?

En tout cas, il semblait bien que les mots “Kajirri” et “Chien Noir” avaient joué un rôle de transfert qui avait permis la guérison. Le chiot était venu matérialiser le Chien Noir du Rêve et supprimer un autre devenir possible de cette image : la mort de Nakamarra. Le fait que la chienne porte le nom d'héroïnes mythiques considérées comme des initiatrices, c'est-à-dire des “passeuses”, avait permis d'en faire momentanément le lieu d'un transfert possible.

Que son chiot soit prématuré confirma qu'il avait un autre destin que celui de vivre. Quant à ma propre intervention dans cette “cure”, elle fut induite quand j'invitai la malade dans la maison puis assistai à cette naissance. Lorsque la chienne réingéra son chiot, la coïncidence avec l'attribut d'“ogresses” des héroïnes Kajirri devint prétexte à rire car la chienne semblait accomplir un rôle à son insu.

Bien sûr, le chiot digéré par sa mère n'empêchait pas que le Chien Noir revienne hanter le sommeil de Nakamarra ou de quelqu'un d'autre. Mais il ne s'agissait pas d'un processus réversible comme l'éternel retour. Plutôt, semblables à un feedback en spirale infinie, les passages du rêve à l'éveil étaient multiples et constituaient, du point de vue warlpiri, la condition même du devenir des choses et de leur transformation.

Naître se dit en warlpiri *palkajarri*, "devenir corps". Ce qui devient corps chez un humain c'est un esprit-enfant, c'est-à-dire une virtualité de vie cristallisée dans un vers de chant semé par les Images produites par un nom de Rêve. En ce sens, le devenir humain matérialise à la fois des mots, des images et un rythme. Et tout ce qui se reproduit en dehors de l'homme est également une manifestation d'images et de mots chantés provenant de l'espace-temps du Rêve.

La philosophie warlpiri n'oppose pas les images à la substance ou à l'essence des choses. Les deux sont indissociables. Si tout héros est *Kuruwarri*, Images qui se déroulent dans des récits et s'inscrivent comme traces visibles dans les sites, il est aussi *Kuyu*, Chair qui donne forme et substance à tout ce qui porte son nom : les clans, les animaux, les plantes, les phénomènes, etc.

Un Warlpiri parle de son Rêve, de son nom totémique, comme de sa Chair qu'il partage avec ses ancêtres mythiques, les membres de son clan et les choses qui font office de totems : les varans, les ignames, la pluie, les étoiles ou les bâtons à fouir. Sans Rêves, c'est-à-dire sans noms originels, toutes les choses qui existent ne seraient pas. Les mots sont en quelque sorte garants de ce que le réel est déjà dans l'image : les kangourous peuvent exister seulement parce que, en disant "kangourou", on perçoit des images correspondantes qui permettent de reconnaître les diverses formes et substances qui donnent sens à ce mot. Mais à l'inverse, sans un mouvement qui anime les images, les noms ne pourraient se matérialiser.

Les Warlpiri ne confondent pas pour autant le rêve et la réalité mais ils fondent leur rapport sur une discrimination autre que notre opposition entre imaginaire et réel. La cosmologie se définit comme un mouvement d'aller et retour entre *kankarlu*, le "dessus" qui se réfère au présent et à tout ce qui constitue l'environnement terrestre et céleste, et *kanunju*, le "dessous" qui se réfère au passé, au souterrain, à l'espace interstellaire et à tout ce qui peut advenir. Dans certaines circonstances, le "dessus" est identifié aux femmes et le "dessous" aux hommes. Enfin, l'un est parfois synonyme de public et l'autre de secret. On pourrait aussi traduire le "dessus" comme le manifeste et l'actuel, le "dessous" étant le latent et le virtuel. Autrement dit, sous toutes les choses apparentes se cachent des principes secrets. Ce que les hommes virtualisent, par exemple la reproduction, les femmes l'actualisent, en l'occurrence en accouchant.

La vie rituelle consiste à atteindre le monde du "dessous" par la fabrication de formes du "dessus", les chants, les peintures, les danses et les gestes codés, qui acquièrent ainsi un attribut sacré et secret. Dans ce processus le rôle des hommes et celui des femmes diffèrent. Celles-ci transforment du "dessous" en "dessus" aussi bien en accouchant d'esprits-enfants incarnés qu'en propageant les forces des Rêves dans leurs rituels. A l'inverse, les hommes transforment du "dessus" en "dessous", en faisant "mourir" et "renaître" les garçons par l'initiation et en descendant dans les grottes sacrées interdites aux femmes. Quant à l'expérience onirique, elle est, pour les deux sexes, un voyage dans une dimension située à la croisée du "dessous" et du "dessus".

Que ce soit dans le sommeil ou l'éveil, les Warlpiri distinguent le "vrai" du "faux", "mensonger" ou "fou". Falsification et mensonge sont un usage trompeur de la langue, alors que la folie est une "désorientation", une lacune des repérages qui balisent les chemins de la parole. C'est pourquoi le terme *warungka*, "fou", désigne aussi les bébés, les très vieux, ceux qui se perdent en brousse ou sont sourds-muets. C'est l'absence de reconnaissance des mots et des lieux qui rend la vision et l'écoute, à l'éveil ou dans le sommeil, incompréhensibles. Le discours devient "insensé" au sens propre et figuré.

Il est amusant de noter que dans le français du XVe siècle "rêver" se disait *desver*, mot dérivé du latin *esver* qui signifiait "errer" et donna le mot *endever*, "devenir fou". Dans notre tradition, le rêve fut donc également lié à la désorientation spatiale et mentale.

Vingt ans avant l'histoire du Chien Noir, Nakamarra, qui venait d'arriver à l'ancienne réserve, reçut à la suite d'un long délire la révélation d'un rituel pour les femmes et d'un autre pour les hommes. Tout avait commencé avec cet abri de feuillage où se trouvait la valise dans laquelle elle gardait ses objets sacrés. Un jour, au retour de la mission où elle travaillait comme cuisinière, on lui dit que ses objets sacrés avaient brûlé. Des flammes avaient mystérieusement surgi de son abri et, bien que ses compagnes de camp aient essayé d'étouffer le feu avec des branchages, il ne s'éteignit qu'après avoir consumé sa valise. Nakamarra pensa aussitôt : "C'est un esprit du Rêve Feu qui a jeté une étincelle dans ma valise... Mais pourquoi ?"

"Une terrible tristesse s'empara de moi et je me couchai, me raconta Nakamarra. Cette nuit-là, en rêve, je vis deux Nangala venir vers moi, chacune portant une tablette sacrée *yukurrukurru*. Elles les agitaient en dansant et les déposèrent devant moi au moment de s'asseoir. Alors, une foule de femmes du Rêve arrivèrent et dansèrent, je ne connaissais pas leurs visages. En revanche, je reconnus dans les deux Nangala deux de mes «brus». Quand elles dansaient, je me voyais les regarder. Et je me sentais malade à chaque fois que j'apercevais dans leurs mains les tablettes qu'elles portaient. Ces tablettes étaient peintes avec des motifs que je ne connaissais pas, et de les voir en rêve m'affaiblit réellement."

En se réveillant le matin, Nakamarra était tellement à bout de forces qu'elle dut se rendre au dispensaire. L'infirmière, affolée par son étrange état, voulut l'envoyer à l'hôpital de Darwin.

"Mais moi je savais que je n'étais pas vraiment malade. C'était seulement le rêve qui m'avait frappée trop fort. L'esprit de ma mère morte et toutes ces femmes de Rêve s'étaient emparés des forces de mon esprit, me rendant comme folle. Restant au dispensaire pour la nuit, je fis à nouveau le même rêve. Le lendemain, des femmes vinrent me visiter, parmi elles se trouvaient mes deux «brus». Dès que je les aperçus, je les pointai du doigt et criai : «Vous deux ! Je vous vois toujours en train de danser !» Je délirais."

Nakamarra resta au dispensaire pendant un mois, un mois de délire. Nuit après nuit, elle rêvait la même chose, ou bien des choses nouvelles qui se rapportaient à son premier rêve. Entre-temps deux anciens reçurent des songes similaires. Et Nakamarra recouvra la santé. Elle demanda aux femmes de se rassembler avec les hommes. Ils vinrent tous au camp où avait brûlé son abri avec les objets sacrés. C'était le camp Moustique qui borde Lajamanu à l'ouest.

“Je dis aux femmes : «Je vais donner un nouveau *yawulyu* aux Nangala et Nampijinpa, gardiennes du Rêve Feu.» Et aux hommes j’annonçai que j’allais donner un nouveau *purlapa* pour les Jangala et Jampijinpa, gardiens du site sacré Jurntu. Ils m’écoutèrent.”

Nakamarra apprit aux femmes et aux hommes une nouvelle façon de se peindre le corps, de chanter et de danser pour célébrer le Rêve Feu de Jurntu.

“Si j’avais vu en rêve mes deux «brus», c’est parce que leurs pères décédés, deux Jampijinpa, désiraient se servir de moi pour nous apprendre à célébrer le Rêve Feu d’une nouvelle façon. C’est l’un d’eux, Munkurturru, qui avait mis le feu à mes affaires : l’esprit de ma mère morte me l’a dit.”

Les deux Jampijinpa décédés étaient gardiens du Rêve Pluie à Lungkardajarra. Dans ses rêves, Nakamarra les vit en compagnie d’un troisième Jampijinpa, Werrilwerrilpa, gardien du Rêve Feu à Jurntu, qui fut tué par ses frères pour une transgression lorsqu’elle était petite.

“J’ai vu les esprits *manparrpa* des trois Jampijinpa allumer un grand feu à Kartarda (un site du Rêve Perruche Verte). Les trois hommes continuèrent leur chemin en s’envolant vers le nord pour arriver à Lajamanu. J’entendis une musique de percussion des boomerangs et je m’approchai de l’endroit d’où semblait venir le son. C’était le grand tronc creux du camp Moustique. Je me dis : «Tiens ! Ils chantent un *purlapa* !» Alors, tous les hommes de Lajamanu apparurent et s’assirent près d'un abri cérémoniel. Les trois esprits sortirent du tronc d'arbre. Ils portaient sur la tête des coiffes *kutari*, très hautes avec une touffe de plumes d'émeu au sommet. Les Rêves Feu et Python *pirntina* brillaient en rouge sur leurs corps couverts de duvet blanc. Au même moment, je vis arriver de grands nuages blancs porteurs de pluie. Un quatrième esprit les accompagnait dans leur voyage mais il ne s'était pas arrêté, continuant son vol loin, très loin, vers le nord, jusqu'à la mer… Il plongea dans l'océan et en resurgit, formant d'immenses éclaboussures. Voyant le ciel, il se dit : «Je suis allé trop loin…», et il rebroussa chemin pour atterrir ici, à Lajamanu, sur la piste des avions ! Il rapportait avec lui une lance qu'il brandit pour danser à la rencontre de ses trois compagnons retrouvés. Alors l'esprit Munkurturru s'écria : «Regardez ! *Kamangirpa* !»"

Nakamarra m'expliqua que Kamangirpa, qui désigne ce type de lance, est aussi le prénom de ce quatrième esprit de mort. Dans son rêve, elle suivit les quatre esprits à Palwa, un site sacré du Rêve Wallaby *wampana* dont les femmes ne peuvent habituellement s'approcher. Mais c'est là que la rêveuse les vit montrer aux hommes de Lajamanu la danse *purlapa*, qui mime le meurtre de Werrilwerrilpa et l'arrivée de Kamangirpa, l'homme à la lance.

"Tu as vu cette danse dans ton pays quand nos hommes sont venus la présenter à ton peuple, me rappela Nakamarra. Tu te rends compte, la Voix des Nuits nous a portés au-delà de la mer, plus loin que l'esprit Kamangirpa qui y avait plongé ! Les hommes sont fiers du *purlapa* que je leur ai donné et, chaque fois qu'ils le dansent, ils doivent me «payer» le *kunari*. Mais, quand ils acceptèrent le *purlapa* et le dansèrent pour la première fois, c'est moi qui ai dû leur «payer» le *kunari* : des galettes et du thé. Les femmes à qui j'avais donné le *yawulyu*, les Nangala et Nampijinpa, m'ont aidée à payer les gardiens *kirda* et les régisseurs *kurdungurlu* du Rêve Feu."

Après ce don rituel, les hommes *kirda* fabriquèrent pour Nakamarra deux tablettes sacrées *yukurrukurru* afin qu'elle puisse y peindre les motifs qu'elle avait vus dans ses rêves. A l'exception des bâtons à fouir et des bâtons de combat qui servent de piquets sacrés, ce sont toujours les hommes qui taillent les objets en bois.

Nakamarra attendit vingt ans avant de recevoir une nouvelle révélation, cette fois pour son propre Rêve, Courlis *wirntiki*. Cela se passa alors qu'elle campait avec sa nièce à Yiningarra, un site de son Rêve qu'elle n'avait pas visité depuis très longtemps. La nièce rêva du Rêve Haricot *kunarnturu* dont le peuple s'orientait en suivant la fumée des haricots qu'ils cuisaient sur leur chemin, ceci jusqu'à ce qu'ils disparaissent sous terre d'où sortit le Rêve Courlis. Nakamarra rêva de Courlis, l'homme-oiseau qui sauva son peuple d'un gigantesque feu de brousse provenant de Jurntu. Elle vit des héroïnes Kajirri se brûler les poils du pubis avant d'emmener sous terre des garçons à initier.

Elle vit des femmes danser et se peindre d'une nouvelle façon en s'accompagnant de nouveaux chants. Personne ne contesta sa vision : Nakamarra avait déjà prouvé qu'elle était une rêveuse élue par les ancêtres.

LA CÉRÉMONIE BOUCLIER

Trois Jungarrayi de douze ans s'étaient clandestinement introduits dans le dépôt du magasin pour y dérober un stock de boissons gazeuses. Le chef de la police menaçait de faire appel à un juge pour enfants. Les anciens, refusant toute intervention de Kardiya dans ce qu'ils considéraient comme leur affaire, décidèrent de montrer aux délinquants en herbe leur autorité traditionnelle. Bien qu'encore un peu jeunes, les trois fautifs furent capturés pour subir toutes les épreuves de l'initiation Kurdiji, "Bouclier".

J'étais très contente de revoir cette cérémonie. Cinq ans auparavant, j'avais eu un peu de mal à suivre ses diverses étapes. Désorientée par les déplacements nocturnes des participants, j'avais succombé à la magie d'un spectacle mystérieux. Après tout, les Warlpiri appellent parfois leurs rituels du terme même signifiant jeu et plaisir, *manyu.*

Pour la première veillée rituelle, un terrain fut débroussaillé à l'est du camp de Ruddy Japaljarri, deux des garçons étant ses fils jumeaux. Leurs tantes paternelles Napaljarri et leurs "mères" Nakamarra, c'est-à-dire outre leurs vraies mères, les co-épouses et les sœurs réelles et claniques de celles-ci, se peignirent la poitrine avec le Rêve Lézard *liwirringki* associé à la circoncision. Dans chaque cycle cérémoniel Bouclier, les "mères" et les tantes paternelles des novices ont un rôle crucial à jouer. En fait, c'est seulement après avoir tenu ce rôle dans plusieurs initiations que les femmes deviennent des *businesswomen*.

Les femmes peintes dansèrent, aussitôt suivies par les hommes qui frappaient la terre avec les boucliers donnant leur nom à la cérémonie. Sur leurs corps couverts de duvet blanc étaient tracés des motifs rouges représentant le fruit sauvage *markirdi*, associé au Rêve Homme Initié. Quel que soit le Rêve clanique du novice, l'initiation Bouclier se réfère toujours à ce Rêve des hommes-arbres enfants des étoiles qui l'inaugurèrent.

A l'est et à l'ouest du terrain cérémoniel, deux auvents de branchages figuraient l'auvent ancestral qui tomba du ciel et se transforma en une longue colline à Kulungalinpa. A la tombée de la nuit, les hommes s'assirent pour chanter le regard tourné vers l'est en fixant les étoiles qui par leurs déplacements allaient indiquer les étapes de la veillée. Derrière eux étaient installés les enfants et les femmes qui se relayaient pour danser. Dans leur dos, cachés par l'auvent de l'ouest, se trouvaient les trois novices assis en tailleur, tête baissée, en compagnie de quelques beaux-frères Jangala, leurs tuteurs rituels. Toutes les demi-heures, ils étaient relevés les bras sur la nuque pour fixer la course de Mars poursuivant les Pléiades.

Juste avant le lever du jour, à l'apparition de l'Etoile du Matin, les tuteurs firent passer les novices au milieu des femmes pour qu'ils rejoignent les hommes. Moment très solennel contrastant avec l'atmosphère rieuse de la nuit. Les "mères" massèrent les garçons et leur donnèrent à chacun un tison qu'elles s'étaient passé de main en main au cours de leurs danses. Ils allumeraient avec lui leur premier feu de la journée, marquant ainsi le début de leur réclusion en brousse qui allait durer une semaine.

Autrefois, les novices étaient emmenés à pied en un voyage initiatique de plusieurs mois. Ils visitaient divers groupes locaux sans pouvoir voir de femmes et recevaient de tous leurs beaux-pères potentiels des cordes de cheveux destinées à leurs pères et oncles maternels en guise d'offre d'alliance. Aujourd'hui, de tels voyages ont parfois lieu d'une communauté à une autre en voiture.

Les "mères" et tantes paternelles avaient aménagé un camp spécial où dans la journée elles se peignaient et dansaient leurs Rêves respectifs afin de donner de la force aux futurs initiés. Trois fois par jour, elles préparaient et cuisaient la nourriture des reclus et de leurs tuteurs qui venaient y récupérer les mets et le thé. La semaine écoulée, une centaine de femmes déposèrent dans ce camp leurs couvertures et de grands seaux de thé qu'un camion emporta jusqu'à un nouveau terrain cérémoniel.

Au coucher du soleil, la moitié des femmes étaient peintes, suivies des autres et de nombreux enfants, elles passèrent sous les barbelés qui bordent la piste d'atterrissage, traversèrent celle-ci et s'assirent à l'orée du maquis. Pendant une demiheure nous attendîmes, dans un silence tendu. Enfin arriva le hululement attendu lancé par un ancien. Nous passâmes à toute allure les buissons épineux pour arriver sur l'ancienne piste d'atterrissage ravinée par plusieurs saisons des pluies. Apparurent les silhouettes des hommes qui se fondaient dans la pénombre du ciel que le soleil avait quitté.

Les "mères" et les tantes se dirigèrent vers les novices dont elles tapotèrent les épaules avec leurs tablettes sacrées qu'elles avaient peintes dans la journée. Puis elles disparurent derrière le nouvel auvent de branchages situé à l'ouest du terrain. Les autres femmes et les enfants s'assirent devant, rejoints par les "pères" et oncles maternels des novices qui chantèrent face au reste des hommes installés à l'est, contre l'autre auvent. Soudain, ils se levèrent et les "mères" et les tantes sortirent de leur cachette pour les rejoindre. Nous les suivîmes pour nous asseoir là-bas, le regard tourné vers l'est.

Une main me força à baisser la tête. Les hommes chantaient une mélopée très gutturale. Puis j'entendis des bruits de pas, de sauts, des cris rythmés par des souffles : les hommes dansaient... Mais il était interdit aux femmes de regarder. Nouveau signal, c'était terminé. Nous retournâmes nous asseoir contre l'auvent de l'ouest. Là, les "mères" et les tantes, coiffées du bandeau rituel *minyeri* – une cordelette de cheveux enduite d'ocre rouge –, dansèrent en s'accompagnant de petits cris : "Pou ! Pou !" A l'instar des héroïnes Bâton à Fouir qui reçurent un tel bandeau de Varan, elles sautaient sur leurs jambes légèrement écartées, les paumes ouvertes vers le ciel comme si elles soupesaient un collier, jetant de temps en temps une main derrière l'oreille comme si elles écartaient de très longs cheveux.

Les hommes appelèrent tous les petits garçons près de l'auvent de l'est où ils les décorèrent avec deux barres verticales blanches sur la poitrine et un trait horizontal sur le nez. Ils leur demandèrent pour plaisanter s'ils avaient une sœur à marier. Puis les petits, tenant une baguette sur la nuque, reçurent l'ordre de faire le tour des femmes en courant. Ces dernières faisaient mine d'avoir peur, riaient et les encourageaient.

La nuit était tombée. Femmes et enfants repartirent s'asseoir à l'est, cette fois le dos à l'auvent et le regard tourné vers l'ouest. Devant, des hommes assis chantaient. Un immense feu fut allumé autour duquel apparut une file de danseurs, sautant d'un pied sur l'autre, les genoux très haut et battant l'air de leurs mains comme s'ils jonglaient. Décorés avec des points blancs sur la poitrine, un motif secret représentant les étoiles, ils se baissèrent ensemble au-dessus du feu et le soulevèrent à pleines mains, produisant une gerbe d'étincelles qui fit s'écarter et crier les femmes.

Trois d'entre elles se saisirent chacune d'un novice qu'elles installèrent sur leurs épaules et s'enfuirent vers l'est suivies par les autres femmes et les enfants. Elles rejouaient ainsi le rapt du petit héros du Rêve Homme Initié qui fut emporté dans les airs sur le dos d'une séductrice du Rêve Pluie. Pendant des années, furieux qu'elle l'ait soustrait à sa réclusion initiatique, il refusa ses avances, mais finit par succomber à ses charmes, et ils eurent une petite fille.

Après une courte marche, les trois novices furent déposés à terre et allongés le dos sur la poitrine de trois "mères" qui s'étaient couchées côte à côte. Des femmes soulevèrent la tête des novices pour leur faire boire des boissons gazeuses et manger du pain avec du corned-beef. Après ce repas rituel modernisé, elles massèrent les garçons en chantant. Puis elles leur rappelèrent le confort sécurisant de leur monde et les mirent en garde contre celui des hommes, répétant la formule rituelle :

"Ne suis pas le chemin de ton frère, va par ton propre chemin...", c'est-à-dire ne convoite pas les femmes destinées à d'autres.

Les Nungarrayi "sœurs" des novices se mirent à danser, et on me poussa à faire de même puisque les jumeaux étaient mes "frères". Autrefois, au moment final de la circoncision, les vraies sœurs subissaient à l'écart une scarification rituelle, marquant leur solidarité avec le circoncis. La plupart des femmes de plus de trente ans portent la trace de cette pratique maintenant abandonnée : des cicatrices en forme de trait ou d'arc entre les seins, ou sur le ventre si la femme était alors enceinte ou allaitait un enfant.

Silence inquiétant jusqu'à ce qu'un signal nous ait indiqué d'approcher du terrain. Deux Jungarrayi vinrent récupérer leurs petits "frères" de peau. Nouvelle attente et les "mères" se dirigèrent vers les novices pour les allonger le dos sur le ventre de trois de leurs "beaux-frères" étendus l'un contre l'autre par terre.

8 heures du soir. Çà et là, des feux furent allumés et des couvertures étalées pour la "récréation". Des hommes s'assirent à quelques mètres des femmes et entamèrent un cycle de chants racontant l'histoire de la transgression d'un héros ancestral qui coucha avec sa belle-mère. Les femmes répondaient en lançant aux chanteurs des plaisanteries paillardes. Les autres hommes avaient disparu derrière l'auvent de l'ouest pour y exécuter des danses secrètes.

Deux heures plus tard, ils revenaient très joyeux, faisant mine de brûler les couvertures des femmes qui riaient aussi. Elles en roulèrent une partie pour dégager un espace de danse juste derrière les hommes déjà assis pour chanter. Tournant le dos à l'assemblée, les trois novices et leurs tuteurs s'installèrent près de l'auvent de l'est. Passé minuit, les tuteurs érigèrent près d'eux trois lances où ils avaient suspendu des tas de tissus, cadeaux destinés à leurs belles-mères, les mères des novices. Aussitôt, ils firent lever ces derniers et, passant au milieu de l'assemblée, allèrent s'asseoir contre l'autre auvent.

Les chanteurs, retraçant étape par étape l'itinéraire du Rêve Homme Initié, évoquaient les Rêves Pluie et Bâton à Fouir qu'il a rencontrés. A chaque fois qu'un chant se référait aux héroïnes Bâton à Fouir, les danseuses saisissaient une haute branche leur arrivant à la taille et mimaient la marche dansante des femmes ancestrales qui plantaient leurs bâtons pour faire pousser des acacias et semer des esprits-enfants. A d'autres moments, elles se passaient les trois tisons avec lesquels les novices avaient allumé leur feu de réclusion la semaine précédente.

Soudain, trois vieilles se levèrent brandissant des tablettes sacrées : les hommes chantaient le Rêve Kangourou *marlu*. Ce que ce Rêve a donné aux hommes ne peut être révélé, disent les Warlpiri et leurs voisins de l'Ouest qui l'associent tous à l'initiation. Toute référence à la circoncision est tellement secrète qu'on n'emploie même jamais publiquement le mot qui la désigne. Si les femmes ont des rituels pour les divers Rêves Wallabies, en revanche elles n'en ont pas pour le grand Kangourou : afin de célébrer l'itinéraire correspondant elles peignent et dansent le Lézard *liwirringki*.

Toutefois, dans la cérémonie Bouclier, les tablettes sacrées des femmes sont exceptionnellement peintes avec un motif du Rêve Kangourou. La danse avec ces tablettes annonce le moment crucial de la nuit : les vraies mères des novices transmettent chacune un tison aux mères respectives de celles qu'elles ont choisies comme futures belles-mères de leurs fils. C'est par ce rite du tison que l'assemblée découvre la décision d'alliance, la promesse de mariage passée entre les femmes de la matrilignée d'un nouvel initié et celle de sa future épouse qui souvent n'est pas encore née. On remarquera que l'interdit pour un garçon de fréquenter sa belle-mère prévient un risque d'inceste, c'est-à-dire qu'il devienne le père de celle qu'il devra épouser.

Les hommes choisissent de leur côté un circonciseur pour le garçon, qui de ce fait devient aussi son beau-père potentiel. Traditionnellement, bien qu'ils se concertassent en secret, le choix des hommes et celui des femmes ne coïncidaient pas nécessairement : en l'occurrence, le circonciseur et la belle-mère choisis n'étaient pas mariés ou promis l'un à l'autre, et donc n'étaient pas prédisposés à avoir une fille ensemble. Le circoncis pouvait revendiquer la fille de l'un ou de l'autre, voire des deux, s'il s'acquittait de ses obligations d'assistance à l'égard de son circonciseur et de sa belle-mère promise pendant les années précédant le mariage. Parfois des promesses étaient renégociées, en particulier si une belle-mère promise ne donnait pas naissance à une fille.

Vers 6 heures du matin, chants et danses s'arrêtèrent. Les novices, enduits d'ocre rouge des pieds à la tête et recouverts de touffes de duvet blanc, passèrent au milieu des femmes. Les “mères” tendirent les bras pour arracher les touffes et se les mettre dans les cheveux. Puis nous courûmes nous asseoir contre l’auvent de l’est. Deux jeunes Jungarrayi se baissèrent à terre, lancèrent de la poussière en l’air et, courant, l’un vers le nord, l’autre vers le sud, accomplirent un grand demi-cercle pour se croiser derrière l’auvent. Alors les femmes se couvrirent la tête avec des couvertures.

J’entendis des bruits de pas et un chant répétitif dont les mots ne sonnaient pas comme la langue warlpiri. Les hommes riaient et le chant s’arrêta. Silence. La même ritournelle reprit, accompagnée d’un bruit de feuilles secouées juste dans notre dos, comme si quelque chose se déplaçait dans les branches de l’auvent. En fait, les hommes y cachaient les objets rituels dont ils s’étaient servis pour la danse secrète. Parmi les tantes paternelles des novices, celles ayant déjà participé à plusieurs cérémonies Bouclier n’ont pas à baisser la tête, elles sont autorisées à voir les motifs peints ou gravés sur les objets : des boucliers, de grandes coquilles de nacre et des mâts. Mais moi, je ne pus les voir.

Sept danseurs plutôt âgés, peints avec des ronds sur le torse, avançaient maintenant l’un derrière l’autre, tapant très fort le sol de chaque pied. Le premier et le dernier avaient un bouquet de plumes d’émeu fixé au bas du dos. Lorsqu’ils s’assirent autour du feu, des femmes emportèrent à nouveau les novices sur leurs épaules, suivies seulement par les “mères”, les tantes, les sœurs, ainsi qu’une

Napanangka, “grand-mère maternelle” des novices et une Najururla, “grand-mère maternelle” de leurs futures épouses. Je fus invitée à assister au rite très émouvant qui allait se dérouler. Nous sommes allés beaucoup plus loin que la veille pour nous réfugier dans le maquis.

En un éclair, des femmes arrachèrent les broussailles pour dégager un petit espace où les novices étendus sur trois “mères” furent nourris avec du thé et une galette puis enduits d'ocre rouge. Ils semblaient épuisés. On leur mit les bandeaux rituels retirés de la tête de leurs mères. Toutes les “mères” s'assirent derrière celles qui étaient couchées et balancèrent les garçons au rythme d'un chant lancinant. A l'avant, les tantes faisaient onduler les tablettes peintes du motif Kangourou, puis elles les appuyèrent fortement sur le dos des novices, y imprimant l'Image sacrée. Lorsqu'ils relevèrent la tête, ils étaient sur le point de pleurer. L'un d'eux serrait dans sa main un petit camion.

Ayant creusé une fosse ronde, les femmes y allumèrent un feu qu'elles recouvrirent de feuilles d'eucalyptus dégageant une très forte odeur mentholée et une épaisse fumée. Les “mères” placèrent les trois garçons debout dans la fosse et firent cercle tout contre eux. Les autres femmes se pressèrent autour en chantant. La Napurrurla et la Napanangka attrapèrent la tête des garçons et appuyèrent fortement dessus. Le groupe masqué par la fumée était devenu une sorte de spirale dont on ne savait si elle était en train d'entrer ou de sortir de terre. Rappel de l'enfumement traditionnel pratiqué sur un nouveau-né et sa mère juste après l'accouchement. J'étais bouleversée par ce simulacre du passage d'un monde à l'autre.

En quittant la fosse, chaque femme y "trempa" le pied pour absorber le pouvoir de Rêve censé s'en dégager. Les garçons furent à nouveau assis sur leurs "mères" et entre leur dos et le ventre de celles-ci fut tendue puis agitée la longue corde de cheveux *makarra,* "matrice", utilisée dans les rituels thérapeutiques et pour relier les piquets sacrés. On retira les garçons. De chaque côté des trois "mères" s'allongèrent les autres ; toutes s'agrippaient à trois piquets mis en ligne bout à bout. Les tantes tirèrent dessus pour les relever, mimant ainsi la Voie lactée associée au Rêve Homme Initié.

Les garçons reçurent les trois tisons, signe de leur alliance future, pour les lancer sur un petit foyer préparé à cette intention, et nous sommes partis. Deux hommes nous attendaient à mi-chemin. Les sœurs les accompagnèrent pour ramener les novices sur le terrain et revinrent. Les "mères" s'y rendirent à leur tour pour retirer des trois lances les tissus et les cordes de cheveux. Elles étalèrent ces dons sur le terrain et, deux par deux, un "père" Japaljarri et un "oncle maternel" Jakamarra des novices se servirent. Les "mères" emportèrent ce qui restait dans des seaux et nous sommes rentrées à toute allure à Lajamanu.

19 heures. Après une longue journée d'attente, nous repartions vers le terrain cérémoniel. L'après-midi, les "mères" avaient partagé leurs tissus avec les tantes paternelles et remplacé leurs peintures corporelles du Rêve Prune Noire par celles du Rêve Igname. Les tantes et les sœurs avaient seulement effacé leurs peintures du Rêve Lézard. Toutes les femmes portaient des branches feuillues qu'elles traînaient sur la piste d'atterrissage et dans le maquis pour purifier le sol, comme pendant un deuil.

En arrivant sur le terrain, les "mères" frappèrent les novices avec d'autres branches qu'elles avaient coupées en chemin. Ils se mirent à sautiller comme des kangourous. Avec les femmes et les enfants, j'allai m'asseoir près de l'auvent de l'ouest, puis je les suivis vers celui de l'est lorsque s'y réfugièrent des hommes décorés portant à la main des perches de plusieurs mètres. Devant nous, d'autres hommes commençaient à chanter et, en première ligne, les novices, le dos couvert de traits horizontaux, de petits cercles et de croix, furent sommés de se boucher les oreilles.

Au sud et au nord du terrain, se trouvaient deux immenses tas de bois. Lorsque le premier s'embrasa, arrivèrent des danseurs pareils à des hommes-arbres : fixée à chaque pied, longeant leurs corps et dépassant leurs épaules d'une hauteur d'homme, une perche garnie de feuillage qui bruissait à chacun de leurs mouvements. Les novices reçurent l'ordre de bien écouter et regarder.

Ces perches *witi* sont fixées aux pieds avec des lianes *ngalyipi*, deux noms totémiques qui désignent souvent le Rêve Homme Initié en souvenir des branches qui poussèrent magiquement aux chevilles de ce peuple ancestral. Pour célébrer Kulungalinpa où cela se passa, les femmes peignent souvent les motifs "perche" ou "liane".

Seuls dansèrent pour les novices leurs "beaux-frères" Jangala et leurs "pères de belles-mères" Japanangka. Les premiers portaient sur le torse et dans le dos des motifs tracés en noir en forme d'écusson ou de S, représentant les éclairs du Rêve Pluie. Les seconds étaient décorés devant avec des ronds représentant le Rêve Galle d'Insecte et derrière avec une forme bizarre appelée par les femmes *mamu*, "esprit".

A tour de rôle, individuellement ou par deux, les danseurs se plantaient devant les novices et, comme pris de frissons, tremblaient des épaules et des genoux. L'effet était plutôt érotique et les femmes, toujours assises, ne se privaient pas de montrer leur excitation en tendant les bras vers les danseurs. L'un ou l'autre des chanteurs s'interrompait parfois pour faire recommencer tel ou tel danseur pendant que d'autres hommes retenaient avec une baguette les grandes perches qui s'agitaient.

Soudain, à l'exception de certaines initiées, les femmes durent à nouveau baisser la tête et on me demanda d'arrêter mon magnétophone. Je distinguai juste une nouvelle clarté : le feu du nord venait d'être allumé. Pendant un quart d'heure, les bruits de pas et autres sons non identifiables me semblèrent effrayants.

Lorsque je pus relever la tête, je vis trois nouveaux danseurs qui, l'un après l'autre, tombèrent au sol sur le dos. Les perches qu'ils avaient aux pieds recouvrirent les trois novices qui avaient été couchés entre-temps sur d'autres hommes. Les tantes des novices pleuraient : ils allaient être circoncis à présent, et les femmes devaient partir en courant. Je les suivis. Pas question pour une femme d'assister à ce rite final de l'initiation Bouclier.

CHAMANES

La tête pleine de rites et de mythes, je les ressassais à longueur de journée en quête des multiples associations et du principe d'organisation qui les connecteraient entre eux. Près de sept mois que je n'avais quitté Lajamanu, sauf avec les Warlpiri pour des virées en brousse et un voyage épique à Katherine. Hommes et femmes s'y étaient rendus pour défiler dans la rue et danser à l'occasion de la journée nationale aborigène commémorant la mort en 1876 de Trucanini, la dernière des Tasmaniennes.

Un matin, je me réveillai paralysée par une douleur aux reins. Impossible de me tenir debout. La maladie me forçait à une trêve bienvenue. Un éducateur me prêta un livre d'Hofstadter, *Gödel, Escher et Bach*. Plaisir de retrouver les dessins d'Escher qui me firent tant spéculer sur les illusions optiques lors de mon adolescence. En revanche, j'avais du mal à suivre la comparaison avec les paradoxes informatiques de Gödel et les fugues de Bach. Mais les désopilants dialogues que l'auteur prête à Achille et à la tortue, personnages inspirés d'*Alice au pays des merveilles*, me mirent sur la piste : la question qui semblait guider l'ouvrage était celle de l'autoréférence. Comment, à l'instar des dessins d'Escher où par exemple la main dessine une main qui la dessine, un système peut-il se générer par lui-même ?

J'étais à nouveau renvoyée à mes matériaux warlpiri. En effet, la plupart des récits de Rêve sont autoréférentiels. Les héros mythiques et tout ce qui existe sont issus de leurs noms respectifs, eux-mêmes issus des Rêves de ces noms. Pas d'origine ou de finalité. Pas de Rêve générateur de tous les autres. Chaque être ancestral et éternel se génère lui-même. En outre, par les relations de parenté qui le lient aux autres Rêves, chacun peut être vu comme le générateur des autres. Hofstadter dit que Bach serait mort en écrivant une fugue composée des notes correspondant aux lettres de son nom. Peut-être que, comme les Warlpiri, nous incarnons tous un vers de chant qui déploie notre destin vers le Rêve qui a généré ce vers.

J'étais couchée depuis trois jours et Paula décida qu'il fallait appeler un *ngangkari*, c'est-à-dire un guérisseur traditionnel. Il arriva accompagné de ses deux femmes, "pour me rassurer", précisèrent-elles. Il se pencha sur moi, et je n'arrivais pas à deviner derrière sa barbe grise s'il souriait ou grimaçait. Ses lèvres très épaisses étaient curieusement molles. Il m'ordonna de me retourner sur le ventre. Je sentis mon tee-shirt relevé et ma jupe abaissée, puis d'étranges attouchements au niveau des reins qui s'immobilisèrent au point précis de ma douleur. Le guérisseur dit rapidement quelque chose aux femmes.

"Ne t'en fais pas ! Il va te faire un «truc» et après il va cracher là-dessus..." me prévinrent-elles, en me montrant une plaque de fer.

J'étais un peu inquiète mais je me raisonnais : "Il va juste me faire le coup du chamane amazonien qui crache une pierre ou un os en faisant croire que cela vient du corps malade qui doit être ainsi débarrassé de son mal..." Je sentis alors un picotement désagréable dans le dos et on me dit de regarder.

Sur la plaque de fer s'étalait une petite flaque de sang où flottait une sorte de rognon sanguinolent, le tout ayant une couleur plutôt brunâtre. Cette fois, pas de doute, l'homme me souriait, ses dents brillaient et ses lèvres étaient maculées de ce que, précisa-t-il, il venait de cracher. J'avais en face de moi un vampire et cela ne me faisait pas rire ! La nausée me montait à la gorge et je n'y pouvais rien, même en pensant que ce pourrait très bien ne pas être mon sang sucé mais qu'il avait déjà ça dans la bouche avant d'arriver.

Je brûlais d'envie de vérifier l'état de mon dos : impossible, l'opération n'était pas terminée. Le guérisseur recommença. Nouveau picotement. J'identifiai les poils de sa barbe frottés contre mon dos. Il recracha : pas de rognon, seulement une petite flaque bien rouge comme du sang frais.

“Tout le mauvais sang est parti, commenta Paula, tu vois, ton sang a une bonne couleur maintenant…”

Troisième intervention, du côté gauche cette fois. Là aussi le sang craché était bien rouge et liquide. Dans la logique d’analogie entre mon mal et le sang, rien d’étonnant : la douleur venait plutôt de la droite. Je reçus l’ordre de me relever. Cela me semblait au-dessus de mes forces. Les femmes s’impatientaient et m’exhortèrent à essayer. Piteusement, je me mis à quatre pattes et je poussai sur mes mains avec un effort insoutenable pour me relever sur les genoux. Miracle ! La douleur avait disparu. Le vieil homme me regarda avec un mélange d’ironie, de tendresse et d’assurance.

Pour la première fois, j’avais confiance. Je me retournai afin de voir l’état de mes reins : sur ma peau une grande marque bleutée à droite et une plus petite à gauche. Avait-il vraiment sucé mon sang ou ces traces étaient-elles seulement comme les suçons dans le cou du temps de mes flirts lycéens ? A ce souvenir, je fus sur le point d’éclater de rire. N’étant pas sûre que le chamane apprécierait la comparaison entre sa pratique et celle des amoureux, je me contentai de sourire. Tout allait bien, j’eus droit au diagnostic.

“On m’a expliqué que tu avais porté des sacs trop lourds, dit mon guérisseur, c’est normal que tu aies eu mal ensuite. Mais il a fallu autre chose pour que le mal persiste de cette façon… Une «pierre» t’a frappée…”

Le mot "pierre", *pamarpa*, désigne aussi bien les cailloux, les rochers que les montagnes. Mais ici il s'agissait de corps étrangers qui se cristallisent dans les hommes attaqués par des esprits ou par sorcellerie. Le chamane m'aurait débarrassée de ma "pierre" en crachant le rognon sanguinolent. J'appris que d'autres maladies peuvent prendre la forme d'un os ou d'une vraie pierre que tout *ngangkari* a le pouvoir d'extraire avec cette même technique de succion.

Je ne pouvais m'empêcher de penser que le sang venait bien de mon corps. Certes, j'aurais eu plus de mal à le croire si le guérisseur avait craché une vraie pierre ou un os. Mais il se trouvait que, privée de règles sans raison depuis des mois, j'associais le rognon à une matérialisation de ce sang qui refusait de s'évacuer ! Hystérie ? Psychosomatisme oblige, quelques jours après que j'eus payé les 40 dollars du prix fixé à ma "cure", j'avais enfin mes règles !

Paula me dit que sur le chemin que j'avais suivi en portant les sacs trop lourds se trouve une zone qui concentre toutes les "pierres" frappeuses de Lajamanu. La plupart des Warlpiri évitent de passer par là où, coïncidence, habitent les Blancs. Pour les Warlpiri, l'association entre un mal organique et un lieu est courante. On dit par exemple que le non-respect des sites sacrés provoque des maux définis par le Rêve correspondant. Là où les héroïnes Bâton à Fouir sont entrées sous terre, les femmes risquent de ne plus avoir leurs règles. Et là où le héros Invincible a perdu du pus sortant d'une blessure de ses testicules, les hommes risquent des infections.

Bref, tout mal a sa source de Rêve et tout Rêve a son côté bénéfique et son côté maléfique. Les premiers anthropologues, qui pensaient que les totems constituent ce dont les hommes ont besoin pour survivre, ne comprenaient pas pourquoi certaines tribus ont des totems tels que Fièvre, Rhume, etc. Cette antinomie disparaît si l'on considère le totémisme comme une tentative de régulation de tout ce qui existe. Tout comme il y a des sites à pouvoir Igname et des rites associés pour assurer la reproduction de ces tubercules, de même il y a des sites à maladies et des pratiques de sorcellerie pour les diriger sur les ennemis. Les hommes s'évertuent ainsi à contrôler la circulation des forces totémiques localisées dans des lieux.

Peu après ma maladie, un Japaljarri de la quarantaine, très maigre et jovial, vint me raconter sa propre expérience de chamane :

"Lorsque j'étais petit, un de mes beaux-frères entendit un son étrange sortir de mon ventre, et s'exclama : «Hé, écoute petit ton père, là, qui parle dans ton ventre !» Il m'expliqua que c'était la voix d'Invincible, le Jungarrayi de Rêve, mon père de peau et le père de Rêve des premiers *ngangkari*, les deux frères Vent."

Drôle d'histoire que celle de ce père des chamanes : il épousait toutes ses filles, les obligeant à tuer leurs enfants mâles. Mais elles élevèrent en cachette les deux fils de leur amant le Vent. Et ceux-ci décidèrent de faire tuer leur "père" Invincible par un étranger qui y trouva aussi la mort. Mais Invincible ressuscita et, suivi de ses femmes-filles, erra avec ses testicules blessés. Il finit par entrer sous terre dont surgit un immense Serpent Arc-en-Ciel qui engloutit les femmes avant de les projeter au ciel où elles sont devenues les Pléiades éternellement poursuivies par leur père-époux jaloux. Quant aux frères Vent, ils allèrent loin à l'ouest, se transformant en tornades pour emporter les femmes qu'ils séduisaient sur leur chemin.

"Des hommes s'approchèrent de moi, continua Japaljarri, et tous constatèrent qu'il y avait sur mon bras des petites vagues qui ondulaient comme un serpent. C'était le deuxième signe : j'avais le pouvoir *ngangkari* en moi… Lorsque je rabattais le bétail en Australie-Occidentale, on me demandait toujours de soigner les gens. J'étais secondé par deux petits esprits à visages d'enfants, les frères Vent : l'un extirpe le mal et l'autre voit à travers le corps…"

"Le médecin Kardiya a besoin de machines pour voir dans le corps du malade. Le médecin Yapa traverse directement la peau pour trouver le mal…" me dirait plus tard Vera à propos de ce pouvoir chamanique.

D'après les anciens récits ethnographiques, la plupart des chamanes australiens se targuent de posséder une sorte de vision à rayons X. On a aussi baptisé art "à rayons X" les peintures sur écorce de terre d'Arnhem qui représentent des figures animales ou humaines avec leurs squelettes et organes vus comme par transparence à travers leur enveloppe extérieure.

Cette vision intérieure ne renvoie pas seulement au dedans perceptible du corps, le chamane voit aussi le "dessous" du malade, son identité intime avec le Rêve. De cela témoignent les peintures figuratives sur écorce où les personnages sont parfois entièrement hachurés, image de leur cartographie mythique, et les peintures en apparence abstraites du désert qui tracent au sol ou sur le corps les signes d'itinéraires et de sites de Rêve.

Les termes par lesquels les Warlpiri désignent les *medecine men* ou chamanes, *ngangkari* ou *mapanpa*, signifient leur pouvoir de vision et d'extraction. Ce pouvoir est censé se matérialiser lui-même par des "pierres", quartz qui habitent le corps du guérisseur. Ce sont les quartz du chamane qui lui permettent de voir à travers le malade*. Et parfois il crache un ou deux de ses propres quartz pour capter et extraire le mal. Les "pierres" sont donc des armes à double tranchant : agents de maladie ou de guérison. Certains chamanes qui pratiquent la sorcellerie peuvent aussi utiliser leurs "pierres" pour rendre malade leur victime.

Les sorciers sont appelés *kurdaija*, du nom même donné aux esprits de morts qui, pour n'avoir

* M. Meggitt, "Djanpa among the Warlpiri", *Anthropos* 50 : 375-403, 1955.

pas trouvé leur chemin, deviennent des vampires qui sucent le sang et l'âme de leurs victimes. Or, curieusement, c'est précisément par une technique de "vampires" que les chamanes guérissent. *Kurdaija*, terme de la tribu aranda, est aussi le nom donné à des chaussures tressées avec des ficelles de cheveux et des plumes d'émeu, qui permettaient aux sorciers ou aux membres d'une expédition punitive de marcher sans laisser d'empreintes de pieds, voire même de devenir invisibles. Indépendamment de toute pratique de sorcellerie, les chamanes sont dits avoir le pouvoir de se déplacer sans laisser de traces.

Mais la sorcellerie n'est pas la prérogative des chamanes. Traditionnellement, chacun pouvait jeter des sorts en suivant des pratiques précises : tuer à distance en "chantant" ou "pointant un os" censé pénétrer dans la victime et la déchirer, rendre malade, aveugle ou incapable de marcher en manipulant un dessin ou un objet, etc.

"C'est *Mungamunga* (la Voix des Nuits) qui jette les «pierres»..." m'avait précisé Japaljarri.

Jusque-là je n'avais jamais entendu dire que cette matrice onirique pouvait être maléfique. Au contraire, on m'avait raconté à plusieurs reprises des histoires d'enfants égarés en brousse qui furent guidés par la Voix des Nuits pour retrouver leur chemin. Mais certains seraient devenus chamanes justement après s'être perdus.

"Tu sais bien que les hommes ne parlent pas de *Mungamunga*", m'expliqua Vera en transcrivant mon entretien avec le Japaljarri. “Il a dit ça parce que tu es une femme. Tu peux le laisser dans ton livre, c’est un peu vrai. Tout comme *Mungamunga* peut nous rendre malades en nous montrant trop de choses en rêve, de même les «pierres» nous frappent lorsque nous sommes faibles dans notre tête…”

Est-ce à dire que, à l’instar du rêveur qui arrive à faire de ses visions un rituel pour les autres, le malade peut transformer ses “pierres” en un pouvoir de guérison ? La réponse n’était pas claire, le chamanisme étant une affaire secrète. Il semblait que les quartz d’un chamane à la fois le “frappaient” au cours d’une maladie et étaient injectés dans son corps par d’autres chamanes au moyen d’une initiation. Les diverses descriptions de celle-ci que j’ai lues dans de vieux livres pour d’autres tribus que les Warlpiri me sont restées incompréhensibles : le corps serait vidé de ses organes pour qu’ils soient remplacés par de nouveaux, les articulations retournées avant d’être remises en place, etc.

Etranges gens du désert. Autrefois, hommes et femmes connaissaient les plantes médicinales et les poisons à jeter dans les trous d’eau pour endormir le gibier. Certains savaient soigner les dents, utilisant un petit ver en guise de roulette et remplissant le trou avec un amalgame spécial*. Ils mâchaient tous le *pitchuri*, ce tabac sauvage qui, mélangé à des

* M. J. Barrett, “Warlpiri Customs and Beliefs concerning Teeth”, *Mankind* 3 : 56-59, 1964.

cendres d'une certaine écorce, permet de couper la faim et de rester éveillé. Ils n'avaient pas recours toutefois aux champignons hallucinogènes qu'on trouve en Australie. Le paysage et les rites suffisaient à les faire décoller.

On dit que tous les anciens étaient alors plus ou moins chamanes. Ils avaient non seulement le pouvoir de voir le "dessous" des choses mais encore de sentir en des endroits précis de leur corps lorsqu'un parent particulier était en danger, malade ou sur le point de revenir d'un voyage. Aujourd'hui, certains interprètent parfois une démangeaison dans ce sens.

Au cours de mon séjour, nous étions en 1984, un groupe de huit Pintupi débarqua dans une communauté du Sud : les adultes avaient passé trente ans seuls dans le désert où étaient nés leurs enfants. Ils venaient retrouver leur tribu pour marier leurs filles et parce que était mort le patriarche qui avait fait ce choix de ne pas se laisser sédentariser lors de la mise en réserve systématique des Pintupi dans les années soixante.

Les Pintupi, voisins du Sud-Ouest des Warlpiri, avaient été tellement traumatisés à cette époque que certains s'étaient laissés mourir. Les autres s'obstinèrent à retourner sur leurs terres pour y monter les premières *outstations*. Et lorsqu'ils virent arriver ce groupe resté fidèle à la vie de chasseurs collecteurs, ils décidèrent de les protéger en interdisant aux journalistes et chercheurs de venir les harceler. Les Pintupi demandèrent toutefois à un ethnologue américain, qui travaillait chez eux depuis des années, de venir rencontrer le groupe*.

La presse ne manqua pas de s'emparer de ces "derniers nomades" et les télex fusèrent de par le monde. L'émoi n'était pas moins fort chez les Aborigènes du Centre qui attribuaient à ces revenants tous les pouvoirs dont ils avaient la nostalgie. Ils disaient qu'à l'instar des chamanes, ces hommes et ces femmes pouvaient voyager à l'éveil dans le passé des hommes, celui des Rêves ancestraux, et anticiper sur ce qui allait arriver. Ils pouvaient se trouver simultanément en deux endroits différents, s'y matérialiser et en rapporter un objet. Comment s'étonner dans ces conditions que les Rêves se génèrent eux-mêmes ?

* F. R. Myers, *Pintupi Country, Pintupi Self – Sentiment, Place, and Politics among Western Desert Aborigines*, Washington, Smithsonian Institution Press, 1986.

UN CONVOI RITUEL

Depuis deux semaines, installée en brousse à 1 kilomètre de Lajamanu, je dormais sur un immense espace ratissé pour servir de campement et de terrain cérémoniel à une soixantaine de femmes. La fameuse cérémonie Kajirri, célébrant les sœurs semeuses de galles d'insecte, avait commencé. Et, comme à chacun de ces rituels warlpiri, je retrouvais le plaisir de vivre dans une sorte de théâtre quotidien.

Les femmes dansaient dès le lever du jour, reprenaient à midi et se réfugiaient sous un grand abri de feuillage pour faire la sieste et se peindre avant de danser à nouveau en fin d'après-midi. La nuit, alors que les enfants dormaient, elles s'asseyaient en cercle pour chanter autour des deux piquets sacrés qu'elles déterraient, repeignaient et replantaient chaque matin.

Elles y déposèrent un midi un tas de couvertures bien pliées : cadeau rituel pour les hommes qui campaient plus loin, à l'abri du regard des femmes et des enfants. Dans la journée, des voitures faisaient la navette pour approvisionner les deux camps en nourriture. Certains hommes mariés venaient chercher leurs épouses lorsqu'ils avaient terminé leurs propres activités rituelles. Celles-ci feignaient d'ignorer leur présence ou leurs appels si elles n'avaient pas fini leur propre *business*.

Un soir, un homme impatient d'attendre sa femme brandit un tison et se jeta sur le cercle des danseuses. Aussitôt elles se dispersèrent, mais pas avant d'avoir retiré les piquets sacrés. Le contact avec le Rêve doit être rompu dès que la violence éclate. Les piquets qui servent habituellement de bâtons de combat excluent les conflits quand ils sont plantés pour un rituel.

Le campement était suspendu dans l'attente : de jour en jour courait la rumeur que nous allions partir le lendemain pour un très long voyage. Le but : aller à Docker River, 1 500 kilomètres au sud, pour donner la cérémonie Kajirri à la tribu Pitjantjatjara qui la réclamait depuis huit ans. L'année précédente, quelques hommes s'étaient rendus là-bas pour négocier les conditions d'une telle transmission rituelle : il fut convenu qu'hommes et femmes warlpiri y amèneraient leurs adolescents qui seraient initiés en même temps que de jeunes novices pitjantjatjara. Les Warlpiri ajoutèrent qu'ils voulaient que les accompagne une délégation de Kurintji, car c'était de cette tribu du Nord qu'ils avaient eux-mêmes reçu la cérémonie il y a cent ans.

Les Kurintji acceptèrent d'être du voyage. Mais les mois passèrent sans que les Warlpiri se décident à partir. A vrai dire, les femmes étaient inquiètes d'aller chez les étrangers. Elles craignaient les Pitjantjatjara pour leur "Red Ochre Business", un rituel très "dur" qui exige des initiés qu'ils portent pendant des mois leurs cheveux enduits d'ocre rouge, avec l'interdiction de les laver, les peigner ou les couper sous peine de mort. Les enfants des initiés sont systématiquement soumis à la Loi de ce *business* qui punit aussi de mort ceux qui se soûlent. Les femmes redoutaient qu'en allant à Docker River les Warlpiri soient "pris" par l'Ocre Rouge et que ceux qui boivent soient menacés de mort. Les hommes m'avaient invitée au voyage pour rassurer les femmes : il n'y aurait pas d'Ocre Rouge.

Les Warlpiri s'étaient décidés à monter leur campement Kajirri, le jour où le conseil reçut un télégramme de Docker River annonçant que six novices avaient été mis en réclusion et que les Pitjantjatjara n'attendaient plus que l'arrivée des gens de Lajamanu. Mais les anciens de Lajamanu n'osèrent pas poursuivre les jeunes qui s'étaient enfuis lorsqu'ils avaient voulu les mettre en réclusion. La tradition était-elle en train de se relâcher ? Les femmes m'expliquèrent qu'elles ne voulaient pas que leurs fils fassent un voyage aussi dangereux et que, de toute façon, il y avait les quatre novices des Kurintji qui avaient entrepris la cérémonie de leur côté à Kalkaringi.

Un nouveau télégramme de Docker River informa le conseil que les Pitjantjatjara s'impatientaient, des représentants d'Ayers Rock et de Papunya étaient déjà arrivés et depuis des jours attendaient la cérémonie prévue. Les Warlpiri envoyèrent alors une délégation à Kalkaringi : les Kurintji, à court de véhicules, décidèrent que leurs femmes ne seraient pas du voyage, seuls six anciens accompagneraient leurs quatre novices. Une heure après cette décision, ordre était donné de nous préparer.

Les femmes dansèrent une dernière fois pour déterrer les piquets sacrés qu'elles cachèrent au milieu des couvertures, des matelas et des bidons de farine, de thé, de sucre et autres conserves entassés dans un camion à bétail. Nous étions une trentaine de femmes à nous asseoir sur ce tas haut de 2 mètres. Seuls deux vieillards aveugles accompagnaient leurs épouses. Et deux autres hommes s'installèrent dans la cabine pour se relayer au volant. Une petite fille, le seul enfant du camion, se joignit à eux. L'un des vieillards lança un hululement rituel en agitant la main devant la bouche, les femmes répondirent par des youyous et nous partîmes. La nuit était sur le point de tomber.

Plusieurs heures plus tard, une Toyota 4 x 4 nous attendait sur le bord de la route. En descendirent six hommes régisseurs rituels de Kajirri, chargés de la liaison entre les différents véhicules du convoi. Ils expliquèrent que les femmes ne devaient pas voir le camion des hommes avec les novices ainsi qu'une autre voiture qui transportait les objets secrets masculins. Notre camion allait servir de bouclier pour bloquer toutes les voitures croisées en sens inverse. S'il s'y trouvait des femmes ou des hommes aborigènes non initiés à Kajirri, ils devraient rebrousser chemin ou se cacher en brousse pour laisser passer les novices et les objets secrets.

Les deux voitures que nous croisâmes obéirent sans se faire prier. Plus tard, on allait m'indiquer un endroit où quelques années auparavant furent retrouvés morts deux hommes qui avaient transgressé cette règle d'évitement commune à toutes les tribus du Centre et de l'Ouest. Alors que nous roulions dans la nuit, un orage extrêmement violent nous surprit. De toutes parts le ciel se zébra d'éclairs aux formes inouïes. J'étais exaltée par ce spectacle naturel, mais mes compagnes ne semblaient pas rassurées : pour elles, c'est le Rêve Pluie qui parle dans le tonnerre.

La pluie cessa et nous nous sommes arrêtés pour dormir. Mais, d'abord les femmes plantèrent leurs piquets sacrés et dansèrent. Elles recommencèrent peu avant le lever du soleil pour les déterrer. Dans l'après-midi, alors que le camion roulait à toute allure, elles enlevèrent leurs tee-shirts pour s'enduire d'ocre rouge la poitrine, les bras, le visage et les cheveux. Nous arrivions à Yuendumu. Notre camion s'arrêta à la lisière des camps. Les hommes rejoignirent le terrain des *businessmen*.

Une heure plus tard arrivaient les *businesswomen* de Yuendumu, portant deux grands seaux de thé et des galettes de farine qu'elles déposèrent à terre pour danser vers nous. Sans un mot, mes compagnes dansèrent à leur rencontre. Les deux groupes se mélangèrent en sautillant, puis s'arrêtèrent pour échanger des nouvelles de leurs familles.

Alors des pleurs éclatèrent, ce cri déchirant qui semble sortir d'une seule gorge pour se moduler en résonnant de bouche en bouche. Par deux ou trois, les femmes se mettaient à genoux et s'embrassaient. Rituel de deuil pour une femme de Yuendumu décédée quelques jours auparavant. Le ciel devint tout noir, l'orage grondait à nouveau. Toutes se dispersèrent pour se réfugier dans des maisons ou des petits abris de tôle. J'allai chez Françoise, la Nangala, ma "belle-sœur" française, qui faisait sa recherche de terrain à Yuendumu*. Plaisir d'échanger nos expériences dans une langue enfin retrouvée après tous ces mois.

Le lendemain matin, les femmes de Yuendumu déposèrent des tissus au pied des piquets sacrés plantés par les femmes de Lajamanu. Puis elles brandirent deux autres piquets que, dans un exercice de voltige impressionnant, elles firent passer entre elles. Les femmes de Lajamanu dansèrent à leur tour, et en un clin d'œil le camion fut rechargé. Nous partions, précédés d'une Toyota avec six femmes de Yuendumu conduite par Françoise.

J'appris qu'un garçon de Yuendumu avait rejoint les novices kurintji dans le camion des hommes. En revanche, une importante gardienne rituelle de Yuendumu n'était pas venue, comme d'ailleurs une des anciennes compagnes de notre maisonnée restée à Lajamanu. La première avait eu récemment

* F. Dussart, "Rêves à l'acrylique", *Australie noire, Autrement*, hors-série n° 37 : 104-111, 1989.

une histoire d'amour illicite, alors que la seconde s'était mise en ménage avec un homme contre l'avis de sa parentèle. La Loi de Kajirri supposant que les hommes punissent de telles fautives au cours de leurs célébrations, les femmes avaient convenu de leur éviter cette humiliation : la punition était suffisante de rater un voyage où leur autorité rituelle aurait pu être renforcée.

Nous sommes arrivés au milieu de la nuit à Alice Springs. Il n'était pas prévu de s'y arrêter avec le convoi, mais depuis des kilomètres nous roulions les quatre pneus à plat. Martelant l'asphalte dans un boucan infernal, nous traversâmes la ville pour camper sur le bord de la route près de l'aéroport. Personne n'ayant assez d'argent pour acheter de nouvelles roues de secours, les régisseurs rituels envoyèrent le lendemain un télégramme de détresse à Lajamanu. J'accompagnai Françoise faire des courses pour les femmes qui n'étaient pas autorisées à se rendre en ville.

Ce fut une journée d'attente. Le soir, nous n'avions toujours pas de réponse. Les femmes plantèrent à nouveau leurs piquets sacrés. Des hommes leur avaient reproché d'avoir éveillé le Rêve Vipère *jurtiya*, cause de tous ces ennuis. Alors elles se peignirent, chantèrent et dansèrent toute la nuit pour que la Vipère retourne sous terre et nous laisse en paix.

Le deuxième jour, après que les femmes eurent cuit une grande quantité de galettes destinées aux novices et à leurs gardiens, arriva la bonne nouvelle : le conseil paierait la réparation des roues de secours.

Le convoi repartit en fin d'après-midi. Devant nous, 450 kilomètres de route goudronnée et 250 kilomètres de pistes.

Nous sommes passés à côté du monolithe d'Ayers Rock et des gigantesques rochers des monts Olga, deux symboles touristiques des sites sacrés aborigènes. Le silence était presque oppressant dans le camion. Les regards des femmes chaviraient comme s'ils reflétaient quelque chose d'invisible se passant là autour de nous. Avant le départ, le mari de Vera m'avait prévenue que, de l'autre côté du grand rocher rouge Uluru que les Blancs appellent Ayers Rock, on voit comme de petites fumées sortir du sol à l'horizon.

"Quand on s'approche, on peut voir des taches de terre brûlée. Mais ce ne sont pas les traces d'un feu qui viendrait de s'éteindre, avait-il ajouté. Non, ce sont d'autres brûlures, beaucoup plus anciennes, qui viennent du Rêve. Dans ce pays la terre brûle d'un feu intérieur, une force très dangereuse qui dort dans les profondeurs. On peut aussi sentir une odeur très âcre qui empêche de respirer..."

Je n'ai ni vu ni senti les fumées, mais j'étais fortement impressionnée par ces rochers. La chaleur devint ensuite insoutenable. Nous nous sommes arrêtés près d'un réservoir à eau où toutes ces dames firent leur toilette. Une fois propres, elles s'enduisirent à nouveau le corps d'ocre rouge et se peignirent la poitrine de motifs Kajirri : en particulier des marques jaunes, empreintes des Dingos mythiques qui poursuivirent les deux sœurs ancestrales et finirent par les déchiqueter. Cela faisait une semaine que nous avions quitté Lajamanu. Nous n'étions plus qu'à une heure de notre destination, Docker River.

Nous arrivâmes dans une vallée encaissée entre de vieilles montagnes érodées où étaient éparpillés quelques abris de branches tressées à l'ancienne, en forme d'arc et ouverts sur deux côtés. A l'ombre d'une haie de branchages plantés verticalement en double ligne sur une longueur de 20 mètres, étaient assises des femmes pitjantjatjara, certaines la poitrine peinte. Une légère appréhension traversa les femmes warlpiri. Aussitôt descendues du camion, elles se répartirent en quatre files et, tenant leurs tablettes sacrées, dansèrent vers les quatre piquets qui se dressaient près de la haie. Les étrangères se levèrent pour danser à leur rencontre. Les deux groupes s'entrecroisèrent, s'enroulant en spirale entre les piquets, puis allèrent se rasseoir, séparés par une dizaine de mètres.

Art diplomatique millénaire : on danse avant de se parler. Une femme de Yuendumu connaissant la langue pitjantjatjara se releva pour présenter aux *businesswomen* de Docker River, d'Ayers Rock et de Papunya les quatre files de danseuses warlpiri par leurs noms de peau. Chaque file regroupait en effet des femmes de deux noms de peau en relation "tante paternelle-nièce" : d'une part des Napanangka-Napangardi et Nungarrayi-Napaljarri, les maîtres *kirda* de la cérémonie Kajirri, d'autre part des

Napurrurla-Nakamarra et Nangala-Nampijinpa, les régisseurs *kurdungurlu.*

J'appris que la plupart des femmes de Docker River n'avaient pas de nom de peau et qu'une des raisons pour lesquelles les Pitjantjatjara demandaient la cérémonie Kajirri était précisément de pouvoir adopter ce système classificatoire. Pourquoi ? Parce que ce monde d'organisation des rôles rituels et des droits territoriaux devenait, semble-t-il, de plus en plus populaire. Diverses tribus l'avaient déjà adopté au cours des décennies précédentes. Il représentait une sorte d'idéologie aborigène dominante, facilitant à la fois les relations intertribales et les interactions avec les Blancs.

Les femmes pitjantjatjara défilaient à présent pour serrer la main aux femmes warlpiri. Puis elles leur offrirent un grand seau de thé et des galettes. Avant de manger, les femmes warlpiri déposèrent au pied des piquets rituels un tas de tissus neufs à l'intention de leurs hôtesses. Tard dans la nuit, les deux groupes se retrouvaient pour chanter et danser. L'atmosphère était un peu tendue, les unes et les autres s'observaient, cherchant à mesurer leurs différences et leurs similitudes. On entendait au loin les chants des hommes.

Le matin, les femmes warlpiri dansèrent à nouveau pour récupérer des couvertures et des vêtements usagés que les femmes pitjantjatjara avaient déposés à leur tour au pied des piquets sacrés. Puis certaines montrèrent à quelques femmes de Docker River comment peindre sur les tablettes et les piquets sacrés les motifs du Rêve Kajirri. Elles plantèrent à côté des quatre piquets pitjantjatjara les deux piquets qu'elles avaient apportés de Lajamanu et les relièrent avec les cordes sacrées "matrice".

A midi, nos hôtesses apportaient des cartons remplis de viande de bœuf et de boissons gazeuses achetées au magasin de Docker River. Elles expliquèrent qu'elles étaient peintes la veille du Rêve Igname et du Rêve Graines d'Acacia. Je me vis ainsi confirmer la similitude que j'avais observée entre leurs motifs corporels et ceux de Lajamanu. Mais ces motifs auraient très bien pu appartenir à des Rêves différents car il arrive qu'un dessin similaire caractérise deux Rêves, alors qu'inversement chaque Rêve a plusieurs motifs correspondant à des lieux différents.

J'appris avec mes compagnes que le dernier lit de rivière à sec que nous avions traversé avant d'arriver à Docker River appartient, lui, au Rêve Perruche Verte, autre itinéraire partagé avec les Warlpiri.

"Si nos ancêtres Perruches Vertes sont passés ici, c'est que nous avons des terres en pays étrangers !" remarqua avec ruse et fierté une Napaljarri.

Ethnocentrisme warlpiri. Les femmes de Lajamanu savent bien que certains des itinéraires de Rêve warlpiri sont pris en relais par les tribus voisines, seules gardiennes en titre des sites de ces Rêves situés sur leur territoire. Mais les Warlpiri aiment à penser qu'ils pourraient s'approprier des terres étrangères au nom de l'extension d'un itinéraire commun.

C'est en fait de cette façon qu'avaient lieu autrefois les déplacements plutôt fluides des frontières tribales.

A chaque génération, les groupes locaux devaient renégocier leurs terres. Certains mariages intertribaux ou d'autres arrangements rituels, succédant parfois à un conflit ouvert, pouvaient modifier les limites d'un territoire tribal. Il faut bien comprendre qu'on n'avait pas affaire à un découpage parcellaire des terres mais à un réseau ouvert dont seuls certains sites marquaient le passage d'une tribu à une autre. Les itinéraires mythiques sont ainsi comme des feuilletons marqués au sol, dont des tribus différentes détiennent les divers épisodes*. Et lors de certaines rencontres intertribales, chaque groupe interprétait par un rituel pour les autres les épisodes qu'il détenait.

Suivant cette coutume, dans la nuit, des femmes pitjantjatjara dansèrent leurs épisodes du Rêve Homme Initié associé, comme chez les Warlpiri, aux étoiles. Alors un courant d'émotion traversa les femmes warlpiri : les danseuses faisaient les mêmes gestes sacrés qu'elles. Il n'importait plus que les chants qui les accompagnaient soient dans une langue différente, ces étrangères méritaient d'être les filles et les gardiennes du même Rêve.

Le lendemain matin, les hommes annonçaient que le novice de Yuendumu, les quatre Kurintji de

* A. Hamilton, "Dual Social Systems: Technology, Labour and Women's Secret Rites in the Eastern Desert of Australia", *Oceania* 5 (1) : 4-19, 1980.

Kalkaringi et les six jeunes Pitjantjatjara allaient être sortis de leur réclusion. Surprise des femmes : elles s'attendaient à rester à Docker River au moins une semaine, sinon deux. En fait, certaines avouèrent être soulagées car elles commençaient à avoir le mal du pays.

Warlpiri et Pitjantjatjara se rassemblèrent pour l'arrivée des onze garçons. Ils apparurent au loin, chacun accompagné d'un ancien armé d'une longue lance. Deux femmes furent envoyées à leur rencontre. Ils se déployèrent en un grand cercle et dansèrent au pas de course en brandissant les lances. Pendant un instant, je fus transportée dans un autre temps : leurs corps nus et le recueillement de la scène évoquaient les photographies des tribus du siècle dernier qui m'avaient fait rêver avant même que j'aille en Australie.

Les novices rejoignirent les hommes qui les couvrirent de tissus bariolés. Comme je l'avais vu à Lajamanu cinq ans auparavant, chaque garçon fut présenté à un groupe de femmes définies comme ses "mères" de peau. Les novices pitjantjatjara avaient reçu chacun un nom de peau, et ainsi leurs mères, les sœurs et coépouses de celles-ci se trouvaient automatiquement classées par le nom de peau "mère" de l'un ou l'autre garçon. Dès que les "mères" eurent retiré les tissus et donné à boire et à manger aux jeunes initiés, les camions furent rechargés. Nous quittâmes Docker River.

On m'expliqua que, contrairement à ce qui avait été annoncé, l'ensemble des rites Kajirri n'avait pas été transmis aux Pitjantjatjara. Ce n'était pas une rupture de liens mais le signe d'un rapport de forces. Les Warlpiri avaient dit aux Pitjantjatjara qu'ils leur donneraient la suite de la cérémonie s'ils venaient à Lajamanu l'année prochaine. Manière peut-être d'éviter que les Pitjantjatjara les forcent à s'initier à leur fameux *business* de l'Ocre Rouge. Tout transfert rituel devrait en principe être suivi d'un contre-transfert pour rétablir l'équilibre entre solliciteurs et demandeurs. Chez les Aborigènes du Centre, le plus "fort" est toujours celui qui peut donner en faisant désirer par l'autre ce qu'il a à donner. Dans ce jeu, les Warlpiri étaient passés maîtres. Les Pitjantjatjara les sollicitaient déjà depuis huit ans.

Si la vie rituelle est *business* pour les Aborigènes, c'est plus en tant qu'activité politique qu'économique. Echanger des rites, des objets sacrés ou des récits mythiques n'est pas échanger des biens au sens où nous l'entendons. C'est plutôt échanger des signes qui cautionnent à la fois l'identité des partenaires, leur ancestralité et leur inscription dans la terre.

En "transportant" la cérémonie Kajirri chez les Pitjantjatjara, les Warlpiri avaient prolongé l'itinéraire des héroïnes Kajirri jusqu'à Docker River. Sur le chemin du retour, j'entendis les femmes expliquer que le Rêve des deux sœurs ancestrales conduisait en fait celles-ci chez les Pitjantjatjara depuis "toujours". Confirmation de ce que tout ce qui advient de nouveau est déjà virtuellement dans le Rêve. Aux Pitjantjatjara d'inscrire à présent l'itinéraire du Rêve Kajirri sur leur territoire en "retrouvant" de nouveaux épisodes pour les héroïnes mythiques, comme le firent les Warlpiri il y a cent ans.

Je venais d'assister grâce à ce voyage rituel au mystère de l'actualisation aborigène d'un mythe dans le paysage. Les Rêves se traçaient par les déplacements et les rites des hommes. Il ne s'agissait pas de rejouer un prétendu âge d'or mythique, mais d'énoncer une expérience collective et une rencontre intertribale dans des termes qui constituaient tel ou tel Rêve comme un référent ancestral. En somme, les hommes étaient libres de tracer leurs chemins de Rêve, mais cette liberté était dirigée par la Loi même du Rêve qui suppose que les hommes construisent incessamment de nouvelles alliances.

SIXIÈME PARTIE

CHANGEMENTS

Juillet 1988. Après une longue marche en brousse à la recherche de miel sauvage, nous nous reposions à l'ombre d'un arbre avec Vera, sa sœur Rachel et leur mari Lenny en évoquant les souvenirs d'il y a quatre ans.

"Tu te souviens du retour de chez les Pitjantjatjara de Docker River ? me demanda malicieusement Vera.

— Oh oui, je n'en pouvais plus..."

Entassées avec les femmes dans un camion, nous avions fait les 1 500 kilomètres qui nous séparaient de Lajamanu, non seulement sous une chaleur étouffante mais encore dans une véritable atmosphère de paranoïa. Les Warlpiri redoutaient de croiser des novices étrangers qui étaient censés remonter d'Australie-Méridionale : selon la coutume, si jamais les femmes avaient le malheur de les voir, elles risquaient une peine de mort. Tous les 100 kilomètres, nous nous cachions donc sur le bord de la route et, au lieu de suivre cette route goudronnée pour rejoindre Alice Springs, nous avions longé en cahotant la voie de chemin de fer.

“Tu sais, un homme a été tué sur le chemin…” déclara Vera.

Vraiment ? ou bien était-ce la version légendaire de ce voyage qui fut, certes, épique ? Devant mon air sceptique, Rachel éclata de rire :

“C’est vrai ! Mais des fois on se fait peur pour rien… L’année dernière, aux rencontres sportives de Yuendumu, des hommes ont vu des Pitjantjatjara tout rouges. Ils pensèrent que c’était le *business* de l’Ocre Rouge qui arrivait, et tous les campeurs de Yuendumu s’enfuirent en brousse, abandonnant leurs affaires et laissant les enfants sous la garde des instituteurs. On n’a pas osé revenir à Yuendumu pendant deux jours ! Et les policiers de Katherine furent mobilisés pour nous escorter à Lajamanu. En fait, c’était une fausse alerte ! Les Pitjantjatjara étaient simplement recouverts de poussière !”

Je demandai à Vera et Rachel si les Pitjantjatjara étaient venus comme prévu à Lajamanu pour être complètement initiés à la cérémonie Kajirri.

“Oh non ! me répondit Rachel effrayée, ces gens-là sont trop dangereux ! De toute façon, Simon Japanangka est trop vieux pour diriger Kajirri à présent et nous ne savons pas encore qui va prendre la relève.”

J’appris ainsi que depuis 1984 la cérémonie Kajirri n’avait pas été recélébrée. Il est vrai qu’elle était devenue taboue juste après le retour de Docker River, la vieille gardienne en titre de la cérémonie ayant trépassé. En revanche, il y eut d’autres célébrations et voyages lointains. Par exemple à Borroloola chez les Anula et Warrumungu : les femmes de Lajamanu y ont dansé un rituel *yawulyu* et, en échange, des hommes et des femmes de Borroloola sont venus camper et danser une semaine à Lajamanu. Depuis, certaines familles warlpiri parlant le warrumungu envisageaient d'aller vivre là-bas quelque temps.

"Les femmes de Borroloola ont vraiment tapé dans l'œil des hommes de Lajamanu ! dit en riant Rachel. Ce n'est pas comme les femmes pitjantjatjara qui leur font peur..."

Plus récemment, il y eut aussi ce voyage en Australie-Occidentale, à Balgo, pour la cérémonie du feu Jardiwanpa, liée aux Rêves Wallaby et Serpent géant Yarripiri. Les Warlpiri ont des échanges rituels avec les Walmajarri, Ngardi et autres tribus de l'Ouest depuis des temps immémoriaux. Mais ils durent interrompre le cycle cérémoniel, qui s'étend habituellement sur plusieurs mois, à cause du décès de son premier *boss* rituel, un Jakamarra, père adoptif d'Hector le "millionnaire".

On m'informa que la cérémonie du feu reprendrait lorsqu'il serait temps de lever le tabou de parole auquel étaient soumises les veuves du Jakamarra, installées à Yuendumu depuis le décès. La fin du deuil était fixée pour 1989, mais le meeting sur les royalties de la mine d'or des Granites et le projet de nouvelles explorations avaient précipité les choses. Considérant que la cérémonie Jardiwanpa était traditionnellement effectuée pour régler les conflits, les Warlpiri avaient décidé de la remettre en route pour tenter de calmer les différends qui opposaient les gens à cause des royalties. Toujours ce mariage ingénieux de la vie moderne et traditionnelle. Mais réussiraient-ils ?

Je ne pouvais m'empêcher de remarquer une perte irréversible, la disparition de la plupart des anciens de plus de soixante-dix ans. Avec eux avaient disparu les derniers témoins adultes de la vie ancestrale de la brousse, ceux qui, n'utilisant pas le fer, savaient tailler des pierres. Les jeunes ne savaient plus et les anciens avaient beaucoup de mal à retrouver l'efficacité de la technique consistant à chauffer la gomme des herbes spinifex servant à fixer les pierres taillées sur les lances ou les propulseurs de bois. Il arrivait que les manches des haches de fer soient désormais réparés avec un amalgame de gomme, mais non sans être renforcés par du fil de fer et des clous. Nos machettes semblaient ne pas résister à la coupe du bois de brousse.

Je demandai au vieux gardien de Kajirri, Simon Japanangka, s'il pouvait montrer une ancienne carrière à Bertrand qui s'intéressait aux pierres. Nous avons fait 200 kilomètres avec sa femme, une petite fille et un bébé pour nous arrêter sur le bord de la route dans une zone pleine de cailloux mais sans traces de pierre à tailler. Constatant que Bertrand n'était pas dupe, Simon avoua qu'il ne voulait pas nous emmener dans une carrière : les Warlpiri préféraient que les Blancs ne voient pas ces endroits-là et de toute façon notre voiture n'aurait pu passer sur les pistes qui y menaient…

Je ne cachai pas mon agacement de ce manque de confiance. Simon nous fit alors arrêter ailleurs, dans un ancien campement regorgeant d'éclats de quartz d'anciennes tailles. Il parla avec nostalgie de l'époque où la brousse était pleine de gens qui campaient, où toutes ces plaines et ces collines qui nous entouraient s'animaient d'une vraie vie. Il expliqua à Bertrand que, s'il restait plus longtemps ou revenait, il pourrait alors voir une vraie carrière. Je lui demandai s'il y avait un Rêve pour les pierres taillées.

"Oui, bien sûr, répondit Simon l'air un peu triste, mais je ne peux te le raconter, Nungarrayi, car c'est réservé aux hommes… Au sud de Rabbit Flat, il y a un site avec des tas de couteaux taillés plantés dans le sol, ils n'ont pas été fabriqués par les hommes mais par des êtres de Rêve. Autrefois nous nous en servions. Je ne peux montrer l'endroit aux jeunes car, s'ils y allaient après s'être soûlés à Rabbit Flat, ils risqueraient de s'entretuer avec ces couteaux.

Terrible dilemme : respecter à la fois la répartition du savoir entre les hommes et les femmes, et s'assurer que les jeunes initiés ne trahiront pas le secret. Simon dit à Bertrand qu'il lui enverrait un couteau taillé en France. Nous n'en demandions pas tant, seulement de regarder et en parler sur place. C'était extrêmement plus difficile qu'il ne pouvait sembler. Je réalisai soudain ma chance d'avoir vu et entendu tout ce qu'on avait bien voulu me montrer et me dire lors de mes séjours précédents.

Simon nous emmena encore près d'un trou d'eau sacré dans les rochers, un site splendide mais déjà abîmé par le passage du bétail qui venait s'y désaltérer. L'émotion du vieil homme retrouvant ce lieu de sa jeunesse rejaillissait sur nous. Un oiseau se mit à chanter et Simon lui parla. Pendant dix minutes, un dialogue stupéfiant eut lieu entre l'homme du désert et la bergeronnette qui lui répondait : il l'appelait ma "mère" et rendait hommage à son Rêve.

Le Rêve Bergeronnette est l'histoire d'une femme-oiseau qui gardait dans son ventre un fils déjà adulte et vivait loin des hommes avec sa cousine Caille, mère de deux jeunes filles. Celles-ci découvrirent en songe l'existence de ce fils caché. Un jour que Bergeronnette l'avait laissé sortir pour qu'il lui chasse un kangourou, les deux sœurs partirent à la recherche du jeune homme et le persuadèrent de les épouser. Bergeronnette, furieuse, tua sa cousine Caille qu'elle tenait pour responsable de la perte de son fils, et attaqua ensuite les deux sœurs qui se laissèrent frapper. Le fils, ne supportant pas de perdre ses épouses, tua sa mère. Tous trois s'en retournèrent ensuite chez les hommes où ils demandèrent à être jugés pour ces deux meurtres. Ils furent battus selon la coutume avant d'être intégrés à la tribu.

Vera me raconta cette histoire il y a des années en la dessinant au fur et à mesure sur le sable à la manière que lui avait apprise sa mère dans son enfance. Elle traça d'abord deux petits arcs et un point désignant les deux femmes-oiseaux assises près d'un feu. Puis elle fit bouger ses doigts comme s'ils étaient les pieds des héroïnes qui marchaient en laissant des empreintes au sol. Des gamins fascinés nous entouraient, les yeux fixés sur l'"écran" de sable. Séquence après séquence, les tableaux de l'histoire s'y superposaient à toute allure, Vera les effaçant un par un d'un coup de paume pour les enchaîner comme dans un dessin animé.

Autrefois, c'était ainsi que les enfants apprenaient à raconter les épisodes publics des Rêves, mais aussi n'importe quelle anecdote quotidienne, telle une chasse ou un rêve qu'ils avaient fait. Aujourd'hui, les adultes pratiquent beaucoup plus rarement cette forme d'"écriture" en direct. Les instituteurs ont repris la technique pour illustrer certains manuels scolaires. Mais sur le papier les signes se figent, tout comme sur les peintures à l'acrylique où pour les non-initiés ils n'ont plus de sens.

Qu'adviendrait-il de jeunes tel Erwin qui, voulant écrire un livre sur son peuple, ne put le faire car il avait refusé de se soumettre à l'initiation des anciens ? A présent, ayant cessé de boire, il était père de quatre fillettes et gagnait très bien sa vie en faisant des peintures. Saurait-il organiser une cérémonie lorsqu'il atteindrait quarante ans ?

En 1983, les femmes m'avaient demandé de les aider à obtenir un bâtiment pour déposer leurs objets sacrés. Ne pouvant rien obtenir du budget d'aménagement municipal ni du fonds d'aide étatique, elles s'étaient cotisées pour acheter un garage en tôle que nous avions monté à la fin de mon séjour de 1984. Quatre ans plus tard, je retrouvai le garage abandonné. On me rassura : une délégation de *businesswomen* devait bientôt se rendre à Darwin pour discuter de la construction à Lajamanu d'un "vrai" centre de femmes. Y danseraient-elles ou n'y feraient-elles plus que des peintures à vendre ?

Il y a quelques jours, les petites filles d'une classe de l'école furent peintes de leur Rêve sur la poitrine et dansèrent devant le hall à concerts. Partie couper du bois avec Paula et deux autres femmes, j'étais arrivée trop tard. On me reprocha mon absence, tout en m'avouant que, contrairement à autrefois, presque personne ne s'était déplacé pour regarder et encourager les fillettes. Lors de mes séjours précédents, les femmes remarquaient avec satisfaction que mon intérêt pour le *business* changeait l'attitude de certains enfants qui, sous l'influence de l'école ou de la mission, étaient "honteux" des activités traditionnelles. En ne venant pas cette fois-ci, j'avais donc failli à ma mission.

Pourtant mes compagnes ne semblaient guère soucieuses de manquer cet événement, trouvant plus important de couper du bois. Elles étaient enchantées de marcher en brousse à la recherche des arbres qui pouvaient fournir des pièces adéquates pour y tailler des plats. Sous un soleil brûlant, oubliant la faim, la soif et la fatigue, elles se dépensèrent avec un plaisir évident : l'une déchira sans hésiter sa robe toute neuve pour réparer une hache et continuer à s'acharner sur un tronc rebelle. Au retour, elles distribuèrent sans aucun regret les pièces de bois déjà grossièrement préparées pour la taille de plats porte-bébé ou à eau. En faisant profiter d'autres du produit de leur effort, elles obéissaient à l'ancienne règle de constitution de réseaux d'alliance.

Beaucoup de Warlpiri de Lajamanu se plaignaient désormais que ces relations de solidarité et d'obligation ne fussent plus vraiment comme autrefois. Mary, la fille de Vera, déjà mère de deux fillettes, se réfugiait régulièrement au camp de ses parents pour fuir son mari qui la battait. Mais celui-ci revenait sans cesse la chercher sans aucun respect pour ses beaux-parents que, selon la coutume, il aurait dû assister de diverses manières. Autrefois, dans une telle situation, les oncles maternels de Mary auraient veillé à ce que son mari ne la batte pas, et Vera et Lenny insatisfaits de leur gendre auraient pu faire annuler le mariage.

Juliett, la fille de Paula, avait échappé à l'homme auquel elle était promise en se mariant avec un policier aborigène de Katherine dont elle avait eu un petit garçon. Le gamin comprenait mieux l'anglais que le warlpiri, et, quand Paula visitait sa fille en ville, elle ne respectait plus le tabou traditionnel qui interdit aux femmes d'approcher leurs gendres et de leur parler. Etait-ce le début de la fin des règles parentales ?

Je n'avais pas retrouvé Alec Jangala, le vieux faiseur de pluie. Il était définitivement parti en ville, blessé que presque personne ne soit venu visiter sa femme Amy agonisante à l'hôpital. Pourtant Alec et Amy, amoureux fidèles n'ayant pas eu d'enfants, en avaient élevé plusieurs qui s'étaient depuis lors mariés. Je constatai que de plus en plus de Warlpiri rechignaient à s'occuper des très vieux.

De même, on stigmatisait avec trop d'insistance ces gamins de dix-douze ans que leurs parents attirés par la boisson en ville avaient laissés à Lajamanu. Autrefois, ils auraient été adoptés sans commentaires. Certes, il y a quelques années les femmes ne buvaient pas. Mais il était courant que les enfants soient élevés par des grandes sœurs, des grands-mères ou des coépouses. A présent, leurs proches disaient qu'ils n'avaient pas d'argent pour s'en occuper car c'était les parents "irresponsables" qui touchaient les allocations familiales. Conséquence : les petits devaient parfois quémander de la nourriture aux instituteurs. Il arrivait néanmoins à certains anciens de se rendre expressément en ville pour recueillir leurs petits-enfants en bas âge qu'ils trouvaient mal entourés.

Bien des adultes avaient le regard habité par une poignante tristesse, mais ils aimaient aussi rire et plaisanter. Une sorte de philosophie de l'instant semblait les animer comme si les moments de bonheur étaient plus importants que leur destin. Or ce destin peut sembler inquiétant. Après le boom de la natalité des années soixante et soixante-dix, pour une communauté de 500 personnes, il n'y avait plus qu'une dizaine de naissances par an. Beaucoup de grossesses étaient difficiles et n'arrivaient pas à terme. Les nouveau-nés étaient toutefois superbes. Choyés par les grands comme les petits, comme avant, ils apprenaient dès leurs premiers pas à se déplacer en bandes. Incroyablement vivants et joyeux. Comment sera la vie pour eux ?

DIEU EST-IL UN RÊVE ?

Les missionnaires n'arrivèrent en Nouvelle-Galles-du-Sud et en Australie-Occidentale qu'à partir de 1821. Vingt ans plus tard, ils s'installaient dans le Victoria, le Queensland et en Australie-Méridionale. Se heurtant au début à l'indifférence des Aborigènes, bien des missions furent abandonnées, et c'est seulement autour de 1940 qu'elles réussirent à s'implanter dans le Territoire-du-Nord.

Vers la fin des années quarante, un scandale éclata à la réserve de Phillip Creek où vivaient certains Warlpiri : un missionnaire protestant abusait sexuellement des jeunes filles aborigènes soustraites à leurs familles dans des dortoirs. Comme dans les autres missions, tout enfant métis dit *half-caste* ou "sang-mêlé", par opposition à *full-blood*, "sang-pur", était systématiquement enlevé à sa mère pour être envoyé dans un centre spécial aux îles ou en ville. Des mères warlpiri se souviennent avec douleur de ce vol d'enfants qu'elles n'ont jamais pu retrouver.

Aujourd'hui, à l'exception de certaines communautés aborigènes, telle Jigalong en Australie-Occidentale qui s'est débarrassée de ses missionnaires*, la plupart abritent l'une ou l'autre des Eglises représentées sur le continent. Une grande partie de l'Australie-Occidentale est sous "monopole" catholique. Mais au sud, au nord et à l'est des Warlpiri, les Eglises sont luthériennes, méthodistes, anglicanes, presbytériennes ou relèvent de mouvements évangélicaux fondamentalistes ou pentecôtistes.

A Lajamanu, comme à Yuendumu, la mission est baptiste. Selon les principes de cette Eglise il faut être adulte pour se faire baptiser et en devenir membre. Environ quatre-vingts hommes et femmes de Lajamanu ont fait ce choix. Le couple de missionnaires installé là avec ses enfants depuis une quinzaine d'années a formé un pasteur warlpiri doué d'un certain charisme tant par son intelligence que par sa prestance.

Ce leader chrétien, descendant d'une famille de faiseurs de pluie, rêva au début de sa conversion un certain nombre de chants en warlpiri respectant les rythmes traditionnels, mais se rapportant à des épisodes bibliques. En 1979, il réunissait une fois par semaine ses proches pour les chanter la nuit au camp alors qu'un autre soir le missionnaire faisait un sermon au porte-voix dans le parc. J'étais à l'époque tout à fait braquée contre ses séances, ne supportant pas des discours du type : "Vous êtes

* R. Tonkinson, *The Jigalong Mob: Aboriginal Victors of the Desert Crusade*, Londres, Cummings Publishing Company, 1974.

«noirs» de péché, tous les hommes «noircis» par le péché seront damnés…"

Mais les Warlpiri m'expliquèrent qu'un autre missionnaire baptiste vivant "comme les Yapa" était mort chez eux auparavant, et sur décision des anciens avait été enterré dans un de leurs sites sacrés. Sa veuve, partie à Darwin, envoyait régulièrement des cassettes en warlpiri sur la foi chrétienne. Je voyais certains les écouter comme s'il s'agissait d'un message de l'au-delà venant d'un des leurs.

Quelques années auparavant, les Warlpiri de Lajamanu avaient élaboré un "*Purlapa* de Noël", spectacle mettant en scène la naissance du Christ avec des chants, des danses et des peintures à la façon traditionnelle. Les Warlpiri de Yuendumu avaient répondu en élaborant dans le même style un "*Purlapa* de Pâques". Les éléments scéniques et sonores des deux divertissements furent en partie rêvés. Leur exécution mobilisait une grande partie des deux communautés, incluant des Warlpiri qui ne se considéraient pas comme chrétiens. C'était pour eux une manière d'incorporer à la mythologie ancestrale l'épopée du Christ, l'ancêtre des Blancs.

En 1984, deux des femmes qui vivaient avec moi fréquentaient l'église sans pour autant manquer les activités rituelles traditionnelles. Pour montrer que j'avais fait la paix avec les missionnaires, bien qu'ils se soient absentés pour un congé de un an, elles me demandèrent de participer à une de leurs séances baptistes. Sur la pelouse de l'église, je me retrouvai torse nu, deux croix tracées à l'ocre rouge sur les épaules et la poitrine peinte avec un motif d'inspiration traditionnelle ; une grande arche représentant l'Eglise couronnée de petits traits symbolisant la lumière divine et encerclant de petits arcs : les chrétiens réunis dans une seule famille.

Ce motif à peindre sur le corps des femmes ou des hommes, ainsi que sur des plats en bois exposés dans l'église, avait été mis au point conjointement par le missionnaire et le leader warlpiri. Ce dernier, travaillant alors à la traduction de la Bible avec un couple de linguistes du Summer Institute of Linguistics (SIL), venait d'apprendre à lire et à écrire. Et plusieurs fidèles décidèrent de s'y mettre aussi sous les auspices d'une autre linguiste missionnaire. Cette tentative d'alphabétisation des adultes était certes très louable mais, comme le suppose la stratégie du SIL qui envoie ses émissaires traduire la Bible dans le monde entier, la mise en équivalence de concepts indigènes avec des concepts chrétiens est souvent l'arme la plus perverse de destruction d'une culture.

Mes compagnes, qui retenaient par cœur certains versets de la Bible déjà traduits en warlpiri, étaient perplexes : un mot comme *Kuruwarri* désignait à présent à la fois les Images de Rêve et le texte sacré de la Bible ; *Wapirra* était à la fois Dieu et les "pères" totémiques des Rêves ; quant à *pirlirrpa*, l'"âme" qui quitte le corps pour rêver, était-elle différente de l'âme chrétienne ? Dans la Genèse, elles ne retrouvaient ni la mention d'Aborigènes, ni des animaux qui peuplent l'Australie. Aussi est-ce avec beaucoup de fierté qu'elles me montrèrent dans un fascicule chrétien illustré par le SIL des dessins d'hommes noirs et de kangourous surgissant de la main de Dieu.

Je les accompagnai à un baptême collectif réunissant pendant deux jours une centaine de Warlpiri et de Kurintji dans un site sacré appartenant à ces derniers. Une magnifique piscine naturelle s'étendant sur des centaines de mètres au creux d'une vallée de sable et de rochers. Là sont censés vivre le Serpent Arc-en-Ciel et les sirènes à longs cheveux blonds, manifestations de *Mungamunga*, la Voix des Nuits, qui parfois se prennent à l'hameçon des Aborigènes qui y pêchent. C'est dans cette eau pleine de mystères que furent plongés les trente hommes et femmes habillés tout de blanc qui avaient décidé de se convertir. Le lendemain, les nouveaux et les anciens baptistes expliquèrent dans une séance de confession publique les raisons de leur conversion, litanie lancinante : les hommes parce qu'ils avaient compris grâce à Jésus qu'ils ne devaient plus boire, ni battre leurs femmes, les femmes parce que Dieu leur avait montré le chemin pour donner l'exemple aux hommes.

En revenant en Australie en 1988, j'assistai à un syncrétisme encore plus fort. Avec Bertrand nous avions retrouvé les Warlpiri aux rencontres sportives de Yuendumu, juste au moment où les femmes s'apprêtaient à se peindre avec leurs Rêves pour danser des *yawulyu*. Prévenue par courrier de mon arrivée, Vera et Rachel m'attendaient déjà depuis plusieurs jours.

Ce fut un véritable bonheur de les retrouver, ainsi que les *businesswomen* présentes, Patty Napanangka la *boss* de Kajirri, Josy Napurrurla la rêveuse du rituel Opossum, Nancy Napaljarri et l'autre Napaljarri mère de l'ancien maire décédé, les deux Nangala épouses du vieillard à lunettes, la vieille Nakamarra que j'avais soignée, la Napangardi vedette de la vidéo tournée aux Granites, et quelques autres encore. Plus de la moitié de ces *businesswomen* m'annoncèrent qu'elles allaient danser le soir, mais cette fois le "*Purlapa* de la Famille", un nouveau spectacle baptiste.

A la nuit tombée, on nous convia à nous asseoir parmi les hommes et les femmes warlpiri de l'assistance. A l'exception de Lenny, Ruddy, Simon et de leurs épouses, la plupart des anciens étaient présents pour chanter au rythme des boomerangs battus. Devant nous se trouvaient les "acteurs" : d'un côté des femmes en jupe rouge, peintes sur la poitrine du motif de l'Eglise, de l'autre des hommes également peints, mais le corps et le visage recouverts de duvet à la façon traditionnelle.

Un jeune Warlpiri expliqua au micro que "par *Wapirra*, Dieu, sont venus tous les *Kuruwarri* (les Images de Rêve)..." Il y a quelques mois les Warlpiri étaient allés danser le "*Purlapa* de la Famille" à Sydney lors des festivités du Bicentenaire de l'arrivée des Européens en Australie. Ils avaient élaboré ce spectacle pour montrer leur solidarité avec les autres Yapa du continent et les Kardiya du gouvernement qui envisageaient la signature du premier traité entre les autochtones et les "Européens".

Contrairement aux Indiens d'Amérique, les Aborigènes n'ont en effet jamais signé de traité validant l'occupation des terres par les colons. Il y a quelques années, des intellectuels lancèrent un mouvement pour préparer un tel traité, idée ne convenant pas à tous les Australiens, Aborigènes ou non. Je découvrais que les baptistes en étaient partisans, le spectacle étant leur manifeste de paix.

Deux hommes se mirent à danser l'un vers l'autre ; arrivés face à face ils s'embrassèrent et se courbèrent en joignant les mains comme pour prier avant de partir ensemble s'asseoir près d'un feu. Le Warlpiri au micro annonça qu'ils représentaient la réconciliation des Kardiya et des Yapa, des Blancs et des Noirs. Deux autres hommes firent la même danse, mimant cette fois la réconciliation des jeunes et des vieux. Deux danseuses leur succédèrent, l'une portant un sac à main, l'autre les mains vides : les riches devaient donner aux pauvres. Puis arriva une femme les mains entravées dans des chaînes et une autre danseuse les lui enleva : les esclaves étaient libérés. Alors le leader baptiste dansa à la rencontre de son épouse et la serra dans ses bras. On entendit au micro qu'hommes et femmes sont égaux. Enfin apparut un dernier couple de danseurs représentant ceux qui ont la "Loi", c'est-à-dire la foi chrétienne, et ceux qui sont "sans Loi". Ils dansèrent tous ensemble. Le "*Purlapa* de la Famille" était terminé et l'assistance enchantée.

J'étais émue par cette tentative un peu désespérée de situer les Aborigènes dans notre monde. Mais je ne pus m'empêcher de penser que l'idée de définir les non-chrétiens comme "sans Loi" renvoyait à ce douloureux traumatisme de l'époque où les Aborigènes n'étaient pas même considérés comme des humains. N'avaient-ils pas insisté sur tout le continent pour traduire en anglais leur notion du Rêve comme leur Loi : *"the Dreaming is our Law"* ? N'avaient-ils pas tenté pendant des années de se définir comme vivant avec "deux Lois", celle des Blancs et la leur ?

Si à l'aube du XXIe siècle on en était encore à identifier la loi du monde occidental au christianisme, que présageait l'avenir des non-chrétiens ? Que devenaient les musulmans, les juifs, les bouddhistes, sans parler des laïques et de toutes ces religions qui, comme celle des Aborigènes, devraient aussi avoir droit de cité ?

Sous prétexte de réconciliation générale, c'est l'intolérance la plus dangereuse qui commençait à émerger. Les effets s'en faisaient déjà sentir. Il y a quelques années, débarqua à Yuendumu un prédicateur d'une Eglise non baptise qui s'installa dans une *outstation* dont tous les membres, près de deux cents à présent, furent évangélisés. Le soir même du rituel baptiste, dans un autre endroit de Yuendumu, se tenait une réunion de ce mouvement concurrent qui à coups de sono tonitruante faisait son propre show. Les membres des deux Eglises, se considérant comme ennemis, s'accusaient respectivement d'avoir la "mauvaise" religion.

A la fin du rituel baptiste, le Warlpiri au micro avait annoncé que les baptistes de Yuendumu étaient invités à apprendre le "*Purlapa* de la Famille" pour se joindre aux Warlpiri de Lajamanu qui allaient bientôt partir en tournée dans quatre villes australiennes. Une Nungarrayi, encore peinte du motif de Rêve du *yawulyu* de l'après-midi, me dit fièrement qu'elle serait du voyage. Son mari, frère aîné du leader chrétien, ne l'accompagnerait pas car il devait conduire les *businesswomen* à une rencontre intertribale traditionnelle prévue à Yirrkala en terre d'Arnhem. Répartition des rôles pour mener de front les deux Lois ?

Pas facile de concilier tout ça. De retour à Lajamanu après les rencontres sportives, je vis des chrétiens saisis de frénésie de peinture. Ils avaient l'intention de profiter de leur tournée pour vendre des toiles représentant leurs Rêves. Ils se calmèrent au bout d'une semaine, ayant découvert qu'ils ne seraient pas autorisés à "vendre" leurs Rêves mais qu'en revanche, ils devaient peindre sur des panneaux le motif de l'Eglise pour qu'ils soient "donnés" aux chrétiens rencontrés.

Les baptistes warlpiri prévoyaient d'aller aussi présenter leur "*Purlapa* de la Famille" en Israël. Ils voulaient, disaient-ils, voir la terre de Jésus, ce désert où il fit tant de miracles. Que verraient-ils ?

Les conflits qui opposaient Juifs et Palestiniens ? Ou la perpétuation d'un monde de guerres légendaires racontées dans le Livre des Juges ?

Autrefois, il n'était pas rare que, niés dans leur religion et leur culture, les Aborigènes soient relégués au niveau d'animaux dansant sous l'emprise de Satan. Aujourd'hui, aucun discours officiel n'ose traiter de non chrétiennes les célébrations des Rêves, manière plus subtile de ne pas reconnaître un statut de religion à ces pratiques. L'idéologie actuelle des divers missionnaires censure toutefois divers aspects tant de la culture aborigène que de la nôtre. D'un côté, elle s'oppose à l'alcool, ce qui détermine la majorité des conversions aborigènes, mais également aux cartes et parfois au rock et à la compétition sportive, ce qui est loin de mettre d'accord les convertis. De l'autre côté, sont mal vus les mariages préarrangés, la polygamie, les mutilations lors des deuils, et les comportements d'évitement traditionnels.

Fin théologien, le leader chrétien a tenté de réviser systématiquement toutes les coutumes warlpiri. Curieusement, c'est l'Ancien Testament qui vient essentiellement trancher sur la culture aborigène. En effet, on trouve dans le Lévitique l'interdit de se mutiler lors des deuils et celui de manger des lézards ou des animaux sauvages tels que les autruches, "sœurs" africaines des émeus. Serait-ce de là que viendrait cette répulsion qu'eurent les premiers colons, et qui reste chez bien des contemporains, à l'égard des nourritures offertes par la terre australienne ?

En lisant la Bible après mon premier séjour en Australie, je fus extrêmement frappée de constater que le Lévitique sanctionne à sa façon le passage d'une vie de chasseurs nomades à celle d'agriculteurs sédentaires. Les nourritures prohibées sont toutes des ressources sauvages qui permettaient aux hommes d'Orient – comme à ceux d'autres régions du monde – de survivre sans avoir à cultiver la terre ou élever des animaux. Interdire l'accès à ces ressources peut être considéré comme une justification *a posteriori* du travail de la terre et d'une certaine sédentarisation.

Les Warlpiri m'ont paru sensibles au fait qu'il y ait des choses communes entre leur vie et celle décrite dans l'Ancien Testament, telles la circoncision ou la traversée du désert. Mais le parallèle est ambigu puisque les Epîtres du Nouveau Testament ne supposent plus du tout que les chrétiens soient circoncis. Et la traversée du désert sous l'égide de Moïse est une punition de Dieu qui fait "régresser" les hommes dans une survie temporaire s'apparentant à celle des nomades collecteurs : ils n'ont pas de village mais "errent", et ils se nourrissent de la manne que la terre leur procure chaque jour. Précisons que c'est par "manne" que l'on traduit les fameuses graines de plantes sauvages que traditionnellement les Aborigènes moulaient sur une pierre pour en faire des galettes.

Si l'on a à l'esprit les références mythiques des Aborigènes, l'Ancien Testament prend une curieuse couleur. L'histoire d'Eve qui donne à Adam le fruit de la connaissance et de l'amour n'est pas sans rappeler celle des héroïnes du Rêve Bâton à Fouir qui révélèrent la sexualité aux hommes et leur livrèrent leur savoir des initiations et de la chasse. L'histoire de Noé rappelle les mythes de déluge du Rêve Pluie. Le sacrifice d'Abraham peut renvoyer à la mort rituelle des novices aborigènes qui "renaissent" au terme de leur initiation. Enfin, les dix commandements gravés sur les tables en pierre données par Dieu à Moïse évoquent cette autre Loi aborigène précieusement conservée par les signes de Rêve inscrits sur les tablettes de pierre secrètes, connues en Occident sous le nom de *tjuringa*.

Lorsque j'avais rencontré les peuples aborigènes dans les livres, deux choses m'avaient fascinée : leur rapport à la marche et l'absence de maisons. Errance apparente, à la recherche perpétuelle d'un foyer, sans cesse recréé, quitté et retrouvé par le retour sur les sites sacrés. Des sites qui ne sont pas faits pour y vivre mais pour rêver, des sites à chanter, peindre et danser. Des sites à aimer, regretter et garder dans son cœur comme une terre d'exil et de nostalgie. Moi aussi je vivais d'une certaine façon en exil et ma famille était dispersée un peu partout dans le monde. Toute mon enfance, j'avais vécu avec la nostalgie d'une patrie mythique de l'autre côté du mur de Berlin.

A quatorze ans, j'avais emprunté à un copain un parka qui était couvert de signes au feutre, dont une étoile juive. Ma mère se figea de terreur quand elle le remarqua et me demanda de m'en débarrasser immédiatement. C'est ainsi que j'appris que sa propre mère était fille de rabbin et s'était fait baptiser pour épouser mon grand-père. Elle n'en avait jamais parlé car le souvenir de la guerre et des persécutions était trop douloureux. Je découvrirais plus tard que les anciens Aborigènes avaient une attitude similaire à l'égard des traumatismes du contact.

A interroger mes racines juives ou catholiques, j'ai toujours été gênée par la notion d'un Dieu unique. Et c'est précisément l'absence apparente de ce monothéisme qui m'attira chez les Aborigènes ; la question religieuse chez les Aborigènes n'est pas claire. Si les premiers observateurs refusèrent de reconnaître une quelconque religion aux Aborigènes, la plupart des anthropologues la définirent comme immanente, sans divinités mais avec des figures suprêmes présentes dans tout l'environnement terrestre et cosmique ; d'autres tentèrent, en revanche, d'identifier certaines cérémonies des tribus du Sud-Est à un culte monothéiste.

Détruites ou démantelées, ces tribus ne sont plus là pour témoigner de leurs croyances et du statut de ce prétendu dieu céleste, Baiame pour les uns et Bunjil pour d'autres. A lire l'ethnographie disparate qui nous reste, j'aurais tendance à penser qu'il ne s'agissait pas d'une notion divine mais d'un concept extrêmement complexe qui traversait divers aspects de la cosmologie et de la société*. Mais, après tout, qu'est-ce que Dieu ? Si on le prenait à la lettre comme le Verbe, ne pourrait-il pas aussi bien être désigné comme le Rêve ?

Les Aborigènes se disent à la fois spirituellement et charnellement attachés au paysage, aux animaux, aux plantes et aux étoiles. Ils semblent toujours à l'affût de signes dans l'univers qui disent leur mortalité individuelle et leur éternité dans les forces cosmiques des Rêves. Un tel rapport au cosmos, s'il respecte la singularité individuelle de chacun, n'a rien à voir avec l'individualisme que suppose le rapport du chrétien ou du juif à son Dieu. C'est pour renforcer en eux les forces vitales et affectives qui participent de la reproduction du monde que les Aborigènes font des rites. C'est dans la circulation de biens, de peintures, de danses et de chants entre les gens et non dans des offrandes, des sacrifices ou des prières adressées à une instance supérieure qu'ils célèbrent leurs héros de Rêve.

Leurs réponses traditionnelles aux mystères de l'existence et de la mort semblent suffisantes pour que les Aborigènes continuent à trouver un sens à leur place sur cette terre. Alors comment comprendre la conversion de certains au christianisme ? Trouvent-ils dans la Bible une justification

* A. W. Howitt, *The Native Tribes of South-East Australia*, Londres, Macmillan, 1904 ; A. Van Gennep, *Mythes et légendes d'Australie*, E. Guilmoto, 1905.

symbolique à leur sédentarisation ? Ou est-ce nous qui les obligeons à cela pour qu'ils puissent communiquer avec notre logique ? Ont-ils assujetti leurs Rêves à un Dieu unique ou seulement incorporé le Christ dans l'éventail des Rêves ?

L'HYPERCUBE

En revenant chez les Warlpiri après des années de spéculations théoriques sur leur société, je voulais les confronter à mes conclusions. Ce ne fut pas facile. Je déposai au centre littéraire de Lajamanu un exemplaire de ma thèse d'Etat*, mais il était en français et de toute façon la plupart des anciens ne savaient pas lire. Pas évident non plus d'en résumer les six cents pages. A l'exception de Vera, je n'ai jamais réussi à discuter plus d'une heure avec un Warlpiri. Ils ont toujours autre chose à faire ou à penser.

J'essayai néanmoins. Je présentai d'abord mon manuscrit au maire. Intrigué, il accepta d'en écouter les grandes lignes, le temps de boire une orangeade à la sortie du magasin. Je lui montrai d'abord les transcriptions en français des récits de mythes et de révélations oniriques que m'avaient

* B. Glowczewski, *La Loi du Rêve – Approche topologique de l'organisation sociale et des cosmologies des Aborigènes australiens*, université Paris-I, Panthéon-Sorbonne, thèse de doctorat d'Etat ès lettres et sciences humaines, 1988.

faits divers Warlpiri. Sachant lire, il s'amusa à reconnaître les noms des narrateurs, les toponymes et les termes warlpiri.

Lorsque j'ouvris une page où se trouvait un curieux diagramme de parenté, d'autres Warlpiri se rapprochèrent de nous. J'expliquai qu'il s'agissait des noms de peau. En considérant diverses règles de parenté warlpiri, j'avais été amenée à dédoubler ces huit noms en seize numéros que j'avais reportés sur une figure qui combine huit cubes intriqués. Cette figure défie toute forme de perspective normale car les huit cubes se présentent sous des angles de projection différents. Manière de rendre compte à plat de la quatrième dimension mathématique qui fait passer d'un cube normal à l'hypercube.

Sur cet hypercube, les arêtes représentent, comme sur le cube, des relations classificatoires "pères-enfants" (tantes paternelles-enfants du frère) et "mères-enfants" (oncles maternels-enfants de la sœur) entre les noms de peau. Alors que j'avais pointé trois des numéros de la figure en donnant les noms de peau correspondants qui n'étaient pas inscrits sur la page de la thèse, soudain j'hésitai pour continuer. Aussitôt le maire me donna le nom manquant et, suivant le parcours que je faisais sur les arêtes, il confirma les correspondances entre les numéros et les noms. Les Warlpiri qui nous entouraient s'amusaient beaucoup, trouvant que cet hypercube était un "bon jeu".

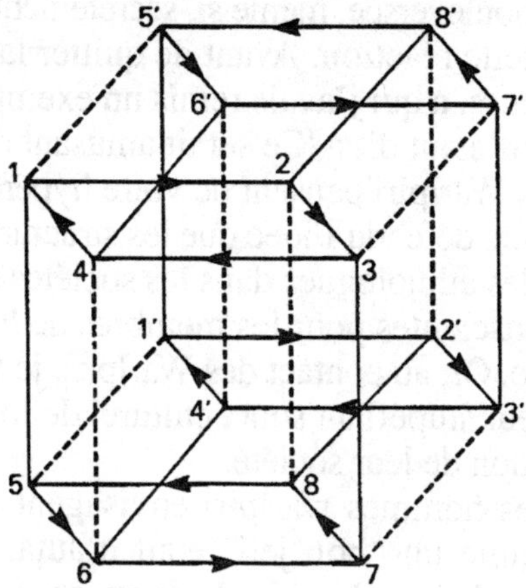

1 et 1' : Japanangka/Napanangka	5 et 5' : Japangardi/Napangardi
2 et 2' : Jakamarra/Nakamarra	6 et 6' : Jangala/Nangala
3 et 3' : Jungarrayi/Nungarrayi	7 et 7' : Japaljarri/Napaljarri
4 et 4' : Jampijinpa/Nampijinpa	8 et 8' : Jupurrurla/Napurrurla

Quatre cycles “mères-enfants” :

1 2 3 4
1' 2' 3' 4'
5 6 7 8
5' 6' 7' 8'

Huit cycles “pères-enfants” :

1-5	1'-5'
3-7	3'-7'
2-8'	2'-8
4-6'	4'-6

Mariages :

hommes = femmes	h = f	h = f	hommes = femmes
1 = 8	8 = 1'	1' = 8'	8' = 1
2 = 7'	7' = 2'	2' = 7	7 = 2
3 = 6	6 = 3'	3' = 6'	6' = 3
4 = 5'	5' = 4'	4' = 5	5 = 4

Hypercube des huit noms de “peau” dédoublés

Je fus bouleversée, même si, secrètement, j'espérais une telle réaction. Avant de quitter la France, Lévi-Strauss, à qui j'avais remis un exemplaire de la thèse, m'avait dit : "Ce serait amusant de savoir ce que les Warlpiri pensent de votre hypercube..." Il a toujours défendu l'idée que les structures dégagées par les ethnologues dans les sociétés étudiées sont inconscientes pour les membres de la société concernée. Or, au contact des Warlpiri, je fus frappée par leur stupéfiant souci culturel de formaliser l'articulation de leur société.

Que ces hommes warlpiri envisagent l'hypercube comme un "bon jeu" était d'autant moins étonnant qu'ils ont l'habitude de penser des cartes mentales complexes : celles de leurs itinéraires de Rêve. De même, ils jouent dans l'espace avec la parenté en distribuant au cours des rites les gens en fonction de leurs noms de peau respectifs. Les dessins dont nous avons besoin pour comprendre les relations complexes qui régissent la parenté ou la cartographie mythique n'ont toutefois pas le même rôle de représentation pour les Warlpiri. Leurs peintures corporelles ou sur toile "parlent", mais ce dont elles sont emblématiques est émotionnellement chargé pour ceux qui en connaissent le sens.

Les anciens représentaient parfois sur le sable les relations réelles ou classificatoires entre les gens par des points et des traits. Utilisant exactement la même technique que celle consistant à raconter, scène par scène, des histoires sur le sable, ils superposaient ces connexions les unes aux autres au fil de leur commentaire oral sans jamais aboutir, en tout cas publiquement, à une figure “totale”. Avaient-ils une idée de cette “totalité” pour pouvoir en maîtriser les articulations locales ? Je le pensais. Celle-ci étant sûrement beaucoup plus complexe que l’hypercube.

Une chose était claire : les Aborigènes du désert lisent le temps dans l’espace. D’une part avec leurs itinéraires, d’autre part en identifiant la mémoire du passé et du virtuel au monde du “dessous”, celui de l’espace souterrain et interstellaire ; les manifestations présentes de cette mémoire définissant le monde terrestre du “dessus”. Dans leurs rituels, les Warlpiri ancestralisent ce qui advient et font devenir les traces du passé car les deux dimensions sont conçues comme étant dans une relation de feedback perpétuel.

Alors que je commençais à expliquer au maire la manière dont j’avais analysé les relations entre les tabous et les mythes aborigènes, je ressentis un malaise chez lui comme chez moi. En disant un mot comme initiation, je suggérais quelque chose de secret, réservé aux hommes. Telle n’était pas mon intention ! Mais les Warlpiri ne manipulent pas leurs concepts de cette façon abstraite. Pour eux, énoncer un mot suppose des situations concrètes et donc tout ce que celles-ci peuvent recouvrir. C’est justement pour cela que les femmes ne prononcent jamais le mot circoncision. Bien qu’elles sachent que cette pratique a lieu et que l’initiation des garçons implique divers tabous, elles ne doivent pas en parler publiquement.

Je m'empressai de dire au maire que je ne parlais dans la thèse que de choses accessibles aux femmes. J'avouai toutefois que j'y mentionnais des pratiques anciennes qui avaient peut-être été secrètes, mais que j'avais lues dans des livres sur d'autres tribus. La discussion était close. Il n'était plus question d'aller plus loin. D'ailleurs le maire en avait assez. Je lui demandai encore d'organiser au conseil une réunion des anciens pour que je puisse leur expliquer mon travail. Il accepta d'un air vague.

Le mois passa sans que la réunion puisse avoir lieu. Il est vrai qu'il y eut beaucoup de meetings et de soucis préoccupant les gens. Un membre du conseil me demanda néanmoins de lui montrer le manuscrit. Le maire lui en avait parlé. Je le montrai occasionnellement à quelques autres Warlpiri. Une Nungarrayi trouva que l'hypercube était "facile". Pendant que je lisais la répartition entre les noms de peau d'une centaine de Rêves, son vieux beau-père aveugle riait dans son coin en répétant chaque mot avec un air approbateur. Par la suite, en résumant un itinéraire du Rêve Pluie que m'avait raconté un Warlpiri, son mari me reprit : j'avais fait une erreur dans un toponyme.

Alors que j'ouvrais la page sur des photos, la Nungarrayi se retourna brusquement en me demandant de refermer le manuscrit. Quelqu'un de photographié était mort. Elle se ressaisit très vite en précisant :

"Moi je peux regarder, mais il ne faut pas que tu montres ça aux Napaljarri et aux Napanangka..."

Elle me demanda de rouvrir la thèse sur ces photos et, balayant du bout de la main la silhouette du défunt, un Jakamarra, me dit de la noircir. Je m'exécutai. J'avais déjà dû effacer le nom d'un autre disparu.

Je montrai bien sûr la thèse à Vera et à sa sœur Rachel. Elles s'amusèrent également de l'hypercube. Mais j'eus l'impression qu'elles étaient gênées du fait que les Warlpiri se trouvent réduits à des mots sur du papier. Ne sachant pas lire, l'écriture les inquiétait. Je partageais un peu leur sentiment, ayant un rapport à la fois de fascination et de méfiance à l'égard de l'écrit. Alors que je lisais à Vera son nom et celui d'autres narrateurs qui m'avaient livré des témoignages, elle me dit très gravement qu'il fallait faire très attention avec ces signatures. Les récits racontés par chacun ne leur appartiennent pas en propre, et je ne devais donc pas oublier de mentionner ces appartenances collectives.

Confrontée à la déontologie warlpiri, je décidai en rentrant à Paris que, contrairement à la thèse, dans ce livre-ci je changerais tous les prénoms des gens que je mettais en scène en citant toutefois dans les remerciements les noms de toutes les familles warlpiri qui m'avaient fait découvrir leur univers.

DIRE APRÈS

Dix ans depuis mon premier travail de terrain chez les Warlpiri et presque autant de temps passé à écrire sur les Aborigènes. D'année en année, des étapes à la fois affectives et intellectuelles sont venues déplacer le sens d'une rencontre que je ne savais pas comment "réaliser", c'est-à-dire partager avec les gens d'ici. Paradoxe du dire. Pour rendre proche d'ici le peuple warlpiri, je devais prendre une distance par rapport à mon vécu là-bas. Opération douloureuse et pourtant vitale afin de ne pas confondre la vie avec l'image de son souvenir.

Lors de mon premier séjour, les Warlpiri m'avaient fait découvrir l'importance des femmes dans leur vie sociale et rituelle, mais aussi les jeux ambigus d'amour et de force dans la cohabitation des sexes. J'avais été renvoyée à ma propre féminité dans une symbiose collective où j'avais perdu toute notion du moi. Séparée de cet univers, j'avais vu poindre une urgence : celle de trouver des points d'attache ici, dans ma culture, et non là-bas sur ces terres du désert qui parlent aux sens et suscitent de multiples réminiscences.

J'ai cherché chez moi, à Paris, l'existence d'itinéraires mythiques qui, à l'instar des chemins du désert, constitueraient ma ville comme territoire. J'ai cru les trouver dans le réseau des 300 kilomètres de galeries d'anciennes carrières qui parcourent sous le métro les quartiers sud de Paris. Avec un sociologue des médias, une ethnologue et un historien des carrières, nous avons "étudié" ces étranges clandestins, les cataphiles, qui parcourent à longueur de nuit le réseau souterrain interdit au public.

Véritable doublure cachée des rues de surface, ces galeries taillées dans le calcaire, sans lumières, parfois inondées ou bouchées par les injections de béton des fondations d'immeubles, racontent une curieuse histoire urbaine. Elles furent aménagées après la Révolution, lorsque les Parisiens se rendirent compte que les anciens trous de carrière, qui au cours des siècles avaient donné les pierres de construction de la ville, menaçaient d'effondrement les maisons et les rues. On en profita aussi pour vider tous les cimetières et jeter les ossements des quelque six millions d'ancêtres parisiens dans ce qui est devenu l'ossuaire des catacombes de la place Denfert-Rochereau, partie du réseau accessible au public.

Curieux que ce balayage du passé et la menace d'effondrement physique aient coïncidé avec celui de l'effondrement social de 1789. Je constatai en fouillant dans les archives de la bibliothèque de la Ville de Paris que cette peur de l'instabilité des fondations urbaines resurgissait à chaque crise sociale : les journaux s'inquiétèrent du sous-sol en "gruyère" de Paris lors de la Commune, de la Première et de la Seconde Guerre mondiale, de la guerre d'Algérie, de mai 68 et après la première élection à la présidence de F. Mitterrand, époque où nous entreprîmes cette enquête. Cela continua par la suite : lors de la grève des lycéens de 1987, radio et journaux reparlèrent des carrières fréquentées par de très innocents spéléologues urbains.

Mes amis me taquinaient : en passant du désert australien au réseau souterrain de Paris où se trouvent quelques abris antiatomiques, je donnais l'impression de me préparer des refuges en cas de guerre nucléaire. Il est vrai que j'étais alors obsédée par les scénarios de survie, admirant pour cela la vie précaire des Aborigènes et déménageant sans cesse sans vouloir m'encombrer d'objets ! Aussitôt publiée notre enquête sur les promeneurs cataphiles*, je répondis à nouveau à l'appel du désert.

Les Warlpiri continuaient à me hanter comme un mythe personnel que je me devais de "déconstruire" pour saisir les gens derrière leur image. Ce travail de déconstruction commença dès que je retrouvai le regard intransigeant et souvent critique des habitants de Lajamanu. Je découvrais, non plus "les Warlpiri", mais des individus avec lesquels se

* B. Glowczewski, J. F. Matteudi, V. Carrère-Leconte & M. Vire, *La Cité des cataphiles – Mission anthropologique dans les souterrains de Paris*, Librairie des Méridiens, 1983.

développaient ou non des affinités. Au fur et à mesure que l'image d'une homogénéité warlpiri se désintégrait, une amitié passionnelle me rapprochait de mon "informatrice" privilégiée, Vera Nakamarra.

C'est en rentrant de ce long terrain de 1984 que je me suis lancée dans le projet de ce livre. Il y avait un malaise. Ces hommes et ces femmes vivaient leur vie pendant que j'écrivais. Certains m'avaient demandé de revenir pour que je postule à un emploi qui m'aurait fait travailler à leur service. J'avais longuement hésité. D'un côté, je me sentais engagée à leur égard. De l'autre, gérer des *outstations* ou organiser des tournées de danse n'était plus de l'ethnologie, et je n'étais pas sûre d'avoir envie de vivre en permanence à Lajamanu. Peut-être aurais-je accepté si j'avais eu un compagnon prêt à me suivre et des enfants. Mais mon départ en Australie avait provoqué une nouvelle rupture amoureuse et je ne voulais pas m'embarquer à nouveau seule dans un exil.

J'aurais voulu parcourir à rebours le chemin d'une quête personnelle pour restituer dans leur intégrité ceux qui avaient contribué à la nourrir. Mais je ne savais pas séparer cette part de subjectivité de la vraie vie de ceux qui habitaient mes rêves. J'arrivais à une impasse, une impuissance radicale. Au bout d'un an, le manuscrit s'achevait sans que j'aie réussi à "dire". Alors je le mis de côté, en attente.

Entre-temps j'avais rencontré Bertrand. Il me poussa à revenir vers un travail plus "scientifique".

J'analysai mes données warlpiri au regard d'archives sur d'autres sociétés aborigènes. Me lançant à corps perdu dans la quête d'une formalisation, je plongeai dans une figure magique, une figure topologique : l'hypercube.

La topologie est un des outils de l'intelligence artificielle. En lisant sur le terrain *Gödel, Escher et Bach*, le livre d'un des plus ingénieux penseurs de l'intelligence artificielle, je n'avais pas bien compris pourquoi cette lecture me ramenait aux Warlpiri. Par la suite je réalisai à quel point il était normal qu'une pensée ancestrale vienne illustrer des problématiques de la science qui étudiait la pensée en général. C'est le mariage entre physique et métaphysique qui m'avait séduite chez les Aborigènes, et c'est l'esprit humain que je cherchais à travers la société. En ce sens seulement m'intéressait l'anthropologie.

Avec l'hypercube, tous les aspects observés chez les Warlpiri – la parenté, les tabous, les mythes, les rites – s'articulaient entre eux dans une logique époustouflante. Tout prenait sens en définissant un univers intégralement différent du nôtre. Mais j'y retrouvais aussi les fantasmes qui m'avaient donné ce sentiment d'étrange familiarité en lisant des récits sur les Aborigènes avant de les rencontrer. Ce n'était pas l'image de l'homme primitif que j'y entrevoyais mais celle de l'homme du futur. Celui qui ne pense pas l'univers comme borné et les hommes comme élus mais qui sonde la pensée dans d'infinis paradoxes cosmologiques.

Retour à la case départ. Pour mieux comprendre les Warlpiri, j'avais dû les disséquer, et quelle opération de démiurge allait-elle leur rendre vie là sur le papier ? A force de raconter les Aborigènes à la radio, dans des séminaires ou des stages, et de répondre aux questions des gens, j'avais acquis de nouvelles armes.

Lorsque les Warlpiri étaient venus à Paris, leur présence en chair, leur danse et leur peinture sur sable présentées "pour faire alliance avec les Français" avaient rencontré l'incompréhension de nombreux journalistes et spectateurs. Pourquoi, tout en se pressant pour voir les derniers "sauvages", la plupart des gens n'avaient-ils pas envie de connaître leurs conditions de vie actuelle ? Peut-être parce qu'ils préféraient le mythe à la réalité. Confrontée à cette réalité contemporaine des Aborigènes, j'eus moi-même beaucoup de mal à la démythifier. Trop de choses sans doute nous poussent à encenser l'image de peuples intouchés par notre monde et à refuser qu'ils fassent aujourd'hui partie de notre histoire comme nous faisons partie de la leur.

En me retrouvant à Lajamanu en juillet 1988, j'ai voulu tout laisser tomber. Face aux changements, le livre me sembla avoir perdu son sens, et l'ethnologie complètement vaine. Les anthropologues n'étaient après tout que des "en-trop" condamnés à être des fossoyeurs, champignons parasites des arbres morts comme les appelle une population de Nouvelle-Guinée. Ce discours morbide à l'égard des populations "ethnologisées" existait déjà chez les observateurs du siècle dernier et traverse le *Tristes Tropiques* de Lévi-Strauss publié après la guerre. Mais l'annonce de la "fin" de ces cultures n'empêcha pas de nouvelles générations d'ethnologues de se rendre au loin et de trouver des populations culturellement très riches malgré le contact. Lors de mes séjours précédents, j'avais refusé toute vision défaitiste, et, avec mes amis travaillant chez d'autres minorités du monde, nous défendions leur survie.

Alors pourquoi ce découragement ? Je devais admettre que dans l'immédiat je n'avais plus ma place auprès des Warlpiri. Si je l'avais eue auparavant ce n'était que dans le cadre d'un contrat tacite passé avec eux. J'avais consigné certains aspects de leur culture pour qu'elle soit rendue publique et j'y avais gagné une spécialisation professionnelle. En quittant Lajamanu, je reconnus que les Warlpiri continuaient à vivre, même si je ne savais plus comment les appréhender. Il fallait que j'assume dans ce monde changeant tant la place des Aborigènes que la mienne et celle de l'anthropologie. Il ne me restait plus qu'à écrire ce que je venais de voir.

Chaque nouveau jour d'écriture m'allégeait, comme si j'arrivais enfin à me libérer du poids émotionnel qui jusque-là m'avait nouée dans une double nostalgie. Nostalgie de ces rêveurs du désert dont les visages et les mots se fondaient à l'odeur épicée de la brousse et s'infiltraient à l'improviste dans mes pensées. Nostalgie d'une perte de soi et d'une solidarité tribale qui pour avoir été mon expérience là-bas m'avaient rendue vulnérable ici.

Accepter de vivre avec une nostalgie était justement au cœur de l'art de vivre aborigène. Par les Warlpiri j'étais en train d'accepter non seulement ma nostalgie du temps passé avec eux mais aussi celle de la Pologne. Je commençais à faire le deuil à la fois de mon mythe slave et de mon mythe warlpiri. J'avais toujours eu le sentiment que le passé est "perpendiculaire" au présent. Et là je comprenais enfin que tout passé est un rêve qui n'existe au présent que par les traces qu'il laisse. Dix ans pour réaliser cette leçon ultime des Warlpiri !

En achevant ce livre, je pouvais dire que ma rencontre avec les gens du désert australien avait transformé ma quête désespérée d'un ailleurs détaché de la réalité en une nécessité d'apprendre à marcher sur terre. Arpenteurs de l'imaginaire, les Warlpiri m'avaient appris que les rêves ne sont pas un refuge mais le miroir des désirs qui n'existent qu'à condition qu'individus et collectivités prennent à bras-le-corps les chemins pleins d'embûches et d'imprévisibles qu'ils se sont tracés.

NOUVELLE POSTFACE

Agrippée au téléphone de la poste d'Alice Springs, je fermais les yeux, serait-ce la bonne candidature ? Oui, enfin, thèse d'Etat publiée, j'étais admise comme chercheur en anthropologie au CNRS*. Finie l'errance, la vie prenait un nouveau tour. Un salaire en France, un homme en Australie et bientôt un enfant. Je retournai à Lajamanu pour préparer une exposition de peintures. Nous étions en 1991 et il n'y avait plus de campements, tout le monde habitait une maison. La population non aborigène était réduite. Le conseil se dirigeait vers l'autodétermination et venait de décider la création d'une coopérative artistique pour gérer la vente des toiles. J'en serai la première cliente. Un pré-achat du lieu d'exposition me permettait d'acheter une dizaine de toiles. Le choix fut difficile mais j'étais guidée par les Rêves que je voulais voir figurer dans le catalogue**. Telle

* *Du Rêve à la Loi chez les Aborigènes – mythes, rites et organisation sociale en Australie*, Paris, PUF, 1991.

** *Yapa – peintres aborigènes de Balgo et Lajamanu*, Paris, Baudoin Lebon éditeur, 1991.

la fantastique histoire des Opossums et des Prunes transformés en rochers et marée noire que Vera m'avait racontée autrefois. Une superbe toile signée d'elle illustrait ce récit mais Vera n'était pas à Lajamanu. Elle vivait maintenant à Kununurra avec son nouveau mari. Nous étions vouées à nous revoir, pensais-je, car comme elle la vie m'avait conduite dans le nord de l'Australie-Occidentale. Wayne, mon futur mari rencontré à Paris, vivait sur la côte nord-ouest au pays de ses ancêtres, Yawuru et Jabirr Jabirr.

En attendant, je retrouvais les histoires warlpiri du Rêve Etoiles peint par Libby Nungarrayi toujours entourée d'une meute de chiens. Et le Rêve Graines peint par Josy Napurrurla, devenue la *boss* des *businesswomen*. Je choisis aussi une peinture du Rêve Pluie par une Nangala et deux peintures du Rêve Courlis par ma guérisseuse Nakamarra et sa nièce. Il y avait encore trois peintures d'hommes. Ayant recueilli quelques histoires associées aux toiles, je relus aux peintres les récits de Rêves que j'avais enregistrés avec eux des années auparavant. L'émotion fut grande, mêlée de fierté à l'idée de ces mots d'hier encore aussi vivants sur le papier. Josy et ses compagnes décidèrent qu'un jeune Warlpiri formé à la vidéo pouvait les filmer en train de danser afin que le film soit montré en France. Une vingtaine de femmes et moi partîmes camper deux jours à quelques kilomètres de la communauté sur un site du Rêve Wallaby. Elles peignirent leurs tablettes sacrées et leur corps, puis dansèrent. Un ancien confirma devant la caméra l'importance de leur rituel *yawulyu*. Ensuite Libby et Josy assises devant leurs peintures respectives expliquèrent leur signification en warlpiri. La nuit, le jeune Jupurrurla alluma les phares de sa voiture pour filmer. Les danseuses ne s'arrêtaient plus ; heureuses, elles dansèrent jusqu'au matin. Je retrouvais le sentiment de bonheur qui m'habitait il y a des années lors de telles nuits dédiées aux esprits de la terre.

Je m'installais chez Wayne à Broome, la ville où dix ans plus tôt j'étais venue chercher l'origine d'un culte secret observé à Lajamanu*. L'histoire et la vie des Aborigènes de la côte étaient très différentes de ceux du désert. La plupart de leurs ancêtres s'étaient métissés à quelques fermiers européens, des commerçants chinois, des plongeurs japonais et surtout des ouvriers malais, indonésiens ou philippins qui, du siècle dernier jusqu'aux années quarante, furent souvent amenés de force par l'industrie perlière. Les enfants issus de ces unions mixtes, interdites par la loi, avaient été déportés dans des réserves ou missions et très peu de gens parlaient encore la langue yawuru. Pendant la Seconde Guerre mondiale, en raison des bombardements japonais, toute la ville avait été évacuée et les Aborigènes interdits de séjour. Puis ce fut le couvre-feu qui leur interdisait de rester en ville après six heures du soir. Ils durent attendre la fin des années soixante

* B. Glowczewski, "Manifestations symboliques d'une transition économique : le «juluru», culte intertribal du «cargo» (Australie occidentale et centrale)", *L'Homme* 23 (2), 1983, 7-35.

pour que leur vie soit moins contrôlée. La ville connut alors un afflux d'Aborigènes d'autres régions, mis au chômage par les éleveurs qui refusaient de payer aux autochtones le salaire exigé par la loi après le référendum de 1967 leur accordant des droits de citoyen.

Du fait du développement urbain, de nombreux jeunes gens, tel Wayne, avaient été initiés par les tribus voisines. Les initiations continuaient toutefois sur le terrain cérémoniel local. Broome accueille d'importants itinéraires de Rêve dont celui des Deux-Hommes qui traverse tout le Kimberley depuis le désert central. Le Rêve Deux-Hommes a même apporté avec lui sur la côte certaines espèces d'arbres. En somme, je suivais une piste de Rêve ! Je découvrai les combats militants et les difficultés de la survie quotidienne des Aborigènes des villes. Coordinatrice d'un groupe de femmes yawuru, la mère de Wayne m'invita à poursuivre un projet d'histoire orale qu'elle avait entrepris. J'acceptai. Des années plus tard cette enquête devait aboutir à un livre de témoignages*.

Milari, ma première fille, porte le prénom aborigène d'une de ses ancêtres**. Elle avait quatre mois quand nous accompagnâmes sa grand-mère, Theresa, à un grand rassemblement de femmes dans le désert. Plus de quatre cents femmes venant

* *Liyan – Jarndu Yawuru Oral History Project*, Broome, Magabala Books, n.d.

** MMFMF, la mère de la mère du père de la mère de son père.

d'une vingtaine de communautés se retrouvèrent au puits de Yukawala pour danser leur Loi pendant quelques jours. La ministre des Affaires aborigènes d'Australie-Occidentale passa là une journée aussi, invitée à voir la Loi des femmes, écouter leurs revendications et leurs propositions telle la création d'une "milice" de *businesswomen* pour prévenir l'usage d'alcool dans les communautés. Nous campions toutes en cercle autour d'un grand terrain cérémoniel où se déroulaient les danses. Des voitures faisaient la navette pour aller chercher de l'eau à Billiluna, la communauté habitée par des Kukatja qui accueillaient ce rassemblement.

Je retrouvai là une vingtaine de femmes de Lajamanu, Josy en tête. Elles se passèrent Milari de main en main en l'appelant Nampid, diminutif de Nampijinpa utilisé pour les petites filles. Le soir je laissai Milari avec sa grand-mère, et j'allai danser avec les *Law-women* de Lajamanu. Partout en Australie, l'expression "femmes de Loi" tendait à remplacer celle de *businesswomen*. Le lendemain elles exécutèrent une peinture sur sable. Toutes les communautés dansèrent en se donnant respectivement des cadeaux sous forme de vêtements et de couvertures : le paiement d'usage – comme autrefois à Docker River – en échange des danses et des objets sacrés qu'elles se révélaient les unes aux autres. Le troisième jour au matin, quelques femmes jouèrent à mimer des disputes de belles-mères qui se jalousaient la viande donnée par leur gendre. Le campement entier était plié de rire. Le dernier matin, nous fûmes réveillées avant le lever du soleil et appelées à nous asseoir sur le terrain. Alors que je serrais Milari contre mon sein, dans le froid et la brume matinale de ce mois de juin, quelqu'un me chuchota que les femmes du Rêve étaient là. Un silence étrange nous environnait. L'apparition fut magique. Puis toutes les femmes se déplacèrent de l'autre côté du terrain. Elles s'enduisaient à présent d'ocre visage, cheveux, bras et jambes. On me prit Milari des bras pour l'enduire de rouge aussi. Elle ne broncha pas.

Peu après, toutes les femmes coururent vers leurs véhicules. En quelques instants, le campement était entièrement démonté et tout le monde assis dans les voitures, les bus ou les camions. Nous devions nous mettre en file indienne. A la sortie du terrain, chaque voiture fut badigeonnée d'un liquide rouge : de l'ocre qui indiquerait aux Aborigènes rencontrés dans la journée que nous revenions d'un *business* de femmes et qu'il ne fallait donc pas nous approcher au risque d'une maladie. Le convoi de véhicules bariolés avança doucement sur 20 kilomètres jusqu'à la communauté de Billiluna. Là, les meneuses du convoi nous firent signe de sortir des voitures. Toutes les femmes arrachèrent en vitesse une fine branche sur les buissons aux alentours. Je fis de même et fus poussée pour prendre place dans la colonne de deux files indiennes qui se déployait comme un serpent devant le magasin où un groupe d'hommes était assis. On nous guida pour faire le tour de ces hommes qui baissaient la tête sans rien dire. Toutes les femmes agitaient leurs branches au-dessus des hommes comme pour chasser quelque chose. On m'expliqua plus tard que nous purifiions ainsi ces hommes du danger de maladie qui les menaçait du fait que les femmes avaient eu leur rassemblement dans cette région.

De retour à Broome, Theresa me fit faire le tour de ma maison avec un seau d'eau pour que je mouille la terre afin de chasser les esprits. Son fils ne devait pas non plus me toucher avant le lendemain. Quelques jours plus tard, devant un petit groupe d'hommes, de femmes et d'enfants rassemblés à la sortie de la ville, nous fûmes l'objet d'un rituel visant à nous purifier de notre voyage. Je fus conviée à m'asseoir à côté d'un feu avec Milari, sa grand-mère et deux autres femmes. Une troisième femme nous donna du fil de laine rouge pour mettre autour du front et avec une branche elle nous tapotait légèrement le dos. Les bras tendus sur les épaules de nos voisines, nous devions respirer la fumée. L'odeur me pénétra comme un souffle de bien-être. Milari semblait beaucoup apprécier.

Un jour, j'emmenai deux amies pour leur montrer la côte au sud de Broome. Nous traversâmes l'immense plaine marécageuse juste après les grandes marées qui l'avaient inondée. Au retour, le soleil se couchait et la voiture se déporta violemment sur le côté. Les passagères hurlèrent. L'espace d'un instant je crus que nous allions nous retourner, la boue recouvrait les roues. Je serrais Milari qui dormait contre moi en me disant : il ne peut rien lui arriver.

Elle ne se réveilla même pas et nous retrouvâmes la piste. Plus tard je fis un rêve. Je me voyais au même endroit dans la voiture de ma belle-mère avec celle-ci au volant et Milari bébé mais parlant. Elle me dit "Maman, maman, regarde !" en pointant sa main vers l'avant. Nous avancions sur l'eau, et devant nous, sous l'eau, je vis un chemin de pierres mais de pierres peintes avec des motifs extraordinaires et brillantes comme si elles étaient d'une matière inconnue. "Maman, maman, regarde !", cria Milari, cette fois en dirigeant sa main vers le côté droit. Je vis un très beau groupe d'hommes et de femmes marchant, flottant sur l'eau. Ils étaient magnifiques, corps et visages brillants de rouge, tous, hommes et femmes, avec de très longs cheveux jusqu'aux pieds.

Je racontai plus tard ce rêve à un ancien de Broome et il me dit avec un air amusé que dans les rêves la plaine est un lac fréquenté par les *Copper People* ("gens de cuivre") qui testent les rêveurs pour les laisser traverser. J'étais bien prête à croire que quelque chose avait protégé la voiture. Je racontai aussi mon rêve à un groupe de femmes de Balgo qui vinrent en visite à Broome. Nous avions passé quelque temps à Balgo Wayne et moi pour tourner un petit film sur les peintures acryliques. Des femmes nous avaient emmenés camper pour visiter quelques sites sacrés, sur les traces des Pléiades, des femmes Bâton à Fouir et du Rêve Deux-Hommes. Ces femmes du désert, qui connaissaient Broome comme le lieu de ce dernier Rêve et de la cérémonie

Juluru, me demandèrent si j'avais fait mon Rêve avant ou après le rassemblement des femmes. Je répondis après. Elles se concertèrent un moment et me dirent que le message venait d'héroïnes ancestrales qui étaient avec nous dans le désert mais venaient de la mer d'ici, les Wanji.

Une nuit, j'eus une deuxième vision étrange. Couchée dans notre lit, Milari dormant dans un berceau à côté, soudain je vis une petite silhouette noire derrière la porte-fenêtre. Le visage était vide et j'étais terrifiée. J'essayai de réveiller Wayne de mon bras droit mais il restait immobile. Pendant ce temps Milari sembla léviter au-dessus du berceau et une corde très fine apparut qui la rattachait à la silhouette derrière la vitre. Un double de moi-même sembla sortir de mon corps et se mit à danser et chanter à ma grande surprise. Cette histoire a toujours suscité la même interprétation chez les Aborigènes. La silhouette était l'esprit-enfant de Milari, son *rayi*. Du Rêve Aigle d'après son père et sa grand-mère.

J'accompagnai Wayne et son équipe pour le tournage d'un film sur les Aborigènes du Kimberley*. Après deux semaines de route dans les plateaux et les forêts du Nord à la découverte des peintures rupestres, nous redescendîmes à Kununurra où je passai la journée avec Vera et son mari. Elle était réjouie de voir enfin Milari, alors âgée de six mois, qu'elle appelait *jaja*, terme utilisé par les

* *Milli Milli* de Wayne Barker, dist. Jane Balfour, Londres.

femmes warlpiri pour désigner les enfants de leurs filles, ces derniers appelant aussi *jaja* leur grand-mère. Milari découvrait sa *jaja* warlpiri alors que nous venions de perdre sa *babcia* polonaise. Ma mère m'avait dit un jour qu'elle mourrait quand j'aurais un enfant. Comme sa mère qui mourut à ma naissance.

Deux ans plus tard, une deuxième fille nous est née. J'ai trouvé son prénom aborigène, Nidala, dans la liste des premiers convertis de la mission de Beagle Bay aménagée en 1890 par des trappistes français. Sa grand-mère a rêvé que l'esprit-enfant lui mordait la main : le *rayi* de Nidala est un Serpent noir. Vera, qui est venue nous rendre visite à Broome, l'a "fumée" selon la coutume pour rendre forts les bébés. Pendant deux jours elle a cherché l'arbre adéquat dont les feuilles dégagent la bonne odeur. Il se trouvait près du site du Rêve des Sœurs qui ont disparu dans la mer. Vera a creusé un petit trou et y a mis des morceaux de bois. Puis elle a coupé les branches odorantes dont elle a recouvert le trou. Elle a allumé le bois dessous et les feuilles se mirent à se consumer. Je lui tendis Nidala. Elle la soutint au-dessus de la fumée puis la serra contre elle avant d'y présenter une autre partie de son corps. Elle la tourna plusieurs fois exposant aussi sa tête. Lovée au creux de son bras, Nidala lui sourit puis lui parla cette langue des bébés qui appartient peut-être aux esprits.

Janvier 1996. Je reviens de Lajamanu où j'ai retrouvé avec émotion une mobilisation rituelle proche d'il y a dix-sept ans. Suite à la disparition d'un faiseur de pluie Jangala, de nombreuses familles campaient en plein air protégées du soleil par des abris de branchages et de toile. Une vingtaine de maisons ont été abandonnées en raison du tabou obligeant à quitter les lieux d'un décès. Répartis en groupes de "peaux", des hommes et des femmes, visages et poitrines couverts de glaise blanche, s'embrassaient à tour de rôle en pleurant. Ils se déplaçaient d'un bout à l'autre du terrain, certains cherchant à se frapper dans leur douleur, d'autres les arrêtant. Puis tous se sont assis les uns contre les autres et une Nangala, sœur du défunt, a fait circuler un paquet entre les femmes. Les frères de "peau" du mort l'ont passé entre tous les hommes en le pressant contre eux :

"C'est Jukurrpa..." a chuchoté ma compagne en effleurant sa tête.

Les cheveux du mort, censés garder sa force vitale, sont toujours rituellement coupés pour circuler ainsi entre la parentèle. Ils servent à trouver un éventuel coupable. Au milieu du campement s'amoncelaient en rangées parfaites des bidons de farine et des couvertures neuves. La distribution de ces dons funéraires aux oncles du défunt a levé le tabou de silence des veuves Nungarrayi et des mères Napangardi. Le lendemain, elles ont balayé la communauté avec des branchages purifiant ainsi la route principale pour l'ouvrir aux piétons.

Deux piquets peints reliés par la corde de cheveux sacrée trônaient dans le camp des *businesswomen* qui gardaient le "ring" jour et nuit, parfois en chantant. Le lendemain des funérailles, une foule d'enfants et de femmes de tous âges s'y sont rassemblés pour voir danser les jeunes mères de nouveaux initiés qui devaient être transférés d'un camp à l'est vers un autre à l'ouest. Des hommes sont arrivés. Un Jangala peint sur le torse et le dos a lancé le cri rituel en agitant sa main devant la bouche. Toutes les femmes et les enfants ont dû baisser la tête. Ma voisine m'a fait signe que je pouvais regarder. J'ai vu passer une trentaine de garçons couverts de branches, âgés entre douze et vingt-cinq ans, certains pères de famille :

" Ils doivent rester en réclusion initiatique Kajirri pendant quatre mois. C'est pour punir les plus jeunes qui ont cassé les fenêtres de l'école… ils sauront ainsi ce que c'est que notre Loi."

Cette Loi, je continue à la découvrir avec les *businesswomen* qui s'étonnent qu'à l'orée de mes quarante ans je sois mère de deux petites filles et non grand-mère comme mes pairs warlpiri. Elles m'ont chanté et raconté de nouvelles séquences à connecter à la cartographie des Rêves qui au fil des années s'est imprimée dans ma mémoire comme un réseau scintillant que je saisis par bribes de sens toujours mobiles. Un ancien a insisté pour que j'enregistre un long cycle de chants. J'étais ravie d'entendre cette histoire d'un peuple d'oiseaux dont les hommes se disputaient l'avenir d'un jeune initié pendant que les femmes se disputaient celui d'une jeune fille :

"C'était comme ça dans le Rêve, les hommes voulaient des garçons et les femmes voulaient des filles… C'était le Rêve et nous on le suit…"

Le vieux Warlpiri a ri et moi aussi.

TABLE DES MATIÈRES

BABEL

Catalogue

150. MARLEN HAUSHOFER
Nous avons tué Stella

151. JACQUES POULIN
Le Vieux Chagrin

152. JULES RENARD
Journal (1887-1910)

153. JEAN MARTET
Les Cousins de Vaison

154. ROGER BASTIDE
Images du Nordeste mystique en noir et blanc

155. HERMANN HESSE
La Leçon interrompue

156. DENIS DIDEROT
Les Bijoux indiscrets

157. ALEXANDRE PAPADIAMANTIS
Les Petites Filles et la mort

158. VASSILI PESKOV
Ermites dans la taïga

159. JEAN-CLAUDE GRUMBERG
Les Courtes

160. PIERRE MERTENS
Collision

161. FÉDOR DOSTOÏEVSKI
Notes d'hiver sur impressions d'été

162. INTERNATIONALE DE L'IMAGINAIRE N° 4
La Musique et le monde

163. PAUL AUSTER
Mr Vertigo

164. ABBÉ LHOMOND
De viris illustribus urbis Romæ

165. GUY DE MAUPASSANT
Les Horlas

166. ÉLISÉE RECLUS
Histoire d'un ruisseau

167. MICHEL TREMBLAY
Le Cœur découvert

168. MICHEL TREMBLAY
Le Cœur éclaté

169. BÉATRIX BECK
Grâce

170. RAUDA JAMIS
Frida Kahlo

171. HOMÈRE
L'Iliade

172. HOMÈRE
L'Odyssée

173. RAMÓN CHAO
Un train de glace et de feu

174. ROBERT DOISNEAU
A l'imparfait de l'objectif

175. ALEXANDRE DUMAS
La Chasse au chastre

176. JACQUES GAILLARD
Beau comme l'Antique

177. PASOLINI
Théâtre complet

178. JEF GEERAERTS
Black Venus

179. MICHEL TREMBLAY
La grosse femme d'à côté est enceinte

180. MICHEL TREMBLAY
Thérèse et Pierrette à l'école des Saints-Anges

181. BRAM STOKER
La Dame au linceul

182. DURANTY
Théâtre des marionnettes

183. EDMOND DE GONCOURT
La Faustin

184. CONRAD DETREZ
Les Plumes du coq

185. NICOLAS VANIER
Transsibérie, le mythe sauvage

186. BERBEROVA
Où il n'est pas question d'amour

187. DANIEL DEFOE
Robinson Crusoé

188. ANTON TCHEKHOV
La Mouette

189. ANTON TCHEKHOV
L'Homme des bois

190. INTERNATIONALE DE L'IMAGINAIRE N° 5
La Scène et la terre

192. ALEXANDER LERNET-HOLENIA
Le Régiment des Deux-Siciles

193. ARISTOPHANE
Les Oiseaux

194. J.-P. FAYE / A.-M. DE VILAINE
La Déraison antisémite et son langage

195. JACQUES POULIN
Les Grandes Marées

196. SIRI HUSTVEDT
Les Yeux bandés

197. ROBERT PENN WARREN
Les Rendez-vous de la clairière

198. JOHN BANVILLE
Le Livre des aveux

199. JOHN MILLINGTON SYNGE
Théâtre

200. ISAAC BABEL
Récits d'Odessa

201. ISAAC BABEL
Chroniques de l'an 18

202. FÉDOR DOSTOÏEVSKI
La Logeuse

203. PACO IGNACIO TAIBO II
Sentant que le champ de bataille…

204. FRÉDÉRIC JACQUES TEMPLE
Un cimetière indien

205. INTERNATIONALE DE L'IMAGINAIRE N° 6
Le Liban second

206. SHERIDAN LE FANU
Carmilla

207. ANDRÉE CHEDID
La Femme de Job

208. DANIEL ZIMMERMANN
Nouvelles de la zone interdite

209. NAGUIB MAHFOUZ
Le Voleur et les chiens

210. MOMAMMED DIB
Au café

211. AMADOU HAMPÂTÉ BÂ
Oui mon commandant !

212. NANCY HUSTON
La Virevolte

213. FRANÇOIS POIRIÉ
Emmanuel Lévinas

214. MATTHEW G. LEWIS
Le Moine

215. ROY LEWIS
Pourquoi j'ai mangé mon père

216. RUSSELL BANKS
Sous le règne de Bone

COÉDITION ACTES SUD – LABOR – LEMÉAC

Ouvrage réalisé
par l'Atelier graphique Actes Sud.
Achevé d'imprimer
en juin 1996
par Bussière Camedan Imprimeries
à Saint-Amand-Montrond (Cher)
sur papier des
Papeteries de Jeand'heurs
pour le compte
d'ACTES SUD
Le Méjan
Place Nina-Berberova
13200 Arles.

N° d'éditeur : 2230
Dépôt légal
1re édition : juillet 1996
N° impr. : 1/1381